JINRONGXUE LILUN YU YINGYONG
金融学理论与应用

主　编　党明灿　郭宝林
副主编　朱晓会　陈艳玲

河南大学出版社
HENAN UNIVERSITY PRESS
·郑州·

图书在版编目(CIP)数据

金融学理论与应用 / 党明灿,郭宝林主编. --郑州:河南大学出版社,2022.11(2024.7重印)
ISBN 978-7-5649-5027-9

Ⅰ.①金… Ⅱ.①党… ②郭… Ⅲ.①金融学-高等学校-教材 Ⅳ.①F830

中国版本图书馆 CIP 数据核字(2022)第 029039 号

责任编辑　柳　涛
责任校对　陈　巧
封面设计　郭　灿

出版发行　河南大学出版社
　　　　　地址:郑州市郑东新区商务外环中华大厦2401号　邮编:450046
　　　　　电话:0371-86059750(高等教育与职业教育出版分社)
　　　　　　　　0371-86059701(营销部)　　　　　　网址:hupress.henu.edu.cn
排　　版　郑州市今日文教印制有限公司
印　　刷　河南省诚和印制有限公司
版　　次　2022年11月第1版　　　　　　　　　　　印　次　2024年7月第3次印刷
开　　本　787mm × 1092mm　1/16　　　　　　　　印　张　16.5
字　　数　397千字　　　　　　　　　　　　　　　定　价　39.00元

(本书如有印装质量问题,请与河南大学出版社营销部联系调换)

前言

金融是经济的核心,也是每个人的工作和生活中不可或缺、无法回避的部分。早在1991年,根据国家教育部的要求,《货币银行学》课程(《金融学》的前身)被列为经济管理类专业的核心课程之一。2020年,教育部颁布的《普通高等学校本科专业类教学质量国家标准》中将《金融学》课程再次明确为经济类、贸易类、金融类等专业的专业基础课。目前,《金融学》是国内高等院校金融类专业的专业核心课程,也是高校经济管理类专业的学科基础课程。通过学习,使学生比较全面地掌握金融学的基本理论、基本方法和基本操作技能,具备一定的金融视角和金融思维,为学生学习后续的专业核心课程奠定基础,也有助于提高学生分析实际问题、解决实际问题的能力。

《金融学》课程在我国开办较早,与之相应的不同版本教材异常丰富。著名的例如黄达主编的全国统编教材《金融学》(最早为《货币银行学》)、曾康霖的《现代货币银行学教程》,米什金的《货币金融学》(中译本)等。近些年随着我国应用型本科院校的建设,也出现了一些应用型教材,但多数没有太多变化,影响力非常有限。河南省近期也启动了应用型教材的建设工作,我校也是应用经济学类教材协作委员会主任委员单位。近些年,虽然我省金融业发展迅速,但是相对于经济发展的内在需求来讲仍然十分落后,具有金融思维和专业知识的人才依然十分短缺。这就凸显出《金融学》课程教学和教材建设在经济管理类专业人才培养过程中的重要地位和迫切性,也需要我们有一个适应我省当前经济发展需求,体现我校办学特色和满足我校应用型人才培养需求,实用性强的教材建设体系。本教材即是基于此进行编写。

我们在吸收其他同类教材优点的基础上,按照应用型人才培养方案的要求,希望突出以下优势和特色:

一、突出应用性。我们在内容编写上重点放在突出培养学生的理论应用能力。为此,一方面从整体上减少金融学理论比重,相应增加案例和阅读材料比重,尤其是我国及我省相关案例和阅读材料,另一方面教材每章的撰写采用从现实材料出发,提出问题、设计情境、引入相关理论并进行分析,而后以辅以种类丰富且开放性强的习题进行复习巩固。

二、突出重点内容。《金融学》内容包含丰富,且部分内容更新频率快,尤其对于非金融专业学生,我们发现经常讲不完《金融学》课程的全部内容。因此,现实中会面临哪些需要多讲,哪些需要少讲,甚至不讲,依靠学生自学的问题。另外,金融学的相关内容与经济学、证券投资学、国际金融等许多课程存在部分内容重复。因此,本教材会结合《金融学》课程授课实际,有针对性地选择重点内容进行编写,力求强化基础、突出重点,不追求课程内容的完整性。

三、增加实践指导环节。《金融学》课程作为一门基础课程,多数教材一般不涉及实践环节。然而在教学中我们发现,由于非金融专业学生相关专业知识学习较少,因而对金融学的部分知识缺少直观体验,因而不易理解、掌握和应用分析。另外,应用技术型本科院校的建设要求要增加实践比重。为此,本教材根据以往教学经验增加部分实践指导环节内容,而且这部分实践内容不需单独购买软件,非常易于操作。

四、易于自学。传统教材一般语言生涩、理论性强、可读性较差,不利于学生自学。考虑到学生自学能力的培养以及新型教学方法的使用,比如反转课堂等,尤其课程内容不可能全部讲授,因而本教材将借鉴国外教材写作特点和写作风格,从内容编排、语言使用等方面下功夫,力求提高学生的阅读兴趣。

五、增加课程互联网资源。教材的空间总是有限的,且现实中金融在不断地发展变化。在当前发达的网络环境下,充分利用互联网,收集各种最新金融资料,补充教材时滞性的不足。另外,教师也可以利用网络为学生提供课程相关资料下载,批阅习题、答疑解惑等,改善传统教学方法,增加教学效果。

本教材由党明灿、郭宝林担任主编,朱晓会、陈艳玲担任副主编。其中第十一、十二章由郭宝林编写,第一、二、五、十章由党明灿编写,第三、四、八章由陈艳玲编写,第六、七、九章由朱晓会编写。

本教材在编写过程中,参阅和引用了不少同行和专家的资料,尤其一些网上资料,在此一并表示感谢。且教材中的疏漏之处也请同行和专家进行批评指正。

编者

2021 年 2 月

目 录

第Ⅰ部分 基本范畴

第一章 金融学概述 …………………………………………………………（ 3 ）
    第一节 金融与金融体系 ……………………………………………（ 3 ）
    第二节 金融学科的范畴 ……………………………………………（ 6 ）
    第三节 金融学的学习理由和学习建议 ……………………………（ 9 ）

第二章 货币 …………………………………………………………………（ 13 ）
    第一节 货币的起源、发展和未来 …………………………………（ 13 ）
    第二节 货币的职能与货币的界定 …………………………………（ 17 ）
    第三节 货币制度 ……………………………………………………（ 20 ）

第三章 信用与利率 …………………………………………………………（ 32 ）
    第一节 信用 …………………………………………………………（ 32 ）
    第二节 征信体系 ……………………………………………………（ 40 ）
    第三节 利息与利率 …………………………………………………（ 41 ）

第Ⅱ部分 金融市场

第四章 金融市场工具 ………………………………………………………（ 55 ）
    第一节 信用工具概述 ………………………………………………（ 55 ）
    第二节 基础信用工具 ………………………………………………（ 57 ）
    第三节 金融衍生工具 ………………………………………………（ 66 ）

第五章 金融市场 ……………………………………………………………（ 76 ）
    第一节 金融市场概述 ………………………………………………（ 76 ）
    第二节 货币市场 ……………………………………………………（ 80 ）
    第三节 资本市场 ……………………………………………………（ 86 ）
    第四节 其他金融市场 ………………………………………………（ 98 ）

第Ⅲ部分 金融机构

第六章 商业银行 （107）
- 第一节 商业银行概述 （107）
- 第二节 商业银行业务 （109）
- 第三节 商业银行经营管理 （123）
- 第四节 现代商业银行的发展趋势 （125）

第七章 中央银行 （129）
- 第一节 中央银行概述 （129）
- 第二节 中央银行的主要业务 （133）
- 第三节 中央银行的独立性 （136）
- 第四节 存款保险制度 （137）

第八章 保险、信托和租赁 （139）
- 第一节 保险实务 （139）
- 第二节 信托实务 （149）
- 第三节 租赁实务 （154）

第Ⅳ部分 宏观金融

第九章 货币需求、供给与失衡 （163）
- 第一节 货币需求 （163）
- 第二节 货币供给 （170）
- 第三节 货币供求均衡与失衡 （176）
- 第四节 通货膨胀与通货紧缩 （179）

第十章 货币政策 （194）
- 第一节 货币政策概述 （195）
- 第二节 货币政策工具 （200）
- 第三节 货币政策的实施和效果 （209）
- 第四节 货币政策与财政政策的配合 （215）

第十一章 金融发展与金融监管 （220）
- 第一节 金融发展的理论 （220）
- 第二节 金融创新 （229）
- 第三节 金融风险与金融危机 （232）
- 第四节 金融监管 （237）

第十二章 互联网金融 （245）
- 第一节 互联网金融概述 （245）
- 第二节 互联网金融的主要业态 （252）

第 I 部分

基本范畴

第一章 金融学概述

学习目标
1. 理解学习金融学的原因。
2. 理解我国与西方金融学的异同。
3. 理解金融范畴的形成。

案例导入

又到一年高考季,报考专业的时候,热门专业往往最吸引人。金融学专业便是其中之一。金融毕业生发展前景好、收入高,在专业薪酬排行榜位居前列,被称为最有"钱"途的专业。多年来,金融类专业录取分数居高不下。一般院校的录取分数高,名校金融专业尤其难考。小王对金融类专业很感兴趣,但是在选择专业的时候十分迷惑:金融专业有金融学、投资学、保险学等专业类别,在网上查了后更为迷惑,国内外金融专业的专业设置差别很大,国内各院校金融专业的设置也有差别。什么是金融?金融都包含哪些内容?

第一节 金融与金融体系

一、什么是金融

在现代经济生活中,人们每天都离不开金融并频繁地使用"金融"这个词。金融在国民经济运行中具有举足轻重的地位,对一些较为发达国家来说,其发展速度和规模早已超过了其他行业。可以说,没有金融就没有现代经济。但是,目前理论界对于金融的含义却存在较大的分歧,没有统一的定义,因而,世界各国的金融范畴也存在着一定的差异。我国"金融"作为一个词的准确出现时间没有记录,最早列入的工具书是1915年出版的《辞源》:"今谓金钱之融通状态曰金融"。后来一般将金融与英文"finance"对应。近几年随我国经济与世界经济的融合不断加深,中文"金融"概念与西方"Finance"概念的差异,使我国理论界对金融和金融学含义的认识分歧加大,对"Finance"一词的翻译及内涵界定存在较大争议。从现有的文献来看,"Finance"一词的汉语对译主要有"金融""财政""财务""融资"四种。相对而言,后三种译法无什么异议,唯有"金融"一直争议不断。

从现有的文献来看,西方国家对"Finance"的解释主要包括三种口径。大口径的解释为货币的筹集、运用、管理及与金钱有关的活动,包括国家层面的、公司层面的和个人层面的"finance"。比如《牛津字典》就是如此解释;小口径的解释仅指与资本市场有关的运作机制以及股票等有价证券的价格形成,比如《新帕尔格雷夫货币金融大辞典》就是如此解释;介于两者之间的解释为把货币的流通、信用的授予、投资的运作、银行的服务等归之为金融,比如我国流行的米什金的《货币金融学》教材就是按照这个口径编写的。在我国,目前一般认为金融主要有两个层面:宏观金融和微观金融。宏观金融层面主要是之前货币银行学包含的内容,近似等于西方国家中口径的金融;微观金融主要指的是金融市场(主要是资本市场)的运行机制等问题,近似等于西方国家小口径的金融。国内还有少部分人使用过广义金融学的概念,这个概念近似等于西方国家大口径的金融。广义金融学与其他许多学科存在交叉,如国家有关货币资金的管理和调控称为国家金融,与财政学科交叉;企业有关货币资金的分配和管理可归之为企业金融或公司金融,与财务管理学科交叉。然而现实中我们并不把财政学和财务管理学包含在金融学内。为什么我们国家与西方国家存在差异呢?主要是我们国家金融及金融学的发展与西方发达国家存在差异。

历史上的很长时期,金融并不是作为一个独立的学科存在,它一直作为经济学的一个分支存在,研究的主要是货币相关问题,后来伴随银行的出现增加了银行的相关问题等,也就是我们所说的《货币银行学》课程,也当然采用经济学的理论基础和研究方法。传统货币银行学形成于20世纪初,其代表作是美国经济学家豪德沃斯的《货币与银行》。该书以银行为中心,以货币、信用、银行和国际收支为研究对象,形成了当时看来内容较为完备的货币银行学体系。此后,随着货币信用制度的发展,金融结构和金融市场的完善,金融创新和金融自由化的发展,原来以银行为中心定位的货币银行学已显贫乏与不足,于是西方学者率先对其进行了补充和完善,影响比较大的是美国经济学家托马斯·迈耶出版的《货币银行与经济》。但是随着金融理论和实务的发展,尤其是证券市场理论和实务的发展,金融学逐渐建立了与经济学以及在此基础上建立的传统货币银行为主的金融学相区别的理论基础和研究方法。至此,独立的金融学科出现了。一般认为1939年美国金融学会从经济学会分离而单独成立以及1946年《金融学》期刊的成立,特别是1952年现代证券组合理论的出现标志着金融学作为一个单独的学科独立了,且为了区别之前的货币银行内容,称之为现代的金融学。此后便有了金融学的内容之争。

我国的金融学课程在20世纪50年代开始在高校财经类专业开设,当时课程名字为《货币信用学》(包括资本主义部分和社会主义部分),主要内容包括货币、信用和银行三部分,教材和教学模式都是从苏联引进和改编的,这种情况一直延续至20世纪80年代初。然后随着经济、金融的开放,《货币信用学》课程在内容上也进行了修改完善,逐渐趋近西方的《货币银行学》结构体系,并将课程更改为《货币银行学》,并由中国人民大学教授黄达承编全国统一使用教材《货币银行学》。之后随着我国金融市场(尤其是证券市场)的发展,金融学界对货币银行学课程内容进行了修订,一些高校先后将"货币银行学"改名为"货币金融学"或者"金融学"。相应的教材比如黄达教授将《货币银行学》修订为《金融学》等,也有《金融学》教材是按照西方小口径的金融内容编写,甚至有的直接使用博迪的《金融学》教材,另外,也增设了其他的《金融市场学》《证券投资学》等相关课程。

这时我国金融学的理论在强化宏观金融理论的同时,也普遍注重微观金融应用的探讨,相应的金融学的课程内容和专业种类都有了较大的扩展。但是,时至今日,我国的金融学科仍然隶属于经济学类,因此,我们国家很多大学学习金融专业的学生毕业拿到的学位是经济学的学位。基于此,我们一般认为所有同时涉及货币和信用,或以货币与信用结合为一体的形式的都属于金融。

相关知识:目前部分高校使用的经典金融学教材

二、金融范畴的形成与发展

金融范畴的形成起源于货币和信用的发展。从总体来看,在资本主义市场经济之前,严格来说,在不兑现的银行券出现之前,货币范畴的发展同信用范畴的发展保持着相互独立的状态。流通中的货币,从最初的实物形态,演变到金属形态,信用与货币并没有紧密联系。而这一阶段的信用也一直是以实物借贷和货币借贷两种形式并存。随着商品货币关系的发展,作为财富凝结的货币在借贷中日益占据重要地位。但在货币借贷迅速发展的同时,实物形态的借贷仍然大量存在。信用的发展,对于货币的流通起到过强大的作用,推动了两者联系的日益增强,但实质上货币和信用仍然保持着相互独立的状态。具体到我国,虽然一度出现了国家发行的不兑现的纸币,使货币和信用紧密地结合在了一起,但没有维持太久,主流仍然是金融货币制度,直到1935年法币改革,才真正进入到了信用货币时代。

现代银行的产生促进了金融范畴的形成。随着资本主义经济的发展,在西欧产生了现代银行。银行家签发允诺随时兑付金银铸币的银行券。银行券流通的规模迅速扩大,越来越多地代替铸币执行流通手段和支付手段职能。今天在世界各国流通的现钞都属于银行券范畴。同时,在银行存款业务的基础上,形成了既不用铸币也不用银行券的转账结算体系和在这个体系中流通的存款货币,即用以结清大额交易的主要货币形态。此时,货币制度与信用制度的联系已经不可分割,尤其到了一战后,各国先后放弃金融货币制度,实行不兑现的纸币制度,货币的流通与信用的活动变成了同一的过程。这样,就出现了货币范畴和信用范畴之外的一个两者紧密联系形成的一个新的范畴,这就是我们说的"金融"的范畴。

在货币范畴和信用范畴紧密结合发展的过程中,还出现了其他一些新的领域,例如信用工具、金融市场、保险、租赁、信托等领域,且这些领域随着货币范畴和信用范畴紧密结合的过程也互相渗透集合,最终也成为了金融范畴覆盖的领域。而金融学也变成了以银行学、证券学、保险学、信托学四大领域为主要内容的学科。

三、金融体系

从金融范畴的形成和发展不难看出,目前金融体系包含的内容之间的逻辑关系如下:从货币范畴(包含货币与货币制度等内容)与信用范畴(包含信用形式、信用工具和利率等内容)各自的发展和相互融合发展出现了商业银行等金融机构(间接融资)和票据市场、债券市场和股票市场等金融市场(直接融资),而后由商业银行等金融机构的发展产生的问题出现了中央银行,进而演进出中央银行运用货币政策调控经济,而金融市场的发展存在的风险问题等也演进出了证监会等监督管理机构,上述内容随着经济全球化的发展又产生了国际金融等领域的内容。因此概括起来,广义的金融学主要研究和阐述以下几方面内容:货币及信用原理、金融机构运作原理、金融市场与投资、金融调控及货币政策、国际收支、汇率与国际货币体系、金融发展与金融监管。

从另外一个角度来看,金融是以融通货币和货币资金的经济活动为研究对象,具体研究个人、机构、政府,如何获取、支出及管理资金以及其他金融资产的学科,同时研究宏观层面的金融市场运行理论和微观层面的公司投资理论。金融学就是研究资金融通活动,包括金融主体的个体行为和金融系统整体行为及其相互关系和运行规律的科学。

第二节 金融学科的范畴

一、我国目前的金融学科状况

从前面我国金融范畴的形成和发展中不难看出,我国金融业的发展和金融学科的发展与国外有着很大的不同。只是近些年随着对金融业的深化改革和金融学科对外交流的深入,我们的金融体系和金融学科建设与国外的这些差别也在渐渐减少。在这种差别逐渐减少的过程中,你也就可以理解为什么我国不同高校、研究机构等的金融专业设置、金融学科建设、金融研究方向等方面存在如此大的不同。

知识链接：我国教育部金融类专业设置的变化

1998版：020104 金融学。

2012版：020301K 金融学、020302 金融工程、020303 保险学、020304 投资学。

2020版：020301K 金融学、020302 金融工程、020303 保险学、020304 投资学、020305T 金融数学、020306T 信用管理、020307T 经济与金融、020308T 精算学（2015）、020309T 互联网金融（2016）、020310T 金融科技（2017）。

结合我国金融学科的发展历史和现状，我国目前的金融学学科设置和研究基本可以概括三个方面：

（1）微观金融学。主要包括三个基本方向：公司金融学、投资学（包含金融工程与数理金融）、市场微观机构。这方面我国起步较晚，目前的教学与研究现状与国外差距比较大。

（2）宏观金融学。主要包括两个基本的方面：一是微观金融学概念的进一步延伸，基本的内容包括以国际资产定价理论为基础的国际证券投资理论与公司金融理论、金融市场与金融中介机构等。其中，金融市场侧重于对诸如股票、债券、衍生金融工具等金融市场，金融中介侧重于以商业银行、投资银行等为核心。二是中国传统的金融学概念，主要包括"货币银行学"与"国际金融学"两个基本的学科专业，研究教学的内容主要包括诸如：货币与货币政策、中央银行、汇率、国际收支、金融制度与金融体系、金融危机等。需要指出的，这些研究内容虽然是宏观性问题，但是研究方法以及研究角度应该是微观化的。

（3）金融学与其他学科的交叉性学科。主要包括三个基本的方面：第一，与诸如数学、物理学、统计学、工程学、计算机等理工科专业结合形成的"金融工程学"，侧重于上述学科交叉框架下，研究诸如资产定价等问题。第二，与法学结合的"法与金融学"，内容体现为两个方面：一是以金融学问题为核心，侧重于研究不同法律框架下的金融问题；二是以法律问题为核心，基于金融理论与金融研究方法考察金融法律的形成、结构、程序与影响等。第三，与心理学等学科结合的"行为金融学"。严格意义上讲，行为金融学并非一个全新的金融学科，而是传统的微观金融学的一种新的思考方式或补充。本质上，行为金融学是将传统的微观金融学中理性经济人假设在现实中进行释放，考虑现实中的经济人普遍存在着心理与行为偏差（心理学、行为学范畴），即经济人是有限理性的。

二、金融学的界定

近些年，国内金融界对金融学的概念与内涵存在一些较大的争议性，很多教材关于金融学的定义并不一致。一直以来，中国传统的金融学概念可以概括为货币流通和信用活动以及与之相联系的经济活动的总称，其内容主要是针对货币、信用、银行、货币供求、货币政策、国际收支、汇率理论等专题的研究，研究角度侧重于宏观，资本市场的地位以及微观角度并不突出。而博迪的关于金融学的定义更侧重于微观，即金融学主要研究如何在不确定的条件下对稀缺资源进行跨时期的分配。这个定义也逐渐被越来越多的人认同。

在综合考虑我国金融学科设置和本教材的定位情况后，本教材所讲金融学就是与金融机构的有关货币资金的运动和管理,但是不包括财政学(国家有关货币资金的管理和调控),即近似于传统货币银行学的范畴,主要包括货币供求、金融机构、金融市场、国际金融、金融政策等。具体可分为三部分:一是金融范畴分析,包括货币、信用、利息、利率、汇率乃至金融本身的分析和论证。二是金融微观分析,包括对金融市场、金融中介机构及两者相互渗透的必然趋势的分析和通过探讨金融在经济生活中地位的金融功能分析。三是金融宏观分析,包括货币供求关系、利率和汇率形成机制、货币政策与财政政策的配合协调及国际金融等的分析。这三部分之间的相互关系如下:

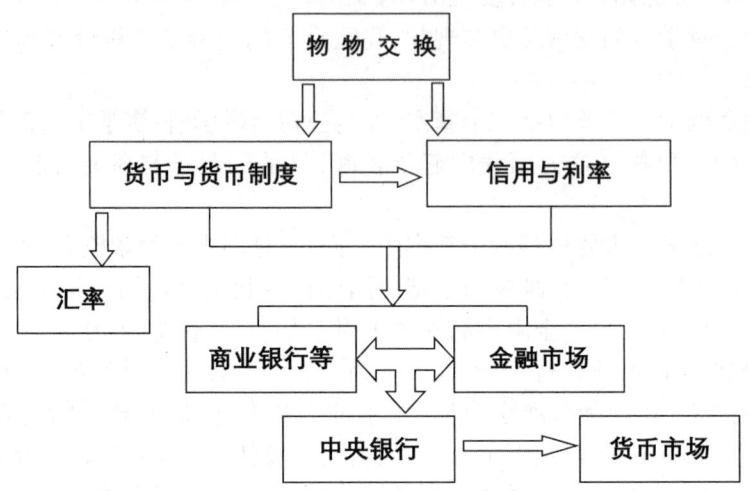

相关知识:金融业的产生

金融业起源于公元前2000年巴比伦寺庙和公元前6世纪希腊寺庙的货币保管和收取利息的放款业务。公元前5至公元前3世纪在雅典和罗马先后出现了银钱商和类似银行的商业机构。在欧洲,从货币兑换业和金匠业中发展出现代银行。最早出现的银行是意大利"威尼斯银行"(1580)。1694年英国建立了第一家股份制银行——英格兰银行,这为现代金融业的发展确立了最基本的组织形式。

中国金融业的起点可追溯到公元前256年以前周代出现的办理赊贷业务的机构,《周礼》称之为"泉府"。南齐时(479~502)出现了以收取实物作抵押进行放款的机构"质库",即后来的当铺,当时由寺院经营,至唐代改由贵族垄断,宋代时出现了民营质库。明朝末期钱庄(北方称银号)曾是金融业的主体,后来又陆续出现了票号、官银钱号等其他金融机构。由于长期的封建统治,现代银行在中国出现较晚。中国人自己创办的第一家银行是1897年成立的中国通商银行。

第三节　金融学的学习理由和学习建议

一、为什么要学习金融学

近些年,金融无疑成为我们经济生活中的热点,金融行业工资高,金融在经济社会中的作用大,高校金融专业难考,许多人在谈论投资理财等等,相应地学习金融知识的人也越来越多。那么,金融都包含什么内容？为什么要学习金融？我们认为至少存在以下几项学习金融的理由：

一是正确理解现实的金融现象。
二是用金融的思维管理自己的资源。
三是为理解其他课程奠定基础。
四是增加自己的工作机会。
五是增加自己的财富机会。
下面我们详细阐述一下：

（一）正确理解现实的金融现象

一说起金融,可能大家脑子里浮现的是银行、股票等。确实,我们身边遇到过太多的金融现象：我们在银行存钱、贷款；我们使用支付宝购买东西；我们买股票获取收益等等。现实中这么多现象我们自然想知道：银行为什么这么做？支付宝为什么像以前的纸币一样可以用于支付？股票为什么会涨涨跌跌？你也许会在什么都不知道的情况下抑制住自己的疑惑盲目使用它,那么,你要么会犯错误,要么你会丧失一些机会。就如同你没学习过相关知识的时候觉得打雷闪电很神秘,学过之后你会很坦然地面对这种自然现象,并知道如何去避免它给我们带来的可能的伤害。学习金融也是如此。

（二）用金融的思维管理自己的资源

我们文化中有些思维习惯跟现代金融的思维还是差别挺大的。比如,我们一般不太愿意借钱,一是别人可能会看不起我们,因为我们一般认为借钱的人不太会持家。二是借钱的话可能中间会承担一些额外的风险,还要承担利息。但是现在很多人业已看到,借钱利用好的话能增加自己的收益,现实中很多有钱人不会什么东西都用自己的钱,会很好地去利用杠杆,他会很好的以小博大。因为这是一个金融思维的问题,我们每个人都会遇到。比如,我现在有 200 万现金,准备买房子,房子需要花费 160 万,那么我是用全款买房,还是利用银行贷款？我们怎么选择？又如何判断借钱的行为是否是理性的,是否对我们有帮助的？

(三) 为理解其他课程奠定基础

金融学是一门基础课,它不仅能丰富我们的知识结构,还能够拓展我们的思维,从而为其他学科的学习奠定良好的基础。经济管理类的课程毫无疑问,都是和金融知识有着千丝万缕的联系。而非经济管理类的课程,不管应用,还是研究,也离不开金融知识。比如,我们现在谈科技创新、万众创业,我们知道,这背后都是一个资金的问题,我们可以利用风险投资,或者股市融资,或者众筹等等。试想,如果没有现代的金融知识和金融思维,我们恐怕有心无力,不能做好这些事情。从苹果、微软、英特尔到阿里巴巴、腾讯,他们在创业之初都得到过风险资本的支持,然后成长并上市,在股票市场获得持续的融资。可以这么说,如果没有金融市场,今天我们就用不上手机,也不会有电脑,更没有微信。

(四) 增加自己的工作机会

学习金融知识,一方面可以增加自己在金融领域的工作机会;另一方面就是自己不在金融领域工作,也不可避免地会与金融领域的人员打交道。这些年,随着我国经济的发展,金融发展的相对滞后体现得越来越明显。因此,金融业的发展前景十分广阔,金融人才需求也十分庞大,其他行业和金融业的关系也越来越密切。例如,当你与银行打交道时,如果你对银行的业务、专业术语等有充分了解,那么肯定容易交流沟通,也更容易在规定的范围内敲定相关业务。

(五) 增加自己的财富机会

近些年,我们许多人的收入水平有了较大的提高,如何理财是当前很多人考虑的问题。我们经常说:"你不理财,财不理你。"巴菲特曾说:"如果到四五十岁,你还不能在睡觉的时候也赚钱,你就太失败了!"如果你只是靠工资,没有投资、没有财产性收入,那么你就很难富有,很难实现财务自由。不管你的职业和身份是什么,你都应该学习金融、熟悉金融,让金融帮你在睡觉的时候也赚钱,而不是让财富绕开你走过!

二、金融学学习方法

为了大家更好地学习金融学相关知识,我们给大家提出一些学习上的建议。

(一) 重视理论的学习

金融学是一门应用性很强的学科,即便如此,学好基础理论依然十分重要。就如医生一样,没有理论的学习,医生很难做好自己的工作。因为理论来源于实践,并用来指导实践。为此,建议大家学好本教材的基础知识,尤其要注重掌握金融学的知识框架。除此之外,还要找几本比较经典的教材来读一读、学一学。比如米什金《货币金融学》、博迪的《金融学》等。

（二）重视理论联系实际

我们理论中学习的很多内容可以在我们日常生活中找到，比如货币、银行、股票等。因此，我们在学习相关理论内容的同时，要和实际生活中的实务结合起来，去思考、去探究、去总结等。很多在理论上很抽象的东西在实务中很生动。比如在学习股票交易制度的时候，我们如果做了模拟交易，再看相关知识就非常容易理解和掌握。在学习相关理论的时候，可以多看看相关的财经网站如东方财富网和门户网站，如学习中央银行的时候看看中国人民银行网站上的内容。一般说来，学习本教材的同时，建议大家可适时阅读以下资源：财经周刊等书刊、东方财富网等财经门户网站、雪球等财经论坛、各商业银行和中国人民银行网站、证监会及上市公司网站等。

（三）重视金融发展史

学习本教材的内容时，建议大家寻找相关主题如货币、银行等的发展历史研读一下，不仅有利于本教材内容的学习，也有利于形成比较客观合理的价值判断。虽然本教材在编写的过程中也写了一部分的发展历程，但囿于篇幅仅仅做了简单介绍。我们在学习知识的时候，如果知道了过去，就更容易理解现在和把握未来。比如在思考当前数字货币发展的时候，如果不知道之前货币形态发展的历程，我们就不容易理解数字货币的出现和未来的发展趋势。再有，对一个国家的金融发展必须结合它自己所处的发展阶段来判断，学习相关的历史也有助于我们对我国金融的发展形成客观合理的判断。例如学习金融机构的时候，我们会发现我国的金融机构跟发达国家的金融机构有一定的差距，如果你学习了相关历史，就会明白这种差距的合理性，毕竟我们国家金融机构的发展历史比起西方要短一些。

本 章 小 结

金融是当下我国热议的学科。我国对金融的理解与西方国家对金融的理解存在较大的差异。一般认为金融主要有两个层面：宏观金融和微观金融。宏观金融层面主要是之前货币银行学包含的内容，近似等于西方国家中口径的金融；微观金融主要指的是金融市场（主要是资本市场）的运行机制等问题，近似等于西方国家小口径的金融。

金融范畴的形成起源于货币和信用的发展，现代银行的产生促进了金融范畴的形成。在货币范畴和信用范畴紧密结合发展的过程中，还出现了其他一些新的领域，例如信用工具、金融市场、保险、租赁、信托等领域，且这些领域随着货币范畴和信用范畴紧密结合的过程也互相渗透集合，最终也成为了金融范畴覆盖的领域。乃至现在，我们一般认为所有同时涉及货币和信用，或以货币与信用结合为一体的形式都属于金融。

本教材所讲金融学就是与金融机构的有关货币资金的运动和管理，即近似于传统货币银行学的范畴，主要包括货币供求、金融机构、金融市场、国际金融、金融政策等。

学习金融学可以帮助我们理解现实中的金融现象，树立金融意识，更好地学习其他学科，增加工作机会和增加理财的技能。在本教材的学习中，应该重视理论的学习、理论联系实际和相关的金融发展史。

复习思考题

1. 我国与西方对金融的理解有什么差异？
2. 简述我国的金融体系。
3. 怎样理解金融学的含义。
4. 金融学的学习方法有哪些？

实 训 安 排

实训内容:调查并分组讨论中西方金融内涵和学科差异。
任务一:分组进行搜集资料并讨论中西方金融内涵的差异。
任务二:分组进行搜集资料并讨论中西方金融学科的差异。

参 考 文 献

[1] 黄达. 金融学[M]. 北京:中国人民大学出版社,2008.
[2] 孙刚等. 国际金融学[M]. 大连:东北财经大学出版社,2011.
[3] 王光谦. 中央银行学[M]. 北京:高等教育出版社,2016.
[4] 威廉·戈兹曼. 千年金融史[M]. 北京:中信出版社,2017.
[5] 弗雷德里克·米什金. 货币金融学[M]. 北京:清华大学出版社,2009.
[6] 胡庆康. 现代货币银行学教程[M]. 上海:复旦大学出版社,2019.
[7] 李小丽. 金融理论与实务[M]. 北京:北京理工大学出版社,2010.

第二章 货币

学习目标
1. 掌握货币的形态,理解货币的职能,了解货币的起源、发展和未来。
2. 掌握货币制度的概念,理解货币制度的类型及演进。
3. 理解货币层次的划分。

案例导入

周六,工作了一周的小王来家附近的超市购物。选好东西后,小王来到自动支付机器前,确认完商品后,通过"刷脸"完成了支付,拎着商品快步离开。整个过程只需要几秒的时间,再也不用像以前排着长队等候结账了。小王感慨地说:"现在的社会已经用不到现金了,有'脸'就可走遍天下。"

第一节 货币的起源、发展和未来

对于"货币"这个词,我们在日常生活中很少使用,往往只在政府的报告或者讲话中、学者的文章或讲话中以及在教材中使用。而对于"钱"这个词,大家是再熟悉不过了。在我们日常的生产生活中,几乎无时无刻地在与它打交道。"这个东西多少钱?""你现在一月挣多少钱?""钱不是万能的,但没有钱是万万不能的!""他是有钱人!"等等。那么,钱与货币是一回事吗?上述各种说法中的钱的含义是一样的吗?为了更好地理解这些概念,我们先来看一看货币是如何产生和发展的。

一、货币的起源

一般认为货币产生距今已有 4000 年以上的历史。但在货币是怎么产生的问题上无论我国,还是国外理论界都存在争议,由此产生了种种不同的货币起源学说。总体来讲主要有两种观点:一是货币是有权势的统治者或者智者确定的,《管子》就持有这种观点;另一种观点认为货币的出现是物品交换发展起来的,即由物物交换发展为以货币为媒介的交换,这种观点目前在中外理论界占据主流。如我国的司马迁就持这种观点。具体论述主要有两种流行的理论:马克思的劳动价值论和国外教材盛行的交易成本说。

相关知识：劳动价值论和交易成本说

劳动价值说：货币从商品交换中产生，商品是使用价值和价值的对立统一物。商品交换要遵循等价交换的原则，为此就必须衡量商品的价值。通常是用一种商品的价值来表现另一种商品的价值，这就是价值表现形式。货币就是价值形式演变的结果，先后经历了四个阶段：简单的偶然的价值形式、总和的扩大的价值形式、一般的价值形式、货币价值形式。货币价值形式是指一般等价物固定地由某一种特殊商品来充当，并取得了社会独占权。而直到该阶段后，才完成了货币的发展过程。

交易成本说：经济行为的演化总是从交易成本较高的趋向交易成本较低的，通过货币发生的商品交换取代物物交换也是如此。物物交换的成功需要"需求的双重耦合"，尤其在商品种类繁多的情况下，交易成本及其高昂。假设有 n 种商品数量，物物交易与通过货币交易分别需要的交易网点数量之比为 n×(n-1)×1/2 : n-1。由此不难看出，通过货币的商品交易比物物交换极大地节约了交易成本。

二、货币形态的发展

货币产生后，随着商品交换、科学技术等方面的发展，货币形态（充当货币的材料）也在不断地发展变化，许多国家都经历了实物货币、金属货币以及当前多数使用的纸质货币、存款货币和电子货币等形式（货币形态也有别的说法，比如商品货币和信用货币形态）。这几种货币形态虽然在一些国家存在一定的时间先后顺序和替代关系，但是这种关系也不是一成不变的，因而历史上几种形态的货币在同一时期曾经并存，也存在一种货币形态消失一段时间后又再次出现。

（一）实物货币

实物货币

实物货币被公认为最早的货币形态，它本身既是商品，又充当商品交换的媒介。因此，实物货币一般是由普通的、大家都乐于接受的劳动产品或者天然物品来充当，据考古发现,历史上诸如贝壳、布帛、牲畜、陶器、龟等都充当过货币。据记载,我国在原始社会时期开始将海贝从装饰品逐渐过渡为货币,一直沿用到春秋时期。因此中国汉字中和财富、价值有关的字大多与"贝"字有关。如:贵、资等。

实物货币的出现大大促进了商品交换的发展,商品交换的发展又对货币形态提出了更高的要求,而实物货币存在或者体积大、或者不易分割、或者不易携带、或者缺乏统一的价值衡量标准等缺点。随着人类社会早期金属开采与冶炼技术的进步,使金属货币逐渐取代实物货币成为货币形态的主流。

(二) 金属货币

早期的金属货币主要是一些常见的,价值比较稳定,易于分割、保存,便于携带的金属,例如铜、铁、银、金。具体到各国采用何种金属作为货币材料,主要取决于该国的矿产资源状况、商品交换的规模、人们的习俗等因素。金属货币是人类历史上使用时间较长的货币,其发展演变一般具有两个明显特征:一是从贱金属货币向贵金属货币发展,即早期的青铜、铜、铁等贱金属,发展到银、金的贵金属;二是从称量货币向铸币发展,即早期的金属货币是以金属的自然块状流通的,逐步发展成铸造成规则的货币。

当前的考古证实我国最早出现的是以铜为原料的称量货币,例如铜贝、铜块、铜饼等,而后推广到了银、金等金属。到了春秋战国时期,开始出现铜铸币。几乎在同期,金属铸币在西亚的利迪亚王国、古印度也同时出现,只不过在这些国家最早的铸币主要是金、银贵金属铸币。我国在这一时期虽然也存在金铸币,但是主要流通货币仍然是铜铸币,秦统一后,虽然推行以黄金为上币(大额交易使用),铜钱为下币的黄金和铜并行货币制度,但实际上铜币仍为主要货币,包括后面出现银和铜货币并行时也是这样,这种模式延续到新中国成立才停止流通。原因在于我国封建社会长期导致的重农抑商,再加上金银产量少、宋元以后实行的纸币等其他因素。

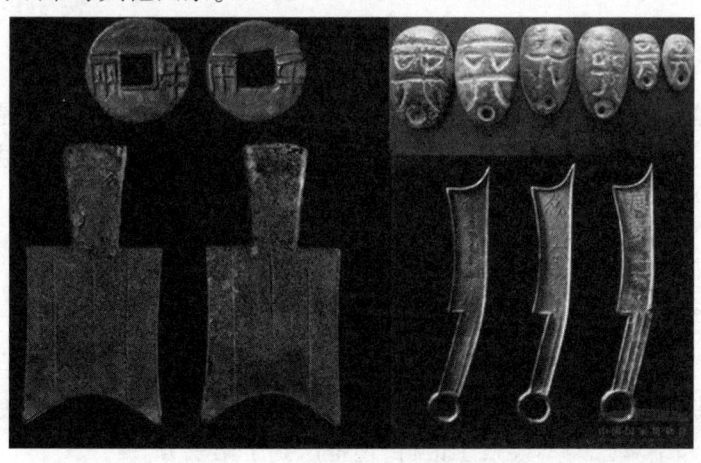

金属货币

金属货币有着众多的优点,"货币天生不是金银,但金银天生是货币"。但是金属货币的数量相对于不断发展的商品交换的需求来说仍是不足的,且金属储量分布不均、携带不方便等这些不足使其被纸币取代便成为必然。

（三）纸币

纸币简单来说就是以纸张为币材印制而成，表明一定金额的货币。纸币可分为兑现纸币和不兑现纸币两种。兑现纸币是代表金属货币流通的价值符号，它可以向发行银行或政府兑换金属货币。我国宋朝早期的交子以及后来钱庄票号发出的银票和欧洲早期的银行券都属这种。不兑现的纸币是不能够兑换成金融货币的纸币，一般由国家或政府凭借权力强制流通的价值符号。当前多数国家的纸币就是这种。

纸币首先在我国出现，大约在公元995年北宋时期的四川出现了交子，代替铜钱流通并可兑换成铜钱，后来变成官方的交子后依然可以兑换。之后元、明、清、民国都使用过类似兑换纸币，但同期金属货币同时也在流通，直到1935年才变成了不兑换的法币。纸币早期的出现主要克服金属货币数量不够、分布不均衡、携带不方便等不足，当后期的纸币数量过大超过金属货币准备的时候，就出现了不兑换的纸币。

（四）存款货币

存款货币是指日常可以用来履行支付结算等的银行存款。存款货币的产生与银行系统的组织特点和运行机理是分不开的，与银行系统在货币交易和结算系统中发挥的作用以及在当前银行制度下利用部分准备金制度创造新的存款的功能是分不开的。存款货币最早指的是能够签发支票的活期存款，而后来由于自动转移服务（ATS）等金融创新，很多定期存款和储蓄存款也可以作为存款货币。

存款货币在形式上是银行账户的数字，表面上它可以通过数字在不同账户之间的转移来完成交易结算，不再需要主权国家货币的实物（纸币或硬币）。但实际上银行账户数字，都是以主权国家货币为内容和单位的，如我国的存款货币都是人民币。因此银行账户数字自身没有任何价值和意义，其价值和意义还是源自于主权国家货币。

（五）电子货币

电子货币是现代通信技术，尤其是互联网技术发展下的产物。一般是指通过电子信息记录和转移用于支付结算的货币系统。前面存款货币的出现已经说明主权国家货币具有赋予任何无价值和无意义的"东西"某种货币功能，进而形成某种"新型货币形态"的潜在可能。计算机以及互联网的发展使得记账货币的形态发生了根本的改变，即出现了电子货币。

电子货币最早是银行记账系统的电子化，并借助于支票、借记卡等物理形式而存在，之后随着网络的发展而快速发展，到现在普遍使用二维码的支付宝、微信等虚拟支付形式。消费者在使用这种方式的电子货币时，电脑在后台通过支付结算改变相应的电子账户。这时，支付和结算已经不仅限于银行，还推广到了第三方。

另外还出现了一种新型的电子货币，它可以不依托国家主权货币而独立存在，它可以给所有的交易品"标价"，又可以完成支付去实现商品的交易，也就是在某种程度上它可以替代国家主权货币，如比特币。但是这种货币缺乏经济基础，很难完全取代国家主权货币。

第二节 货币的职能与货币的界定

在了解了历史上货币存在的各种形态之后,尤其现代我们使用的货币越来越虚拟化之后,我们不禁要问,到底什么才是货币?

关于货币的定义有很多种,例如马克思将货币定义为"固定充当一般等价物的特殊商品",米什金将货币定义为"在商品及劳务支付以及债务偿还中被普遍接受的东西"等等。那么,究竟该如何定义货币呢?我们先来看看货币的职能。

一、货币的职能

我国的教材在论述货币职能的时候多采用马克思主义学派的观点,即货币的职能一般包括价值尺度、流通手段、价值储藏、支付手段和世界货币五个职能,其中前两个职能为基本职能。

相关知识:货币职能的多种说法

货币的职能一直是一个有争议的话题,尤其当前随着货币形态的发展,争议似乎越来越多。历史上存在有货币的一种职能说、两种职能说、三种职能说、四种职能说和五种职能说等,每种职能说表述又有差异。当前主要观点以四职能说和五职能说最多。我国常见的五职能说是马克思学派的一种描述,即价值尺度、流通手段、贮藏手段、支付手段和世界货币。四职能说,一种是保留马克思学派的说法,将世界货币职能去掉,认为世界货币不能作为一种货币职能。另一种是西方教材流行的说法,如流行的米什金的教材将货币职能描述为:赋予交易对象以价格形态;购买和支付手段;积累和保存价值的手段。

(一) 价值尺度

价值尺度是货币表现和衡量商品价值量大小的职能。这是货币首要的、最基本的职能。现实中我们经常看到商品和劳务标识的价格,如一个水杯的价格为90.00元,这就是体现货币的价值尺度职能。有了货币的这个职能,我们在进行商品交换时可以直接根据价格确定交换标准,大大方便了交易和流通。

为了表示商品的价格,货币必须确定计量标准,即要规定货币单位名称和货币单位所代表的价值量,就像我们称重时要有单位是一样的。最早使用实物货币和金属货币时,价格标准一般就是充当货币的实物的数量标准或重量标准,如我国的"两"、英国的"镑"等,(英镑一直沿用至今,但是实际重量已与名称完全脱节)后来随着货币的发展逐渐出现人为设定的标准,比如"元",这也是当前大多数国家使用的货币单位。如"美元""日元"等。

另外,货币执行价值尺度职能只是观念上的想象的货币,并不需要现实的货币。也就是说我们在表明商品价格的时候只用写个价格标签就行了,不需要放置等量的货币。

（二）流通手段

流通手段是货币在商品交换过程中充当交换媒介的职能，即人们首先将自己的产品或劳务换成货币（卖出），然后再用货币换取自己需要的商品或劳务（买进），货币在其中充当中介的作用。作为执行流通手段职能时的货币满足以下特征：一是必须是现实的货币，而不能像在执行价值尺度职能时是观念上的货币；二是作为流通手段职能的货币可以由各种货币形式来充当，可以是足值的，也可以是价值符号或其他形式。原因在于货币本身并不是人们所需要的，它只是交换其他东西的中介，但由于人们有时不是换回货币后马上用完货币，所以人们还关心它的购买力是否会发生变化。

货币的流通手段职能，使得直接的物物交换转化为以货币为媒介的商品交换，大大提高了商品交换成功的机会。但是此时的商品流通分成卖出和买进两个独立的行为，造成了商品买卖在时间空间上的分离。一旦一些人出卖自己的商品后不立即购买，就会影响另一些人的产品顺利出售，如此连锁式的推延下去，就会造成买卖的严重脱节，有引起危机的可能性。

也正是货币具有的这个职能，才使很多人都在追求货币。事实上货币并不能做所有商品交易的媒介，而且有些东西比如情感也不能作为商品。历史上我国也曾经存在一段有钱也不能随意购买商品的时期，我们称之为"票证经济"。

1953年我国宣布实行第一个"五年计划"，实行计划经济。为了满足人民生活的基本需求，我国各地印发了粮票、食用油票、布票、猪、牛、羊肉票、鸡鸭鱼肉票、鸡鸭蛋票，各种糖类票、各种豆制品票、各种蔬菜票、电器票、自行车票、手表票等等各种商品票证，以便把有限的商品有计划地分配到单位或城镇居民手中。总之，大多数商品都是凭票供应的。什么样的商品就用相应的票证去购买，没有票证只用货币是买不到的。

（三）贮藏手段

贮藏手段是指货币暂时退出流通领域被人们当作独立的价值形式和财富的一般代表而保存的职能。货币之所以具有这个职能，在于货币将商品交换分成买卖两个独立的行为时两者不总是同时发生。这时，货币会暂时退出流通，并以一定的方式被持有者保存起来。特别是随着人们获取货币的数量大于消费需要的货币时，更是如此。

一般说来，足值货币执行贮藏手段职能相对简单，人们几乎不用担心购买力问题，且具有自发调节货币流通的作用。就像一个蓄水池，当流通领域中所需货币量减少时，有一部分货币就会主动退出流通领域，被人们作为财富贮藏起来，反之，货币主动流出，进入流通领域。这样，就可以起到平抑商品价格过度波动的问题。不足值货币，尤其现在使用的货币符号执行贮藏手段职能时则相对复杂，原因在于这些货币或货币符号的购买力是否能够保持稳定。像当前大多数国家使用的货币符号长期具有贬值的趋势，因而人们一般较少直接使用货币符号来执行贮藏手段职能，而是使用债券、股票、房子、艺术品等形式的资产贮藏购买力，即使单一使用货币符号，人们也往往以存款的方式进行，这时这些货币符号并没有退出流通，也不能发挥足值货币自动调节价格的作用。就像当前的许多国家，除了使用美元资产作为外汇储备，还往往购买黄金进行储备。我国也不例外，这两年加大了黄金的储备。

(四) 支付手段

支付手段是指货币作为价值的独立形态进行单方面转移的职能。与货币执行流通手段职能的区别在于商品和货币没有在同时同地作相向运动,而是商品的让渡同货币的支付在时间上已经分离。货币执行支付手段职能主要源于随着商品交换的发展,商品赊销等信用关系的出现。最初,这种延期支付是商品性支付,其后作用超出商品流通领域,也可以是非商品性支付。如货币用于清偿债务、支付工资,交付房租、水电费、税金等。

货币执行支付手段职能,是信用关系得以顺利建立的基础,从而极大地扩大了商品交换的范围和数量,但另一方面由于相互赊账买卖会形成复杂的债权债务链,一旦某个生产者不能按期偿还借款,则链条中断,严重时会引起支付危机和信用危机,破坏经济的正常运行。

(五) 世界货币

世界货币是指货币在世界市场发挥一般等价物的职能。要注意的是世界货币并不是货币的一种独立职能,而是货币基本职能在世界范围的延伸。货币在执行世界货币职能时,必须摆脱国家的烙印。当然由于新的国际货币体系的建立,有一些国家的信用货币在一定条件下代替贵金属跨越国界发挥世界货币职能,成为世界普遍接受的硬通货,如美元、欧元等。

世界货币的作用概括起来有三个方面:一是作为国际支付手段,用以平衡国际收支差额;二是作为国际的购买手段,购买外国商品;三是作为社会财富的转移手段,如对外援助、战争赔款等。

二、货币的定义和计量

知道了货币的职能,我们来说说货币的定义。货币的定义也有很多种说法。比如马克思将货币定义为"固定充当一般等价物的特殊商品",弗里德曼将货币定义为"一个共同的、普遍接受的交换媒介"等等。一般说来,定义货币的时候大都从货币职能的角度来定义。那么,究竟如何定义货币呢?当前使用较多的定义是:在交易和支付中以及债务清偿中被普遍接受的东西。

根据以上使用较多的货币的定义,结合当前使用的货币形态,不难发现,现实中满足货币定义的东西很多,为便于说明问题和货币管理当局控制货币供给量,人们根据货币的流动性及主要职能的差异,给出不同层次的统计上的货币范畴,也就是货币层次的划分。

当前,由于金融工具和金融市场发展的差异,各国货币层次的划分不大相同。我们国家中国人民银行做如下划分:

$M0$:流通中现金。
$M1 = M0 +$ 银行的活期存款,即狭义货币。
$M2 = M1 +$ 企业定期存款+储蓄存款+其他存款,即广义货币。其中其他存款包括信托存款、应解汇款及临时存款(指银行汇款业务收到的待解付的款项及异地采购单位或个人临时性存款和其他临时性存款)、保证金(主要指银行承兑汇票保证金)、财政预算外存款、租赁保证金、证券公司客户保证金(90%)、非存款类金融机构在存款类金融机构的存款及住房公积金存款、非存款机构部门持有的货币市场基金等。

M3＝M2+金融债券+商业票据+大额可转让定期存单(该层次只统计,不公布)。

这就是我们经常看到中央银行公布的 M0、M1、M2 层次货币供给量统计数据的统计范围。这种按流动性的强弱对不同形式、不同特性的货币划分不同的层次,是科学计量货币数量、客观分析货币流通状况、制定货币政策、有效进行宏观调控的必要措施。我国人行是从 1994 年开始公布货币供应量分层次统计表的。其后,随着我国经济和金融市场的发展,对货币供给量统计指标先后进行了多次重大的调整,主要调整的是 M2 的统计范围。随着我国金融工具和金融市场的进一步发展,相信我们中央银行一定还会对货币供应量统计口径进行修订和完善。

新闻链接:我国的货币数量

2019 年 11 月末,广义货币(M2)余额 196.14 万亿元,同比增长 8.2%,增速比上月末低 0.2 个百分点,比上年同期高 0.2 个百分点;狭义货币(M1)余额 56.25 万亿元,同比增长 3.5%,增速分别比上月末和上年同期高 0.2 个和 2 个百分点;流通中货币(M0)余额 7.4 万亿元,同比增长 4.8%。当月净投放现金 578 亿元。

要全面理解货币的含义,还应注意货币与通货、财富、收入等日常使用的名词的区别。通货是指流通中的纸币和辅币,我们常说的"请用现金支付"或者"我钱包里装了 500 元"就是指的通货。根据我们上面对货币的定义,通货只是货币的很小一部分。财富,就如我们常说的"他家很有钱",而此时我们说的货币仅仅是财富的一种表现和存在形式,财富的其他表现形式还有产权、债权和以自然形态存在的实物形式如债券、股票、艺术品、土地、汽车、房屋等。显然,财富比货币包含更广泛的内容。收入是某一单位时间内收益的流量,例如人们常说"他一个月收入是 5000 元",这里的 5000 元的货币似乎和收入是等价的,然而二者还是有区别的。收入是一个流量概念,而货币是一个存量概念,反映的是某一时点上的一个确定的金额。如中央银行公布的"季度末的货币余额"。

第三节 货币制度

货币制度是某一个时期内,一个国家或地区或组织以法律形式确定的货币流通相关的一系列准则和规范。货币制度一般由四个要素构成:货币材料、货币单位,货币的铸造、发行及流通程序、准备金制度。货币制度不是自古就有的,它是经济社会发展到一定阶段的产物,并随着社会经济的发展而不断地发展演进。到目前为止,根据主要国家货币制度变迁的历史进程划分,货币制度大体可分为两大类型,即金属货币制度和信用货币制度。具体到每个国家货币形态的演进又存在差异,就如我国的货币制度演进就与西方国家的演进形态存在显著的差别。

一、金属货币制度

金属货币制度是指以金、银等金属作为本位币币材的货币制度。在金属货币的后期，出现了代替金属货币流通的可兑现的纸币，但由于其流通基础仍然是金融货币，因此，我们仍把这种货币制度归为金融货币制度。我国长时间大量使用铜作为流通货币，20世纪30年代中期逐渐停止金属货币的使用。欧洲一些国家纪元初期开始以白银作为流通货币，后逐步转变到黄金，到20世纪30年代后相继宣布停止黄金货币流通。由于欧洲一些国家(例如英国)商品经济发展较早，贸易规模相对大，在全世界范围都有很大的影响，因而理论上多以英国作为背景探索货币制度的变迁轨迹。

(一) 金属货币制度的构成

1. 货币金属

不同的金属作为货币材料便形成不同的货币制度。如用银做本位货币材料就是银本位货币制度，用金做本位货币材料就是金本位货币制度。一个国家选用何种金属作为货币，主要取决于该国金属资源和商品交易等因素。

2. 货币单位

货币单位是指规定的货币单位的名称和单位货币的金属重量，即价格标准。我国1914年的《国币条例》规定，货币单位为"圆"，每圆含纯银库平白银6钱4分8厘(折合23.977克)。英国1816年5月的金币本位法规定，货币单位为"镑"，每1镑货币内含成色11/12的黄金(折合7.97克)。

3. 货币的铸造、发行和流通

金属货币一般分为本位币(主币)和辅币。本位币是用法定货币金属按照规定的规格经国家造币厂铸成的货币。本位币是一国流通中的基本通货，最小规格一般是一个货币单位。本位币还是一种无限法偿货币，即本位货币在支付中，无论金额大小及用于何种性质的支付都不得拒绝接受。然而，金属铸币在流通中经过长时间磨损多多少少会损失微小重量，为了维护货币流通的稳定，政府在制定货币制度时规定了允许的"磨损公差"——流通中单位铸币实际重量低于法定重量的最大限度，低于磨损公差的铸币由国家熔化重铸。但是也有一些政府因为掌握着铸币权，故意铸造重量轻、成色差的铸币并强制按照面值流通，以从中形成收入，我们称之为"铸币税"。

由于本位币的最小规格是一个货币单位，那么不足一个货币单位的流通则需要辅币。辅币是小于单位本币的小额货币，在货币流通中起辅助作用，主要用于小额交易和找零。各国辅币通常使用贱金属制作，其实际价值往往都低于名义价值，以节约流通费用。尽管辅币不足值，但各国货币法都明确规定，辅币可以按固定比例与本位币兑换，在法律上与本位币受同等保护。但辅币不足值的前提决定了辅币必须实行限制铸造和有限法偿，否则将引起流通中"辅币驱逐主币"现象。所谓限制铸造是指辅币只能由国家统一铸造，其发行辅币的差价收入归国家所有，防止辅币自由铸币酿成流通的混乱。所谓有限法偿，是指辅币在每一次支付使用中受法律保护的最高数额，收款人可以拒绝接收超过规定限额的辅币。

4. 准备制度

金属货币的实体流通阶段,严格意义上讲没有货币发行的准备制度。及至出现代替金属货币流通的银行券,特别是中央银行统一发行银行券以后,准备制度成为货币制度的重要构成要素之一。货币发行准备制度,是要求发行银行券的机构必须有一定数额的能与之兑换的贵金属贮备。主要原因有两方面:其一,要满足银行券持有者随时兑换贵金属的要求;其二,作为国际贸易或非贸易支付的准备金。充足的货币发行准备金(贵金属)能够坚定公民持有银行券的信心,也有利于树立该国良好的国际形象。

随着各国中央银行统一发行货币,并宣布对国内公民停止银行券兑换黄金,银行券成为以政府信誉担保和法律强制流通的货币形式。货币发行准备制度不再是货币制度的构成要素,国家的贵金属储备功能主要体现为国际的支付需要。国内银行券原有的两个功能——流通手段和兑换黄金,也相应退化为唯一功能——流通手段,这一过程被称为银行券的纸币化过程,不兑换的银行券成为信用货币。目前,世界各国由中央银行发行流通的纸币,也就是功能单一的银行券。

(二) 我国的金属货币制度

我国的金属货币制度大体分为三个阶段:铜本位货币制度、铜银复本位货币制度、银本位货币制度。

1. 铜本位货币制度

铜本位货币制度虽然在春秋时期已经存在,但是统一后的秦朝通过法律制度建立比较规范的铜货币制度。主要内容包括:①黄铜作为货币材料。②规定本位货币的单位。③货币外形为圆边方孔,自由铸造。④货币不受国界限制,自由输出、输入。黄铜作为货币材料与铜的自然属性和我国的冶炼技术有极大的相关性,我们历史上获取铜的时间早于冶铁技术,且铁也曾一度充当货币,但因其自然和社会属性决定了最终没有取代铜。铜币在我国货币发展历史上时间最长。

2. 银铜复本位货币制度

银铜复本位货币制度,是指以白银和黄铜作为本位货币材料流通的货币制度。其主要内容包括:①白银与黄铜铸币作为货币材料。②白银货币单位为"两",黄铜货币单位为"钱"。③白银以条块流通,民间自铸;黄铜以铸币流通,由官府造币机构铸造。唐末宋初时,白银开始成为当时的金属货币之一,流通中黄铜与白银并行,黄铜主要用于日常少量物品交易,民间交往和交换大多使用黄铜,称为下品钱;白银主要用于大宗交易以及交纳官税,解京的税金均为白银,白银为上品钱。当时,我国与中亚地区已经建立了商贸往来,波斯商人将当地金币携入长安,成为极品钱。极品钱稀少珍贵,更多用于妇女饰品和家珍储藏,流通中主要是银两和铜钱。

3. 银本位货币制度

虽然我国从唐朝末年白银货币已经广泛流通,但是由国家法律确认银本位货币制度的是在清朝宣统二年(1910年),当年颁布的《币制条例》规定:①白银作为本位货币材料。②规定以圆为货币单位,单位货币重七钱二分。③铸币权统归中央,禁止各省自由铸造。④银币在流通中无限法偿。1914年公布的《国币条例》仍以银圆为货币单位,同年,在天津总厂铸造带有袁世凯头像的银圆,民间俗称"袁大头"。从《币制条例》开始推行的银币本位制,虽在币材上得到相对统一,但流通中银两与银币并行流通,主要原因是商品经济发展缓慢和地区间差异较大,加之外国银币在国内的流通,民间视银两为足值币材,银两作为流通手段没有彻底退出流通领域。直到1933年4月,公布的《银本位币铸造条例》,实行"废两改圆",银圆才成为真正的本位货币,即银币本位制度。新规定的银圆重26.6971克,每圆含纯银23.493克,无限制使用。

(三) 欧洲国家的金属货币制度

欧洲国家的金属货币制度经历了银本位货币制度、金银复本位货币制度和金本位货币制度阶段。

1. 银本位货币制度

银本位货币制度最早在欧洲国家实行,主要由于15世纪中期中欧一些国家银产出的增加以及16世纪美洲银矿的发现导致白银产出的大量增加。实行银本位制的国家一般规定:白银为币材,银币为本位币,可以自由铸造,自由熔化,自由输入输出国境。银本位制16世纪开始盛行,从19世纪后期开始,随着世界银矿的不断发现和开采技术的提高,白银数量大幅增加,价格快速下降,多数国家先后放弃银本位制,转而实行金银复本位制度或者金本位制度。

2. 金银复本位货币制度

金银复本位货币制度,是国家以法律规定用金和银同时作为本位货币材料,并确定两种本位币单位的货币制度。最早实行这种货币制度的是1663年的英国,随着时间的推移,这种货币制度先后经历了平行本位、双本位和跛行本位制度三个阶段。体现了贵金属替代贱金属成为本位货币是个渐进的过程,主要由商品交易数量和市场供给所决定,尤其17世纪在美洲发现了比较丰富的金矿,黄金从美洲不断流入欧洲,大额贸易中开始使用黄金做交易,白银主要在小额交易中使用,从而拉开了金银复本位制的序幕。

金银平行本位制是指金币与银币都作为本位币流通,可以自由铸造,自由输入输出国境,且完全由市场决定两者比价关系的货币制度。这种货币制度币材丰富,能同时满足大额和小额交易的需求,适应了当时商品交换的发展,成为资本主义发展初期非常典型的货币制度。但是,由于金银产出的变化带来的市场比价的大幅波动必然导致使用价值相对较低的银币的交易一方受损,因此,客观上需要定金币与银币在流通中保持固定的比例,减少商人在交易中的货币风险,金银双本位制应运而生。

金银双本位制,是指政府以法律形式规定金银的比价,两者同时发挥本位货币功能的制度,这是金银复本位制度的主要形式。金银双本位制初期对稳定市场和贸易发展发挥了积极作用。但是由于各国之间对于金银比价规定的不一致,再加上政府规定的比价与市场上金银供给数量的变化导致形成的比价经常不一致,就出现了"劣币驱逐良币"规律,即在实际中往往仅有一种货币使用,另一种货币逐渐退出现实流通,被人们贮藏或熔化。特别是后期随着白银供给激增,使得流通中银币充斥,金币减少,使得政府不得不实行"跛行本位币"制度。

知识链接：劣币驱逐良币

所谓"劣币驱逐良币"规律，是在两种本位币同时流通的条件下，政府通过法令确定两者的固定比价，由于两种货币的内在价值发生了变化，其市场实际比价偏离了政府做出的固定比价，而政府法令又没有及时做出相应调整时，人们都选择使用（放弃）价值被高估的货币（劣币）进行贸易，实际价值被低估的货币（良币）则被贮藏（退出），在流通中出现实际价值较低的货币充斥市场的现象。这种现象，被英国政治经济学家汤姆斯·格雷欣研究发现，并据此上书英国女王，提出改革货币制度的建议。故被后人称为"格雷欣法则"。

跛行本位制出现在金银复本位货币制度的后期，也有人不把它当作一种金银复本位制度。原因在于这种货币制度虽然规定金币和银币都可以作为本位货币，且两者间有兑换比例，但是金币可以自由铸造，银币不能自由铸造，银币的铸造完全由政府控制，以维持兑换比例。这就使得银币的名义价值与实际价值无法保持一致，银币的名义价值取决于银币与金币的法定兑换比率。从而造成现实中银币实际上仅仅充当辅币角色，因此，跛行本位制无法长期存在，只是成为复本位制度向金本位制度的一个过渡阶段。

3. 金本位货币制度

金本位货币制度，是指国家法律规定以黄金作为本位货币金属，确定货币单位、铸造方式和进行管理的货币制度，这种货币制度先后经历了三种形式：金币本位制度、金块本位制度与金汇兑本位制度。英国于1816年正式采用金币本位制度，而后其他欧美国家也相继推行了金本位制度。金本位制的产生是由于金银复本位制度本身的不足自然产生的。

金币本位制度是金本位制度的最初形式，也是典型形式。金币本位制度的主要内容包括：黄金作为本位货币材料，可以自由铸造，无限法偿；流通中的其他货币可以自由地兑换为金币；黄金可以自由输出与输入国境。金币本位制度是一种稳定的货币制度，促进了各国商品经济的发展，直到第一次世界大战爆发严重打击了商品贸易，有的国家因为黄金储备有限才开始废除金币本位制度。一战后，随着战后经济的恢复，欧洲主要国家相继重拾金本位制度，一些国家从本国利益出发限制黄金的自由输出与输入，在贸易中设置关税壁垒抑制了黄金自由流动的灵活性。除经济发展较快的美国以外，其他国家没有恢复金币本位制度，而是采用了金块本位制度和金汇兑本位制度。

金块本位货币制度，是指国内不铸造金币，也不允许金币流通，而发行银行券代表金币进行流通，银行券可以有条件地兑换金块、黄金依然可以自由进出国境的货币制度。如英国1925年规定，银行券每次兑换金块最低为1700英镑。实行金块本位制度虽然在流通中没有真实黄金，而只是价值符号作为黄金替身充当流通媒介，但当货币符号过多时，一部分银行券通过兑换黄金退出流通，保持了流通中货币需要量与货币符号实际流通量的一致。黄金的自由输出与输入实现了国家之间黄金供求关系的自发调节，使黄金价值尺度在国家范围内保持平稳，因此金块本位制度也是一种比较稳定的货币制度。但是金块本位货币制度的条件是国际收支平衡，一旦国际收支出现逆差，黄金外流数量过多时，这种货币制度就难以维持。所以在第一次世界经济大危机之后，英国、法国、荷兰、比利时等国家在经济危机冲击下，先后被迫停止了金块本位制度。

金汇兑本位货币制度也称"虚金本位制",是指国家不铸造金币,流通中使用银行券,银行券可以兑换外汇,持有外汇可以在货币挂钩国家兑换黄金的货币制度。这种制度仍属于金本位制度的种类之一,除了具有规定货币含金量银行券流通之外,本位货币与另一个实行金币或金块本位制度国家的货币保持固定的比价,并将本国的黄金存放在这个国家作为外汇基金。实行金汇兑本位制度的国家主要是殖民地和经济发展不够坚实的国家,通过这种方式可以用相对少的黄金稳定本国货币的价值。如印度作为英国的殖民地,在1893年实行金汇兑本位制度,将其货币与英国货币保持固定比价,在国内可以兑换英镑,用英镑在英国兑换黄金。由于金汇兑本位制度是一种依附性较强和残缺不全的货币制度,在执行中受国内和国外双重因素的压力,因此,在第一次世界经济大危机之后失去了存在的基础。

二、信用货币制度

我们这里说的信用货币制度指的是不兑现的信用货币制度,是指以不兑换金属货币的纸币或银行券为本位币的货币制度。这种货币制度在20世纪30年代金本位制崩溃后为世界多数国家普遍使用,并沿用至今。我国也是从1935年币制改革后开始实行这种货币制度。

(一)信用货币制度的内容

信用货币制度的主要内容包括如下:

(1)货币发行权由国家垄断,一般由国家授权中央银行发行。原因在于纸币仅用纸张制作印刷的极小成本,就可以制作出标有不同数量价值符号的货币,具有极大的利益和诱惑力,很容易造成发行数量的扩张。国家垄断发行既可以防止不兑现信用货币盲目发行造成通货膨胀,也确保货币发行的铸币税归国家所有。

(2)货币单位和结构由国家通过金融法律条令明确规定,并可以根据国家经济发展和现实情况做相应调整。例如,美国货币单位为"美元",1美元=100美分。本币结构为100美元、50美元、20美元、10美元、5美元、1美元,辅币结构是50美分、25美分、10美分、5美分和1美分。

(3)信用货币一般由国家法律强制规定在一国范围内流通,国内任何交易者不得拒收,且一般不允许别的货币流通。因此,绝大多数国家的货币流通范围限于国内,只有极少数国家的货币能够被其他国家接受,进行跨国界流通。如美元等。

货币流通范围和对外比值。不兑现的信用货币要取得市场的认可与接受,必须使持有者确信自己不受损失,且能够购买相应价值的物品。因此国家法律保护是基础,即国内任何交易者不得拒收本国发行的信用货币。一个国家法律保护的范围限于本国疆域,跨国界的行为不受本国法律保护,信用货币亦如此,国际交易中对方有权拒收他国货币。绝大多数国家的货币流通范围限于国内,只有极少数国家的货币能够被其他国家接受,能够跨国界流通的信用货币一般称为"硬通货"。国家发行的信用货币曾一度公布其单位货币的含金量,尽管货币含金量只体现在名义上,不能兑现黄金,但据此能够比较两国货币的比价。美国政府在1944年规定1美元含1/35盎司黄金,若某国政府确定该国单位货币含1/105盎司黄金,那么美元与该国货币的比价(汇率)即为1:3。当前实行外汇管制的国家,汇率均由该国中央银行依据经济、政治、金融等各种因素综合考虑,确定本币与外币的比价(汇率),并根据实际情况作一定的调整。对实行自由兑换的货币制度而言,汇率变动主要受外汇市场的影响,汇率反映不同货币的购买力价值和市场供求状况,但即使在实行自由兑换货币制度的国家,中央银行对外汇市场的关注和引导一直没有中断。

(4) 信用货币不能兑换金属货币,也就不需要金属货币准备。1973年之前,许多国家的货币规定有含金量,但是都不能在本国兑换。1973年后,各国货币均不规定含金量,也不能兑换黄金,自然也就不需要黄金准备了。实际上,各国央行还持有一定量的黄金储备,作为国际支付的准备金,只是与信用货币的数量再无关系。现实中信用货币的发行数量也没有任何准备限制,一般仍会受到市场商品或劳务数量,或者类似国债等有价证券的数量,或者外汇资产的数量等限制。

另外,还需要说明的是,随着经济和社会的发展,在信用货币制度下,不一定非得使用信用货币进行流通支付,如当前的银行信用工具、第三方支付工具等非信用货币逐渐成为流通的主体。

(二) 我国的信用货币制度

1. 旧中国的信用货币制度

虽然我国宋代末期有了世界上最早的纸币——"交子"等,但是它及随后出现的纸币或者一些票据等都是兑现的信用货币。明洪武八年(1375年)发行"大明通行宝钞",禁止金银和铜钱流通,可以视作不兑现的信用货币制度初试。但"大明通行宝钞"很快贬值,流通混乱,不得已重归金属货币制度。直到1935年11月实行法币制度,货币发行权统归中央银行,可以说是不兑现的信用货币制度。

2. 人民币货币制度

人民币首发于1948年12月1日,标志着人民币这种不兑现的信用货币制度的正式建立。在人民币发行之前,各解放区都发行了自己的货币,称作边区货币,简称"边币"。对于已经发行流通的边币,中国人民银行采用"固定比价、混合流通、逐步收回、负责到底"的政策,用新发行的人民币兑换、回收边区货币,如当时人民币兑冀南银行券1:1000,人民币兑西北农民银行券1:2000,人民币兑东北银行券1:200。对国民党政府发行的钞票,实行无限制和无差价的收兑方针,按照人民币兑金圆券1:10万元兑换,前后7天收兑完毕。

人民币货币制度的内容可概括为以下四个方面:①人民币是我国的合法通货,具有无限法偿能力。国内不允许金银外币计价流通,一切货币收付、结算、债务清理均以人民币为统一计价单位。②人民币本位币基本单位为"元",结构是1元=10角,1角=10分。目前流通的第五套人民币,主币是100元、50元、20元、10元、5元、1元,辅币是5角、1角。③人民币垄断发行,与贵金属无联系。除中国人民银行外,其他机构不得发行流通工具。人民币是不兑现的信用货币,不能兑现贵金属,中国人民银行按照经济发展需要发行人民币和调节人民币发行量。④人民币限于国内流通。人民币不能自由兑换外汇,而必须通过国家外汇管理局批准,按照许可额度兑换外汇。个人可以携带一定数额的人民币出境。

3. 香港、澳门特别行政区货币制度

由于历史的原因,我国香港地区和澳门地区目前实行"一个主权国家,两种社会制度"的管理体制,相应的货币制度也保留了原有的货币制度,并与人民币货币制度共存。

目前港币也是一种不兑现的货币制度。港币由汇丰银行、渣打银行和中国银行三家商业银行发行,其他商业银行若申请发行港币,需经香港金融管理局审核批准。港币发行实行"联系汇率制度",港元与美元保持固定汇率,从1983年开始,1美元兑7.8港元,每发行7.8港元需向外汇基金提交1美元作为发钞准备,港币发行受外汇储备数量限制。2005年,香港的联系汇率制度增加了强方兑换保证(1美元兑7.75港元)和弱方兑换保证(1美元兑7.85港元),并承诺只要触及区间的任何一边,金管局会入市干预,让汇率在1美元兑7.75~7.85港元浮动。港币在香港特别行政区流通,可以自由兑换。香港货币单位为"元",用"HK"表示。货币结构为:纸币1000元、500元、100元、50元、10元、5元,硬币5元、2元、1元、50分、20分、10分、5分(1元=100分)。

澳元同样也是不兑现的信用货币制度。澳元的发行权归属澳门特别行政区政府,中国银行、大西洋银行是澳门金融管理局授权澳元发行的指定银行。澳元是挂钩港币的联系汇率制(1港币=1.0315澳元),发行澳元同样要按照这个汇率上交外汇准备。澳门货币单位为元,用"MOP"表示,货币结构为:纸币1000元、500元、100元、50元、20元、10元,硬币10元、5元、2元、1元、5毫、2毫、1毫。

(三) 跨国的货币制度

随着国与国之间贸易往来的增多,尤其随着经济全球化的加深,人们就需要解决一个货币的跨国结算问题。在金属货币本位制度的时候,这基本不成为一个问题,虽然各国的货币含量存在差别,但是金属货币都是基于重量单位,因此也就容易找到换算标准。但是到了不兑现的信用货币制度时,这就变成了一个比较困难的问题,因为每个国家的货币都是不一样的,基本都是"一个国家,一种货币",且都有该国或地区法律强制实行。究竟该使用哪个国家的货币作为国际支付的货币?不同货币的兑换标准又怎么确定呢?

1. 货币的价值

关于货币的价值问题也有众多观点。在当前的不兑现的信用货币制度下,货币从形式上是一种负债,这种负债可以由接受货币流通地区的其他商品或劳务来偿付。因此,从这个意义上,货币的价值可以由它的交换物来体现。生活中我们常用货币的购买力来表示货币的价值,交换物的价格高,货币的购买力低,交换物的价格低,货币的购买力就高。考虑到不同交换物价格的变动并不都是一致,因此,我们一般使用物价指数的倒数来代表货币的购买力。

一个国家的货币如果仅限于本国使用时就只能用本国的物价指数的倒数来表示本国货币的购买力,这个我们也称为该国货币的对内价值。如果样本商品种类一样,那么不同国家的物价指数就具有可比性,这样把不同国家的购买力进行比较,就可以得出不同国家货币的兑换比值,这就是现实中我们看到的各种货币的汇率,这个也称为一国货币的对外价值。实际上,由于不同国家计入物价指数的样本商品存在差异,再加上还要受外汇市场上货币供求状况变化的影响,影响因素十分复杂,因此,货币的对内价值、货币的对外价值多数时候并不总是保持一致。

2. 区域货币体系

区域经济合作基础上形成的区域货币合作,使货币发行跨国流通成为现实。欧元货币制度的建立是区域货币一体化成功的首例,是世界货币制度发展历程的一个重大标志。1998年6月1日欧洲中央银行的成立,标志着欧洲主要国家将实行统一的货币政策和货币制度。2002年7月跨国货币——欧元,成为欧盟11国的统一货币,使得货币发行权力更加集中,货币发行数量不再取决于某一国家的意志,而决定于欧洲中央银行的统一决策。

欧元仍然是一种不兑现的信用货币制度,由欧洲中央银行垄断发行。货币符号:EUR。货币单位为元,结构为:钞票面值有500元、200元、100元、50元、20元、10元、5元,铸币面值有:2元、1元,50欧分、20欧分、10欧分、5欧分、2欧分、1欧分(1欧元=100欧分)。

欧元推出的理论基础是建立在经济学家蒙代尔的"最优货币区"理论,欧元的实行有效消除了区域内各国货币汇兑风险,降低了国际往来的交易成本,有力地促进了欧元区内各国的经济增长。但是,欧元的实行是建立在各国经济同质化的基础上,这往往与现实相差较大,因此,欧元的运行也存在一定的问题,如欧债危机。欧元今后的命运如何还有待发展去证实。

3. 国际货币体系

自从商品贸易跨越国境后,就出现国际货币支付的问题。到目前为止,国际货币体系大体可分为金属货币体系、布雷顿森林体系、以浮动汇率为特征的牙买加体系以及当前有新发展的国际货币体系等几个阶段。

金属货币体系阶段:这个阶段主要存在于各国普遍使用金属货币时期。在这个时期,各国的货币都规定金属含量,那么货币的比价直接由货币的金属含量决定,因而商品贸易额可直接由金属货币或者金属结算。

布雷顿森林体系阶段:布雷顿森林体系是在1943年7月布雷顿森林会议上确定的体系。该体系规定以黄金作为基础,并把美元当作关键国际储备货币。具体规定是:美元与黄金挂钩,确定1盎司黄金折合35美元的黄金官价。各国政府或是中央银行有权可以随时用美元向美国按官价兑换黄金。其他各国货币与美元挂钩,即各国确定本国货币对美元的金平价,有义务维持对美元的固定汇率。该平价一经确认便不得随意变更,其波动幅度要维持在货币平价的±1%的范围之内。布雷顿森林体系是美国在世界经济占据绝对优势的条件下形成的,当时美国的国民生产总值占到全部资本主义国家的60%,黄金储备相当于全部资本主义世家的75%。布雷顿森林体系的建立结束了国际货币金融的混乱局面,极大地促进了世界贸易、投资和经济的发展。后来,随着其他国家经济的发展,布雷顿森林体系自身的美国经济地位的相对衰落以及布雷顿森林体系自身存在的"特里芬难题",布雷顿森林体系最终在1973年走向解体。

知识链接:特里芬难题

特里芬难题是美国耶鲁大学教授特里芬在1960年《黄金与美元危机》著作中提出的

一个观点,特里芬难题主要指出了布雷顿森林体系的矛盾:由于美元与黄金挂钩,其他国家的货币与美元挂钩,美元取得国际核心货币的地位.但是各国在发展国际贸易中,必须用美元作为结算与储备货币,这样就导致美元在海外不断沉淀,美国就会发生长期贸易逆差,但美元作为国际货币核心的重要前提是必须保持美元币值稳定。这既要求美国是一个长期贸易逆差国,又要求美元的稳定和坚挺。这两者相互矛盾,形成一个悖论。

特里芬难题说明:用某国货币充当国际清偿能力的货币体系一定会陷入特里芬难题并最终走向崩溃。

牙买加体系阶段:布雷顿森林体系解体以后,取而代之的是牙买加体系。1976年1月8日,国际货币基金组织的临时委员会在牙买加会议上通过了关于国际货币制度改革的协议,称为《牙买加协定》。主要内容包括:取消平价和中心汇率制度,允许成员国自由选择汇率制度;废除黄金官价,实行黄金非货币化;使特别提款权成为主要国际储备资产;加强国际货币基金组织对国际清偿能力的监督。1978年4月1日正式生效,以《牙买加协定》为基础的国际货币制度就是牙买加体系。牙买加体系虽然确定了特别提款权作为国际储备资产,但是由于特别提款权只作为记账单位,不能直接用于国家贸易的支付结算,因此现实中大家进入了以美元为主体的多元化的阶段。

当前的国际货币体系阶段:当前国际货币体系依然是以美元为主体的多元化的阶段,世界上多数国家汇率浮动都会受到美元的影响。这样一来,特里芬难题仍然没有得到解决,世界金融秩序比布雷顿体系时期更加混乱,美国频繁利用自己货币特殊地位转移国内经济金融问题、影响别国经济金融等。及至欧元的出现,对美元的主体地位有了一定的冲击。近些年随着我国经济金融的发展,人民币的国际地位也逐渐提高,但是我国的人民币目前仍然不是可自由兑换货币,在国际支付体系还不能发挥极大的作用。即使某国货币变成可自由兑换货币了,取代美元了,仍然改变不了主权货币作为国际支付货币的特里芬难题。

问题思考:超主权货币是国际货币体系的方向吗?

2009年3月,时任中国人民银行行长周小川发文指出,必须创造一种与主权国家脱钩,并能保持币值长期稳定的国际储备货币,以解决金融危机暴露出的现行国际货币体系的一系列问题。这个提议与20世纪40年代凯恩斯提出的建议一脉相承,当时凯恩斯建议采用30种有代表性的商品作为定值基础建立国际货币单位"Bancor"的设想,遗憾的是未能实施。

超主权货币的提出得到了一些国家和学者的支持,相当于欧元的扩大化,但是目前欧元的运行也存在一些问题。它会是未来国际货币体系建立的方向吗?

本 章 小 结

货币产生于商品交换,从货币形式上看,货币经历了实物货币、金属货币、纸币、存款货币和电子货币等几种形态。

货币的职能主要包括价值尺度、流通手段、价值贮藏、支付手段等。在交易和支付中以及债务清偿中被普遍接受的东西都可以称为货币。为便于计量货币数量,现实中按照流动性对货币划分 M0、M1、M2 等层次。

从货币制度来看,每个国家货币制度的演变存在差异,一般是按照银本位、金银复本位、金本位、不兑现的信用货币制度的顺序进行演变,我国是按照铜本位、铜银复本位、银本位、不兑现的信用货币制度的顺序进行演变。

国际货币体系是按照金属本位、布雷顿森林体系、牙买加体系以及当前的存在一些新变化还没有定型的货币体系演变和发展着。金融是当下我国热议的学科。我国对金融的理解与西方国家对金融的理解存在较大的差异。一般认为金融主要有两个层面:宏观金融和微观金融。宏观金融层面主要是之前货币银行学包含的内容,近似于西方国家中口径的金融;微观金融主要指的是金融市场(主要是资本市场)的运行机制等问题,近似于西方国家小口径的金融。

复习思考题

1. 货币形态的演变说明了什么?
2. 货币的职能有哪些?
3. 我国的货币制度变迁为什么与西方的不一样?
4. 怎样理解货币的分层?
5. 怎样理解货币的对外价值和对内价值?我国与西方对金融的理解有什么差异?

实 训 安 排

分组讨论:数字货币给货币带来了什么?

2019 年 8 月 10 日,中国人民银行支付结算司副司长穆长春在中国金融四十人论坛上表示,央行数字货币即将推出,将采用双层运营体系。即人民银行先把数字货币兑换给银行或者是其他运营机构,再由这些机构兑换给公众。在这个过程中,央行将坚持中心化的管理模式。中国人民银行推出的数字货币,是基于互联网新技术,推出全新的加密电子货币体系,这无疑是一场货币体系的重大变革。

随着互联网科技和大数据的发展,全球涌现了不少所谓的"数字货币",如比特币。它采用了区块链技术、多边记账、实时查询、软件开源、P2P 形式,它不依靠特定货币机构发行,依据特定算法,通过大量的计算产生。比特币使用整个 P2P 网络中众多节点构成的分布式数据库,来确认并记录所有的交易行为,并使用密码学的设计来确保货币流通各个环节的安全性。点对点的传输,意味着一个去中心化的支付系统。值得关注的是,并非任何个人和企业都可以发行数字货币。从货币的本质看,只有国家才能对货币行使发行的最高权力,而且这是排他性的权力。因此,不管技术多么先进,也不能超越国家的货币发行权。

央行数字货币是"账户松耦合",即可脱离传统银行账户实现价值转移,使交易环节对账户依赖程度大为降低。央行数字货币既可以像现金一样易于流通,有利于人民币的流通和国际化,同时可以实现可控匿名。截至目前,全球还没有一家央行推出主权"数字货币"。

任务一:分组进行搜集资料并讨论数字货币的含义、优缺点。

任务二:分组进行搜集资料并讨论数字货币对货币的演进和人们生活有什么意义。

参 考 文 献

[1] 黄达. 金融学[M]. 北京:中国人民大学出版社,2008.
[2] 孙刚等. 国际金融学[M]. 大连:东北财经大学出版社,2011.
[3] 王光谦. 中央银行学[M]. 北京:高等教育出版社,2016.
[4] 威廉·戈兹曼. 千年金融史[M]. 北京:中信出版社,2017.
[5] 弗雷德里克·米什金. 货币金融学[M]. 北京:清华大学出版社,2009.
[6] 胡庆康. 现代货币银行学教程[M]. 上海:复旦大学出版社,2019.
[7] 李小丽. 金融理论与实务[M]. 北京:北京理工大学出版社,2010.
[8] 何海霞等. 金融学理论与实训[M]. 北京:中国财经出版传媒集团,2016.

第三章　信用与利率

学习目标

1. 掌握信用及其工具、利息、利率的概念，明确各种信用形式的内含及各种利率之间的关系，了解信用、利率在经济运行中的作用。

2. 掌握利息的两种计算方法及其现值与终值之间的关系，学会用现值观念解决投资决策问题。

3. 能运用各种信用形式和信用工具进行投资活动；能依据利率决定的一般原理解决决策中的问题。

案例导入

使用支付宝的客户名下都有一个芝麻信用评分。"芝麻信用"是"蚂蚁金服"通过分析客户的信用历史、行为偏好、履约能力、身份特质、人脉关系等数据得出的评分。2018年8月28日，"支付宝"推出了芝麻信用评分在700分以上的客户可以享受"先享后付"功能，即买方可以先免费体验"海尔、美的"等大型家电一周，再随后支付货款。700分以上的客户还可以享受免押金骑行"哈罗"单车、住酒店免押金、延后两小时退房、在线申请出国签证等服务。

2019年8月25日中国人民银行发布的于2019年10月8日生效的个人商业性住房贷款利率政策，主要内容为：新发放的商业性个人住房贷款利率以最近一个月相应期限的贷款市场报价利率(LPR)为定价基准加点形成。其中首套房贷款利率不低于LPR，二套房不低于LPR+60个基点。所加基点要考虑借款人的风险状况、政策要求。风险状况即和前述"芝麻信用"紧密联系在一起。

LPR是指商业银行对其优质客户执行的贷款利率，其他贷款利率可在此基础上加点生成。我们可以理解为："芝麻信用越高，借款人的风险状况越低，贷款利率加点就越小，承担的贷款利率就越低。"

这就是本章所涉及的信用、信用形式及利率的相关知识。

第一节　信　用

当今社会，信用无处不在，人们在社会活动中违反了相关规定，给社会公共秩序带来困扰,其相应承担的后果为被限制享受公共服务,这属于社会信用的范畴。居民、企业向银行等金融机构申请贷款需要提供其相关信用信息,当其信用级别达到贷款人要求的情况下,才可以获得相应贷款资金,而这属于经济学中的信用。由此引申出我们对信用的探究,究竟什么是信用,我们为什么要研究信用,信用在经济中有何作用等方面的问题。

一、信用概述

（一）信用及其构成要素

从古到今,在社会学意义上的"信用"一直广为使用,它主要指信守诺言。而经济意义上的信用,即指以偿还和付息为条件的商品或货币的借贷行为。这种借贷行为包含价值运动的两个方面,即以偿还本金、支付利息为条件的借贷行为。其隐含了贷款人(债权人)获取利息并在一段时期收回本金的前提。纵观全球经济史,信用经历了两种具体形式:一是实物借贷;二是货币借贷。实物借贷是在生产力发展不够充分的自然经济时代较为常见的借贷方式,这种方式因其借贷对象的物质特性、规模与范围受到限制。随着自然经济向商品经济的过渡,货币广泛存在于经济生活的各个领域,货币借贷逐渐取代了实物借贷而成为借贷关系的主导形式。我们接下来所谈及的信用皆为经济学意义上的信用。

信用的构成有两个要素:授信和时间。所谓授信即借出资金方(债权人)通过考察借入资金者(债务人)的信用状况,在确定资金借入方能在未来双方约定的日期偿还所借资金后,将资金出借给资金借入方的行为。借入方取得资金的使用权称为受信。在实践中,决定授信与受信的前提是资金借入方的还款能力和还款意愿。还款能力由还款来源即由家庭收入或企业利润决定,当借款人的还款来源不足以支持贷款人对其进行授信所借出的资金时,往往采取包括提供资产抵押、质押、第三方担保等手段的增信服务,以保证到期债务的偿还。而还款意愿由借款人的道德水平所决定,实践中,经常会出现借款无法履行承诺,造成违约的后果,其原因主要有两个方面:一是借款人有还款能力但无还款意愿;另一是借款人有还款意愿但无还款能力。无论哪种都涉及社会信用和经济信用。由此可见社会信用和经济学信用相互影响、相互制约。

信用的另一要素是时间。借出资金方向借入资金一方提供融出资金时,会约定时间,经历一段时期后,资金才会被偿还,也称为借贷期限,时间有长有短。最短的只有短短的几个小时,最长的则无期限。比如通过发行永续债券、股票等筹集资金的方式无到期期限。

除了时间和授信两要素之外,利息和证明借入借出资金(融通资金)的载体金融工具也是信用必不可少的要素。后续会有详细介绍,在此不再详解。

（二）信用的基础

当我们对信用的概念和构成要素有了一定的了解后,不免会对信用的产生、信用的存在到底对经济有哪些影响?脱离了信用,经济还能不能有效运转产生了浓厚的兴趣,这就有必要对这些疑问进一步探究。

信用的基础源于经济活动中各主体的收入和支出不同步,以及收入和支出的不平衡现象。

居民和家庭作为经济活动中必不可少的参与主体,其收入主要来自于工资收入和财产性收入(诸如房租、股票、债券投资收益等),并且总收入随着其生命周期变化而变化,在中青年期收入逐年增加达到高峰并稳定一段时期,随后因年龄的增加,收入逐渐减少。支出在不同阶段也有不同变换,主要体现教育、医疗、养老、购房以及其他消费等方面的支出,并呈逐年增加趋势,形成事实上两者不同步现象,需要借助信用平衡两者的差异。

对于企业而言,作为资金的最大需求方,同样面临收支不同步的情况。根据企业的生产特点,先投入生产,再通过产品销售收回货款,再投入生产,如此循环往复周而复始的活动。在此过程中一定需要融通资金,并借助信用工具完成商品买卖的结算活动。

作为经济活动中不可或缺的政府,需要为公众提供公共产品,完善基础设施,其资金来源主要有税收收入支撑,但往往税收收入不足以支持如此巨量的资金需求,也需要借助信用来完成。

相关知识:信用与信贷、金融的区别和联系

信用与信贷的联系与区别:信贷有广义和狭义之分。广义的信贷包括借和贷两个方面的活动,体现债权债务关系及还本付息的特征。因此,广义的信贷等同于信用。狭义的信贷一般专指以银行为媒介的信用活动,即银行信贷,是银行存贷款等具体业务的总称,有时仅指银行贷款活动。显然,狭义的信贷比信用的范围要小。

信用与金融的联系和区别:信用与金融的联系主要表现在二者有共同的对象——货币。金融就是货币资金的融通,而信用的重要形式也是货币借贷,共同的对象使二者的内在联系十分紧密。二者的区别表现在范围上存在差别,信用不但包括货币借贷,还包括实物借贷,而金融除了通过借贷货币融通资金外,还通过发行股票等方式融通资金。可见,二者谁也不能完全覆盖对方。

(三) 信用的经济功能

众所周知,现代经济是信用经济,处于经济活动中的主体无一离不开我们所探讨的信用。居民家庭要储蓄,要贷款消费、买房;企业要融通资金购买原材料,进行生产;国家要融通资金弥补财政收支赤字。所有的所有都离不开信用融通资金的功能,信用对经济的影响之大、功能之强,是我们有目共睹的。信用的经济功能主要表现在以下几个方面:

1. 融通资金

在市场经济条件下,各个经济社会主体(政府、企业、家庭或个人等)在某一时期的资金收支状况是不同的,有的收大于支,有的支大于收,对这种资金余缺的调剂,信用是较为有效的方式。通过借贷活动,暂时闲置的货币收入和货币资金就流向那些效益较好、有还款保证的企业和投资项目,从而满足经济发展对资金的需要,并促进优质企业做大做强和产业结构的优化。

2. 节约流通费用,提高资金的使用效率

信用的这一功能主要表现在:①现代信用货币特别是其中的存款货币的使用,尤其是信用活动中创造出的各种信用工具的使用,大大节约了与货币流通的各项费用。而且,随着电子货币的流通,商品、货币流通的速度将进一步加快,流通费用将进一步节约。②通过创造信用流通工具,节约流通费用。在各种各样的信用活动中,创造出来诸如商业票据、银行票据等,大大缩短了商品销售过程,在节约货币流通费用的同时,还节约了商品流通费用,从而有利于提高社会资金的使用效率和效益。

3. 调节经济总量及其结构

信用是市场经济体制下政府实施宏观调控的重要手段,信用的这种经济调节功能既表现在总量上,又表现在结构上。例如,政府通过信用活动调节各层次的货币供应量,在经济增长速度过快时,通过减缓货币供应量的增长速度给过热的经济降温,在有效需求不足、经济增长过慢时,又通过信用扩张以刺激经济增长。同时,政府还通过信用活动调节产业结构、产品结构,如通过对国民经济发展中的瓶颈部门、朝阳产业和供应不求的产品多供给资金,对长线部门、夕阳产业和滞销产品减少资金供应,以实现产业结构、产品结构的调整、优化。

二、信用形式和信用工具

信用渗透于经济的方方面面,每一参与主体需要借助信用完成各种经济活动。纵观经济与信用发展的历史长河,信用形式多种多样,不同角度,信用有不同的表现形式,从信用主体角度出发,信用形式可以分为商业信用、银行信用、国家信用、消费信用、公司信用、民间信用、国际信用等。

(一) 商业信用

1. 商业信用及其特点

商业信用是指企业之间相互提供的与商品交换相联系的信用。实践中,企业间的赊销商品、分期付款、委托代销、预付定金、预付贷款等都属于商业信用。主要形式有赊销和预付两大类,其中赊销是商业信用的典型形式。

商业信用具有以下特点:①商业信用的参与主体是各种类型的企业,即债权人和债务人都是企业。商业信用以商品形式提供的信用,不仅债务人是从事商品生产或流通的企业,债权人也必然是从事商品生产或流通的企业。②商业信用发生在商品流通过程中,直接服务于商品生产和流通。商业信用是在企业购销活动中自发产生的一种信用形式。在当今社会化大生产过程中,各个企业生产经营活动的联系更加紧密,相互依赖的程度更深。对于企业来说,商品销售是重要一环,但购货方常常没有充足的资金从而无力支付货款。在这种情况下,销货方可以采用赊销的方式向购货方提供商业信用实现销售,购货方按双方约定的期限及利息补偿进行还款,结果是双赢,应当说,商业信用润滑、加速了商品生产和流通的过程,有利于促进经济增长。③商业信用包括买卖和借贷两种行为。商业信用是企业之间以商品形态提供的信用,在这一过程中包含着两个同时发生的经济行为——买卖行为和借贷行为。授信企业与受信企业之间既是借贷关系,又是买卖关系,借贷行为是建立在商品买卖基础之上的,没有商品买卖,就不存在商业信用。

2. 商业信用的局限性

商业信用虽然在促进买卖双方成交,润滑整个生产流通过程,促进经济等方面有明显作用而被广泛应用于商品销售和国际贸易领域,但其局限性也不应被忽视。商业信用的局限性主要表现在:①商业信用的规模受到授信企业拥有的货物与资金数量的限制,销货方不可能把生产的所有商品全部赊销给购货方。②商业信用在授信方向上受到限制。一般情况下,只能是生产企业向商业企业、批发企业向零售企业、上游企业向下游企业提供信用,而不能相反。③商业信用的范围受到限制。商业信用只适用于有经济业务联系的企业之间相互提供,没有业务往来的企业之间无法开展商业信用业务,如此就限制商业信用使用的范围。④商业信用的期限受到限制。资金是企业的血液,如果以商品形态贷出的资本不能够在短期内以货币资本形态收回,就会影响赊销赊购企业的正常运转,所以商业信用的期限较短,一般不超过1年,只能解决短期资金融通的需要。

(二) 银行信用

1. 银行信用及其特点

银行信用是银行等金融机构以货币形式向其他经济个体(企业、单位等)提供的信用。其表现形式主要是吸收存款、发放贷款等。

银行信用具有以下特点:①银行信用是以货币形式提供的,具有灵活性。银行信用的借贷对象是货币,银行将分散的小额货币以存款等方式聚集成巨额的信贷资金,再以贷款等方式提供给资金短缺的企业、单位等,它不受方向和使用范围及数量的限制,具有范围广、规模大、灵活性强的特点。②银行信用具有间接性。银行的主要业务是存贷款业务,银行一方面以债务人的身份从社会上广泛吸收存款,另一方面又以债权人的身份把通过存款聚集的资金向企业、单位等发放贷放,从而成为社会的信用中介。③银行信用具有广泛的可接受性。银行等金融机构具有很高的社会声誉,债务凭证具有广泛的可接受性,因而银行信用对经济发展具有更大的促进作用。④银行信用具有创造货币的功能。任何经济单位都必须先获得商品或货币,然后才能提供信用,唯有银行不仅从社会上吸收存款,而且还可以派生存款,创造自身的资金来源。

2. 银行信用的地位与作用

银行信用是商业信用发展到一定阶段后产生的,它克服了商业信用的局限性,具有规模大、成本低、风险小的优势。银行作为专门的信用中介机构,具有较强的专业能力来识别与防范风险。银行不仅能提供信用,而且能够创造信用,对商品经济的发展具有巨大的推动作用。就我国目前的信用体系而言,银行信用是主体,居于核心地位,其他信用形式都不同程度地依赖银行信用,并成为信用的必要补充。

小思考:银行信用与商业信用两者的关系?

二者是一种互为条件、相互支持、相互促进的伙伴关系。一方面,银行信用是在商业信用的基础上产生和发展起来的,而且商业信用票据化以后,以商业票据为担保的贷款或商业票据贴现业务,比单纯的信用贷款业务风险要小一些,有利于银行进行风险管理。另一方面,商业信用的发展依赖银行信用的支持,如果没有银行信用的支持,商业信用的授信方就会在是否授信、授信时间长短等方面有较多的顾虑,而有了银行信用的支持,商业信用的赊销方即授信方就可以解除后顾之忧。

(三) 国家信用

1. 国家信用及其形式

国家信用也称政府信用,是指以政府为主体的借贷行为,它包括国家以债务人身份取得信用和以债权人身份提供信用两个方面。在现代社会,国家信用主要表现为国家作为债务人的负债行为,若债权人是国内的企业单位、公民,则国内信用也叫国家的内债。若债权人是外国政府、企业、公民,则为国际信用,也叫国家的外债。国内信用是其主要构成部分。

国家信用就其内债而言,形式主要有:①公债券,政府为弥补长期的财政赤字而发行的期限在1年以上的中长期债券。②国库券及政府为解决短期内支出需要而发行的期限在1年以下的短期债券。当然,我国中央政府目前既发行短期的国库券,又发行长期的国库券,即不论期限长短都以国库券为名。

国家信用就其外债而言,形式主要有:①国际债券,即政府委托金融机构在国际资本市场发行的以外币标明面值的债券,目的是筹措中长期外汇资金。②政府借款,即一国政府向其他国家政府、国际金融机构、国外商业银行等借款。

2. 国家信用的作用

国家信用在现代经济生活中起着积极的作用:①国家信用是弥补财政赤字、解决财政困难的较好途径。财政赤字的出现是各国经济运行过程中的常态。解决财政赤字的途径有三种,即增加税收、向中央银行借款或透支和向社会举债。增加税收不仅要经过严格的立法程序,而且容易引起公众不满、抑制投资和消费;向中央银行借款或透支将直接导致货币供给增加,容易引发通货膨胀,况且许多国家的中央银行法禁止政府从银行透支;政府向社会举债,只是部分社会资金使用权由非政府部门转移到政府部门,有借有还,有经济补偿,一般不会产生副作用。因此,发行国债弥补财政赤字成为当今各国的通行做法。②国家信用是政府实施宏观调控的重要手段。一方面,政府可以利用国家信用调节社会总需求,如在经济增长滞缓的阶段,通过增发国债及投资,增加并带动社会投资需求乃至社会需求的扩大,从而拉动经济增长;另一方面,政府可以利用国家信用调节投资方向,如政府将长期国债收入投资于市场不愿配置资源的一些投资大、周期长、利润回报率低、风险大的基础性产业,通过优化投资结构达到优化经济结构的目的。

(四) 消费信用

1. 消费信用及其形式

消费信用是企业、银行和其他金融机构向消费者个人提供的用于满足其生活消费需要的信用。消费信用的特点是先消费、后付款,旨在解决居民个人支付能力不足的困难,实现提前消费的目的。

消费信用可以采取类似商业信用的做法,以商品形态提供,也可以采取类似银行信用的做法,以货币形态提供。消费信用的基本形式主要有以下几种:

(1) 分期付款。这是指企业或银行等金融机构以分期付款的方式在消费者购买价格较高的耐用消费品所提供的信用形式,此类耐用消费品包括房屋、汽车、手机、家具、家电等。

(2) 消费贷款。这主要是指银行及其他金融机构直接以货币形式向消费者提供消费贷款,再由消费者利用所得贷款购买消费品或支付旅游、高等教育等劳务费用,如住房按揭贷款、助学贷款等。

(3) 信用卡。信用卡是由商业银行或信用卡发卡公司对信用合格的消费者发行的循环信用。持有信用卡的消费者可以到特约商业服务部门购物或消费,再由银行同商户和持卡人进行结算,持卡人可以在规定额度内透支,到约定还款日期偿还所欠款项。

2. 消费信用的作用

消费信用是在经济发展到一定程度和人们消费结构有了较大变化的基础上产生的,其积极作用主要表现在:

(1) 消费信用可以提高人们当前的消费能力和福利水平。消费信用可以使消费者提前享受目前尚无力购买的消费品,或使消费者享受目前尚无经济能力享受的劳务服务,从而提高了人们当前的消费能力和福利水平。

(2) 消费信用能够促进消费品的生产和销售,刺激经济增长。消费信用的存在和发展,使消费者在取得收入之前购买消费品,特别是能让消费者提前实现消费结构的升级,从而在一定程度上刺激了消费品的生产和销售。同时,经济增长需要投资、消费、出口三大需求拉动,消费需求不足是制约经济增长的重要因素,信用消费能直接增加现实的消费需求,从而拉动经济增长,正所谓诚信也是生产力。

我国消费信用的发展起步较晚,改革开放之前基本上不具备消费信用存在的市场环境。随着改革开放政策的实施,特别是在市场经济体制目标确立后,我国经济规模日益扩大,买方市场逐步形成,加之住房商品化及高等教育体制改革等的推进,信用消费在我国呈快速增长之势。

但与成熟市场经济国家相比,我国消费需求尤其是其中的信用消费需求对经济的贡献仍然较低。近些年来为了提高人们的生活水平,并由此带动经济增长,政府出台刺激消费信用的多项措施,取得了一定成效。

(五) 国际信用

国际信用是指国与国之间的企业、金融机构、政府、国际金融机构等相互提供的信用。国际信用的主要形式有:出口信贷、银行信贷、补偿贸易、国际金融机构贷款等。

1. 出口信贷

出口信贷是指一国政府为促进本国出口贸易由其政策性银行向进口方所提供的信用。出口信贷分为买方信贷和卖方信贷。买方信贷按照受信对象的不同又分为两种形式:一种是出口国银行直接向进口商提供贷款,用以支付出口商的货款;一种是出口国银行将款项贷给进口国银行,再由进口国银行将贷款提供给进口商用以支付货款。卖方信贷是出口国银行向出口商提供贷款,从而出口商允许进口商分期付款的一种信贷方式。

出口信贷指在解决大宗商品和成套机电设备出口的贷款支付问题,是各国政府促进本国出口、增强国际竞争力的主要手段,所以贷款利率低于国际资本市场利率,利差由贷款国政府补贴,贷款期限也比较长,短的一般为 18 个月,长的可达 10 年。

2. 国际银行信贷

指进口企业或进口方银行从外国银行(或银团)借入资金的一种信贷形式。这种形式的贷款一般采用货币方式,可以自由运用,但不享受出口信贷的利率优惠。

3. 补偿贸易

指外国企业向进口企业提供机器设备、专利技术、员工培训等,待项目投产后,进口企业以该项目的产品或按合同规定的收入分配比例抵付进口设备、技术的价款及利息的信用方式。补偿贸易在发展中国家已得到广泛使用。

4. 政府贷款

指一国政府向另一国政府提供的贷款。主要是发达国家向发展中国家政府提供长期优惠贷款,一般期限较长、利率较低,甚至是无息的,具有友好援助性质,政府贷款通常搭配出口信贷。

5. 国际金融机构贷款

指国际金融机构对其会员国提供的贷款,主要包括国际货币基金组织、世界银行及其附属机构——国际金融公司和国际开发协会,以及一些区域性国际金融机构提供的贷款。这种贷款期限较长,且条件优惠,但贷款项目及用途是国际金融机构事先确定的,受信国一般不得改变。

(六) 民间信用

在我国,民间信用一般是指个人之间以货币资金或实物形式所提供的直接信贷的信用形式,具有灵活、简便等特点,可以弥补银行信用的不足。由于民间信用的易获得性使其容易变异为高利贷,危及经济发展。如近几年,现金贷、套路贷、网络平台的 PtoP 贷款等,给债务人带来了难以弥补的损失,阻碍了民间信用的正常发展。

知识运用:充分运用各种信用形式为企业投融资服务

某外向型企业 2018 年进行了如下筹资、投资活动:①向银行借款 500 万元用于办公设备更新。②以分期付款方式从国内某企业购进 300 万元的原材料。③经审批在上海证券交易所发行期限为 3 年的公司债券,共筹资 1000 万元。④向内部职工集资 1000 万元。⑤以延期付款的方式向美国一家企业出口货物一批,合同金额 100 万美元,同时获得我国进出口银行的信贷支持 800 万元。⑥从欧洲某一发达国家进口一批价值 200 欧元的材料,并商定以产成品偿还。⑦购买了某股份有限公司发行的可转换债券 100 万元。⑧购买了当年发行的记账式国债 500 万元。⑨年底在银行存入 3 个月的定期存款 200 万元以备来年之需。问:该企业以上投融资活动涉及哪些信用形式?

分析提示

①属于银行信用;②属于商业信用;③、⑦属于公司信用(企业信用,直接融资);④属于民间信用;⑤、⑥属于国际信用(其中⑤为出口信贷且是卖方信贷,⑥为补偿贸易);⑧属于国家信用。

第二节 征信体系

现代市场经济,无论是商品的交易结算,还是资金的融通,都是基于人们相互之间的信任,而信任则是建立在相信对方的能力基础之上的。这即是我们谈到的信用的范畴。但信息不对称和道德风险就像一对双生子一直伴随着经济经活动,如影随形。经济学家和经济活动的各个主体一直在寻求最佳的解决方案。信用活动中,最好的解决方案无疑是通过收集经济活动主体的相关历史信息,经过加工分析形成征信信息体系。

西方国家早有成熟的征信体系。在经历了失信给经济带来巨大损失后,我国政府日益认识到建立社会征信系统的重要性。并在逐步推进、完善、成熟居民和企业的征信体系。目前我国征信业的法律基础和标准化逐步建成。

一、中国人民银行管理征信体系

《中国人民银行主要职责内设机构和人员编制规定》明确了中国人民银行作为管理部门,在管理征信体系的具体职责:承办征信业管理工作,组织推动社会信用体系建设,组织拟定征信业发展规划、规章制度及行业标准,拟定征信机构,征信业务管理办法及有关信用风险平价准则,承办征信及有关金融知识的宣传教育培训工作,受理征信业务投诉,承办社会信用体系部级联席会议八年公司等的日常工作。

中国人民银行不仅是信用体系的监管方,同时致力推进社会征信体系的建立。截至目前,中国人民银行主导建立了包括企业信用信息基础数据库和个人信用信息基础数据库在内的征信系统。该数据库的使用方多为金融机构。当企业和个人向银行等金融机构申请贷款时,银行等金融机构通过调阅申请人的信用数据,判断借款申请人的信用状况,决定是否同意提供贷款,大大降低了贷款人承担的违约风险。减少信息不对称给贷款人带来的不利影响。

随着大数据、人工智能和区块链技术的发展,针对商品经济中的各种交易活动和经济行为,都会被收集起来,并进行加工并运用到信用活动中来,这将极大提高信息数据的利用率,为信用活动的发展提供坚实的真实数据,促进信用的发展,同时也会提高经济活动效率。目前,多家金融机构对内部组织结构进行整合,都增设了金融科技部门,无疑都想要通过技术和数据结合,为自己开展相关业务提供支持。

二、信用评级机构

针对发行人发行的债券能否按期支付利息,到期是否按时偿还本金,取决于发行人的资信状况,由此催生了证券信用评级机构,通过收集发行人的财务数据、历史违约履约情况等,进行加工分析从而对发行人的信用状况进行评级,并公开发布,供投资者参考。

目前世界上著名的评级机构包括标准普尔、穆迪等,我国当前的评级机构有大公、中诚信、联合、上海新世纪等多家公司。

此外,为了促进全社会征信体系的完善,地方政府也在积极推进地方征信系统的建立,居民欠缴电费、水费、通信费、闯红灯等等都有可能记入个人诚信档案,影响经济信用活动。

针对企业征信体系的完善,行业信用建设也在发挥着重要的作用。比如"金税""金关"等国家级信用应用工程的建设,运用企业的增值税缴税数据,对外贸易企业的报关数据对企业进行相关真实信息收集,可运用于对企业的信用评级。

围绕着信用运行的经济活动离不开信用评级以及恒信体系的建设,我们每个经济活动的主体都应该珍惜自己的信用状况。

第三节 利息与利率

现在,我们大家都知道出借资金应当收取利息,借入资金应当支付利息,否则借贷无法完成。但在金融发展的历史长河中,围绕着利息、利率一直争论不休。金融历史发展初期,借贷活动收取利息被视为是罪恶的,但随着经济的发展,利息逐渐被人们所接受,并认为是理所当然的事情。经济学家对于所得利息即资金借出去之后,转了一圈资金变多了实现了增值,产生了浓厚的兴趣,并进行了深入研究,形成了多种派别的利息理论。诸如节约论、补偿论、报酬论等。但揭示利息本质的无疑是马克思的剩余价值理论。马克思认为利息来源于剩余价值,是剩余价值的一部分。除了了解利息的本质,我们还须弄清楚利息的含义。

一、利息的含义

利息也叫"利金"或"子金"。从债权人角度看,是收回的高于本金的部分,即因贷出货币资金而从债务人处获得的报酬;从债务人角度看,利息是超出偿还本金的部分,即债务人为取得货币资金的使用权所付出的代价。由此可见,利息实际是资金使用权的价格或者说是借贷资本的价格。在现代经济社会中,金融工具成为商品。人们互相买卖诸如债券、股票、基金等金融工具完成资金的融通,资金供求关系由此转化为金融商品买卖关系,利息成为金融商品买卖的价格。其实各种各样的金融商品都是借贷资本的载体,因此,利息实质上是借贷资本的价格,会随着借贷资本供求关系的变动而变动。

二、利率及其种类

利率是利息率的简称,它是一定时期内利息同本金的比率。即利率=利息/本金 * 100%。利率是表示利息水平的指标,真正反映借贷资本的价格水平,人们往往通过比较利率来比较投资收益的好坏以及借贷资金的成本高低。

在此提到的利率往往是抽象的,很难将其与某一具体利率挂钩。但实际上,利率又是具体的。比如我们常常听说的存款利率、贷款利率、债券票面利率、投资收益率等等,都属于利率,并形成利率体系,由此引申出利率的分类。

(一) 基准利率和普通利率

按利率在利率体系中的作用地位不同,可分为基准利率和普通利率(非基准利率)。基准利率是在利率体系中处于关键地位,起决定作用的利率,它是一定时期利率水平的一般标准,它的变动会带动普通利率的相应变动,两者是同向变化,如我国央行规定的存款基准利率、伦敦同业拆借利率。对金融市场的参与者来说,注意观察其基准利率的变动就可以预测整个金融市场利率的变化趋势。而普通利率即非基准利率则对其他利率没有影响。如当我们向银行申请贷款时,银行会根据我们的信用状况,收取与我们风险相匹配的利率,当其他人向银行申请贷款时,不会因为我们的贷款利率高低而变化。

知识链接:我国的存贷款基准利率改革进程

1999 年我国的存贷款基准利率最初由中国人民银行决定并管制,各商业银行严格执行。随后我国开始推进利率市场化改革进程。2002 年中国人民银行对从全国选取的 8 家农村信用社展开试点,允许其对吸收公众的存款利率在央行公布的基准利率基础上上浮 30%,发放的贷款利率在基准利率基础上上浮 70%;2004 年中国人民银行完全放开金融机构人民币贷款利率上限,下浮为基准利率的 0.9 倍,同时,存款利率允许下浮;2012 年 6 月,央行将金融机构存款利率浮动区间的上限调整为基准利率的 1.1 倍,贷款利率浮动区间下限调整为基准利率的 0.7 倍;2013 年 7 月金融机构贷款利率管制全面放开,金融机构贷款利率的下限取消,贷款利率完全市场化。此后,央行又先后于 2014 年和 2015 年对存款利率浮动区间进一步放开,直至现在完全放开,由金融机构根据市场情况自己决定。

(二) 名义利率和实际利率

名义利率是指借贷合同或有价证券上标明的利率,也是银行的挂牌利率。名义利率没有剔除通货膨胀对利率的影响,融资双方按照该利率结算利息。实际利率是指名义利率减去通货膨胀后的利率,也即剔除通货膨胀影响的利率,衡量融资方负担的真实资金成本。例如,一年到期存款的利率为 2.25%,就是名义利率,如果这一年的通货膨胀率是 2.8%(即价格总水平上涨了),则实际利率是 -0.55%。如果这一年的通货膨胀率是 -1%(即价格总水平下降了),则实际利率为 3.25%。可见,在经济活动中,区分名义利率和实际利率是很重要的,实际利率更应该重视。对债权人来说,在借贷过程中,不仅要承担债务人到期无法归还本金的信用风险,还要承担货币贬值的风险。因此,在进行融资决策时,重要的是对通货膨胀和实际利率有正确的估计。

（三）固定利率和浮动利率

知识运用

李某于 2015 年 6 月将 1 万元存入某一银行存款期限为 5 年,当时的年利率是 3%,随后 5 年期利率下调为 2.75%,直到目前 5 年期存款利率仍为 2.75%。问:到 2020 年 6 月到期,该笔存款到期应以哪种利率计算利息?

应以 3% 计算到期存款的利息,因为我国对储蓄存款实行的是固定利率计息方式。

利率按照借贷期内是否调整为标准,可分为固定利率和浮动利率。以借贷期初时确定的利率为标准,在借贷期内不做调整的利率为固定利率。在借贷期内可随市场利率的变化作定期调整的利率为浮动利率。固定利率和浮动利率的确定受融资双方对利率走势的判断、资金使用期限等因素影响。

（四）市场利率、官定利率和公定利率

利率按决定机制划分,分为市场利率、官定利率和公定利率。市场利率是指由资金借贷市场供求关系决定的利率。官定利率是指由政府金融管理部门或者中央银行确定的利率,官定利率体现政府的宏观调控意图。目前世界各国几乎都形成了官定利率和市场利率并存的格局。公定利率,是指非官方的行业自律组织(如银行业公会、协会等)确定的利率,对组织的成员有约束作用,这一利率也成为行业利率。

此外利率还可分为短期利率和长期利率,优惠利率和一般利率等。

三、利率的期限结构

利率的期限结构是指某一时点不同期限信用工具的利率之间的关系。一般是指同一个发行主体发行的不同期限的债券,往往用收益率曲线表示利率期限结构的图形。不同期限则意味着长短期之分,由此利率也相应划分为短期利率和长期利率。利率期限结构由此转换为研究短期利率和长期利率之间的关系。在研究短期利率和长期利率的走势时,即期利率和远期利率无疑是研究的基础。

（一）即期利率和远期利率

即期利率是指一笔在中间无任何利息支付,到期后才偿付本金与利息的收益率。

如将一笔资金存入银行 2 年,2 年后取得的利息与本金的比率即为即期利率。再如期间不支付利息,到期后支付利息的债券的票面利率,以及折价发行的债券用价格差额对比债券的面值计算的利率。

远期利率则是指隐含在给定的即期利率中从未来的某一时点到另一时点的利率水平。

如借贷双方约定于 1 年后,由贷方向借方借出 100 万的资金,利率为 5%,该利率即为远期利率。

为了说明两者的联系,通过实例做出解释。

一名储户现在有10万元现金,想要存入银行,存期2年,他有两个选择:一个是一次性存入两年,年利率为4%(为即期利率);二是先存1年,到期后,连本带利再存1年,年利率为3%。相对于今天讲,第二年的利率即为远期利率。通过计算发现一次存入两年的方案的收益为0.8万;存入1年,再存入1年的收益为0.609万。两者差额为0.191万,即1910元。为什么会出现利息不同的现象呢？表面上是利率的不同,实质上是因为选择存入2年期限的方案隐含约定了第二年的利率为4%,存款人放弃第二年的资金的自由支配权,作为补偿,利率会高一些。而另一种方案则具有第二年现金的自由支配权,也就丧失了对应利息的补偿。远期利率体现了这一现实意义。

(二) 收益率曲线形态

在横轴表示期限,纵轴表示收益率的前提下,通过观察多个国家多时期的收益率曲线发现其基本的形态有:正常或斜率为正、水平的;反向或斜率为负、驼峰的。说明有时短期利率和长期利率一致,有时短期利率低于长期利率,有时短期利率又高于长期利率。

(三) 收益率曲线理论

往往为吸引长期资金,为了弥补放弃资金自由使用权的自由,要求长期利率要高于短期利率。但实际中却出现了多种收益率曲线形态,经济学家从不同角度出发,探究其背后隐含的原因。归结起来主要有:预期假说、市场分割说、流动性偏好说等。

1. 预期假说

该学说的假设前提为:投资者对债券期限没有偏好,即仅投资收益多少影响投资者的投资决策;所有市场参与者都有相同的预期;市场是完全竞争的;完全替代的债券具有相同的收益率;到期期限为n年的债券的利率等于该债券每一期利率的平均数。由此解释利率期限结构随着时间不同而变化的原因:当短期利率预期上升,意味着长期利率也上升,收益率曲线向上倾斜;预期短期利率下降,则长期利率也下降,收益率曲线向下倾斜;预期短期利率不变,短期利率也不变,收益率曲线则不变。但是这一理论无法解释收益率驼峰式形态。

2. 市场分割假说

期限不同的债券市场是完全独立的,互不影响,每种债券的利率受其市场的供求关系影响,期限对其没有影响。假设条件:投资者对不同期限的债券有不同偏好;投资者是理性的;投资者的投资组合调整具有局限性;期限不同的债券不能完全替代。当对短期的债券需求高于对长期的债券时,短期债券价格高于长期债券,导致短期债券利率低于长期债券利率,收益率曲线向上倾斜;反之,当短期债券需求低于长期债券时,短期债券价格低于长期债券价格,导致短期债券利率高于长期债券利率,收益率曲线向下倾斜。多数人更喜欢持有短期债券,因此,收益率曲线是向上倾斜的。

3. 流动性偏好假说

该假说综合了预期假说和市场分割假说理论内容。该理论认为长期债券的利率水平不仅等于在整个期限内预期出现的所有短期利率的平均数,同时受到债券的供给和需求的影响。其假设前提有:期限不同的债券可以相互替代,一种债券的收益率会影响其他不同期限债券的收益率;投资者对不同期限的债券具有不同的偏好,并会留到该期限的债券市场,影响该市场的需求和供给;不同期限债券的预期收益率不会相差太多,多数投资者喜欢投资短期债券;投资者在获得正的期限溢价,才会选择投资长期债券。由以上假设得到该理论结论:由于正的期限溢价的存在,即使短期利率变化不大,长期利率仍然高于短期利率,解释了收益率曲线通常向上倾斜原因;在期限溢价不变的前提下,短期利率上升意味着未来短期利率更高,从而长期债券利率也将提高,形成短期利率和长期利率共同变动的特点;当期限溢价不足以弥补短期利率下降幅度时,长期利率就会下降,收益率曲线向下倾斜;当前的短期利率水平低于正常水平时,人们会预期短期利率上升叠加期限正溢价,长期利率会上升,并大大高于现行的短期利率,使得收益率曲线变得更为陡峭。

四、利息的计算

利息的计算方法有两种,即单利法和复利法。值得一提的是,在实践中,无论单利计息还是复利计息,日率、月率与年率之间的转换计算都必不可少。

$$年率 = 月率 \times 12 = 日率 \times 360(365/366)$$

(一) 单利计息

单利法,是指仅以本金为基数计算利息的一种计息方法。其计算公式为:

$$I = p \cdot r \cdot n \quad \text{(公式 3-1)}$$
$$S = P + I = P(1 + r \cdot n) \quad \text{(公式 3-2)}$$

其中:I 为利息额;p 为本金;r 为利率;n 为时间;S 为本利和。

例如,张某将 10 000 元存入银行,存期 3 年,假定利率是 3.5%,则第一年末,张某账户上的本金加利息应该是:

$$S_1 = 10\,000 \times (1 + 3.5\%) = 10\,350(元)$$

第二年末,张某账户上的本金加利息应该是:

$$S_2 = 10\,000 \times (1 + 3.5\% \times 2) = 10\,700(元)$$

第三年末即存款到期时,张某的本金和利息共计:

$$S_3 = 10\,000 \times (1 + 3.5\% \times 3) = 11\,050(元)$$

单利计算比较简单,我国银行的存贷款利息、国债利息等都采用这种计息方法。

(二) 复利计息

复利法就是将上期利息加入本金一并计息的利息计算方法,俗称"利滚利""驴打滚"的计算方法。

其计算公式为:

$$S = P(1 + r)^n \quad \text{(公式 3-3)}$$
$$I = S - P \quad \text{(公式 3-4)}$$

式中各字母的含义与上面相同。若将单利法中的例子按复利计算,第一年末,张某账户上的钱是:

$$S_1 = 10\,000 \times (1+3.5\%) = 10\,350(元)$$

第二年末,张某账户上的本金加利息是:

$$S_2 = 10\,000 \times (1+3.5\%)^2 = 10\,660.5(元)$$

第三年末,存款到期时张某存款账户的本利和共计:

$$S_3 = 10\,000 \times (1+3.5\%)^3 \approx 11\,087.18(元)$$

(三)现值与终值

在理论界和实践中,提到利息,不得不涉及资金的时间价值,由此引出现值、终值的概念。当人们将一定量的资金投资一段时间后,将会获得一笔高于原本投资额的资金。这两笔资金数额存在着一定的关联性,即资金的现值和终值。

经济学上把一笔资金当前的价值称为现值,经过一段时期后实现增值的价值称为终值。如一投资者将 10 000 元投资购买 2 年期票面利率为 5%,到期一次还本付息的债券。到期后可获得的资金为 11 025 元。其中的 10 000 元视为当前的现值,11 025 元则称为终值。意味着在利率为 5% 的情况下,当前的 10 000 元和两年后的 11 025 元是等值的。实践中,可以理解为在投资收益率为 5% 的前提下,两年后要想获得 11 025 元,现在需要投入多少资金。由此可见,终值和现值之间是可以转换的。两者之间的转化可用公式表示。

$$P = F/(1+r)^n \text{ 或 } F = P*(1+r)^n \qquad (公式3-5)$$

式中:P 是本金,称为现值或贴现值;r 是利率,这里也称贴现率;n 为时间;F 为本利和,也称终值。

另一使用比较广泛的概念是年金。年金是指在一定期内有规则或无规则的现金流。如养老金、住房抵押贷款、企业职业年金、长期债券按固定期限多次支付利息等,常常被用在债券、股票的定价模型中。它与现值和终值的关系,我们可以将其理解为为了每期获得一定量的资金现在我们需要投入多少资金即为现值,在每期投入一笔资金,若干期后可以获得多少资金,如零存整取存款,即为终值。公式表示为:

$$P = C1/(1+r) + C2/(1+r)^2 + \cdots + Cn/(1+r)^n \qquad (公式3-6)$$

$$F = C1*(1+r) + C2*(1+r)^2 + \cdots Cn*(1+r)^n \qquad (公式3-7)$$

式中:P 是本金,称为现值或贴现值;r 是利率,这里也称贴现率;n 为时间;Cn 为第 n 期的现金流(年金);F 为本利和,也称终值。

五、利率的决定理论

利率占据金融理论实践中融资活动的重要地位,是历来经济学家研究的重要内容。总结起来,有影响力的利率决定理论主要有以下几种。

(一)马克思的利率决定理论

马克思从分析商品价值角度出发,认为利息是借贷资本家从借入资本家那里分割来的一部分剩余价值,剩余价值表现为利润。利息的多少取决于利润多少,从而利率取决于社会平均利润率,并介于零与社会平均利润率之间。

（二）实际利率决定理论

实际利率决定理论又称古典储蓄投资理论,其代表人物是庞德维克、费雪及马歇尔。该理论认为,利率取决于资本的供给和需求,这两种力量的均衡决定了利率水平。资本的供给来源于储蓄,储蓄是利率的增函数,资本的需求取决于资本的边际生产率与利率的比较,是利率的减函数。在利率为自变量(纵坐标的变量),投资和储蓄为因变量(横坐标的变量)一增一减两者必定决定了均衡的利率水平。即当投资量与储蓄量相等时的利率水平即为均衡的利率水平。

如投资增加,在储蓄不改变的前提下,利率水平会提高;如储蓄增加,投资不变前提下,利率水平会下降。

（三）流动性偏好理论

流动性偏好理论的代表人物是英国著名的经济学家凯恩斯。其主要观点是利率取决于货币供求关系,货币供给为外生变量,由中央银行直接控制,货币需求则是一个内生变量,由人们的流动性偏好决定。所谓"流动性偏好",是指公众愿意持有货币资产的一种心理倾向。人们之所以有流动性偏好的动机主要有三个:交易动机、谨慎动机(预防动机)和投机动机。交易动机和谨慎动机由收入决定,这两种动机决定的货币需求与收入成正比,投资动机主要是人们持有货币以等待债券价格波动获取价格差的机会,其与利率成反比。当利率上升时,由投机动机决定的货币需求降低;利率下降时,投机动机决定的货币需求上升。由三种动机决定的货币需求与由中央银行决定的货币供给处于均衡状态时,就决定了均衡的利率水平。

若中央银行减少货币供给会导致利率提高;当人们收入增加时,货币需求增加,利率随之提高。

（四）可贷资金理论

该理论为英国的罗伯逊和瑞典的俄林所倡导。该理论的主要思想将前两种理论结合在一起,既考虑实际因素的影响,又考虑货币因素的影响。综合考虑借贷资金的需求包括某一时期的投资流量和同时期人们希望保有货币余额两方面。借贷资金的供给则来自相同时期的储蓄流量和同时期的货币供给量的变动两方面。其中供给量中的储蓄流量和货币供给量与利率同向变化,需求变量中的投资流量、货币余额同利率反方向变化。据此,当两者均衡即大体相等时,决定均衡时的利率水平。其中任何一个变量变化,有可能导致利率水平的波动,该理论可用于分析实体经济变量和货币市场变量变化对利率的影响。

（五）IS-LM 模型利率决定理论

该理论由英国经济学家希克斯首先提出,后由美国经济学家汉森加以发展。其主要理论内容为:当货币市场和商品市场同时均衡时,所决定的利率水平即为均衡的利率水平。其中商品市场的均衡由投资和储蓄决定,货币市场的均衡由货币供给和货币需求决定。在寻找两个市场均衡的条件下,刻画出商品市场均衡曲线即 IS 曲线以及货币市场均衡曲线即 LM 曲线,两种曲线的交叉点决定了均衡的产出和利率水平。其中任何一个市场、任何一个变量发生变化都会影响到利率的变化。该理论可用于实践中利率变化分析方向。

六、利率的影响因素

此外,除了利率的决定理论所分析的决定因素外,还受其他因素的影响。利率的影响因素主要有以下几种。

(一) 社会平均利润率

马克思认为,利息来源于再生产过程中创造的利润,是剩余价值的一部分。

人们的资金无论投资哪个领域,最终都归结到生产活动中,没有生产活动,就不能产生收益。而生产活动通过商品的生产与服务的提供创造价值,再进入流通领域实现价值。该价值最终以各种形式分配给各参与方。显然,利息作为资金的回报其来源于生产活动中所创造的价值中的利润。当社会平均利润率提高时,融资方愿意支付的借贷资本——利率也会提高,反之,当社会平均利润率降低时,融资方愿意支付的借贷资本——利率也会随之降低。利率和社会利润率两者同向变化。

(二) 借贷资金的供求状况

利率是借贷资本的价格,遵循"价格取决于市场供求"的一般规律,也取决于借贷资本的供求状况。在市场经济条件下,借贷资本的供求关系是决定具体利润水平的最主要的因素,当借贷资本供不应求时,利率会提高或利率有向上浮动的压力;当借贷资本供给增加,需求减少时,利润就会下跌或向下的压力增加。借贷资本供求状况是影响市场利率变动的直接因素。而影响借贷资本供求的因素又是多方面的,既有实际经济因素(如实业投资利润率降低导致对借贷资本需求减少),也有纯货币因素(央行的货币政策,其他金融市场的收益情况等)。可见,借贷资本供求状况是各种影响利率水平因素的综合反映。

(三) 经济运行周期

利率的波动表现出较强的周期性,这主要是受经济运行周期的决定和影响。当经济处于繁荣期时,投资旺盛,市场投资需求强劲,市场利率就会较高且呈上升趋势,在这种情况下,中央银行为防止经济过热,保持经济持续稳定增长,也会提高基准利率;相反,当经济不景气时,商品销路不畅,价格下跌,利润减少,导致投资疲软,生产压缩甚至停滞,市场资金需求不足,市场利率水平就会降低,这时,中央银行为刺激经济增长,就会通过降低基准利率以降低投资成本,刺激投资需求。

(四) 价格水平的变动及预期

从名义利率与实际利率的关系可以看出,价格水平的变动直接关系到实际利率水平的高低。要保持实际利率不降低,在价格总水平上升的情况下,名义利率就应随之提高,反之亦然。同理,人们对价格水平变动的预期也会影响利率的变化。例如,当贷款人预期价格水平将上升时,就会在贷款时提高利率,或减少长期贷款,以避免将来借款人还本付息时因价格上涨带来的货币贬值损失,如果借款人也有相同的预期,就会接受贷款人提高的利率,或尽量增加长期贷款,双方共同作用的结果,使得借贷利率上升。

(五) 国际利率水平

在经济日益全球化的时代,国际利率水平及其变动趋势对一国利率水平具有很强的示范效应,国内金融市场与国际金融市场的波动日益同化。如果国内利率水平高于国际市场利率水平,就会吸引国际"热钱"大量涌入,导致国内金融市场上资金供给大量增加,国内利率就会因此下跌。如果国际金融市场利率上升,就会导致国内资金大量流出,国内资金供不应求,国内利率就会上升。所以说,资本的自由流动使得利率的国际影响力越来越强,各国利率的趋同倾向越来越明显。

本 章 小 结

信用关系是现代经济中极为重要的经济关系,它主要由债权债务、时间间隔、信用工具、利率等要素构成。信用在促进社会资源的有效配置,节约流通费用,提高资金的使用效率,调节经济总量和结构方面具有较强的功能。

现代信用的主要形式有:商业信用、银行信用、国家信用、消费信用、公司信用、民间信用和国际信用。各种信用形式的借贷主体不同,并各有自身的特点,在我国的发展、运用情况也有所差异。

信用工具是信用关系的载体,它是一种以书面形式发行和流通的载明资金交易金额、期限、价格等的合法凭证。信用工具的种类繁多并不断创新,但基本特征不外乎期限性、流通性、收益性、风险性。

信用高低即受社会信用的影响,又受借贷信用状况制约,因此征信显得尤为重要。每个人都应珍惜自己的信用。

利息是与信用相伴相随的范畴。利息的计算方法有两种,即单利法和复利法。与复利法密切相关的概念是现值与终值,由此我们应认识到树立货币的时间价值观念,尤其是运用现值观念具有重要现实意义。

利率的期限结构可以通过收益率曲线表示,短期和长期利率的不同形成了不同的收益率曲线形态,不同的经济学家对其进行了解释。

利息水平的高低通过利率来表示,现实经济生活中的利率种类很多,如年利率、月利率和日利率,固定利率和浮动利率,名义利率和实际利率,市场利率和官定利率,基准利率和普通利率等。

利率作为借贷资本的价格,在调节储蓄与投资,优化资源配置,调节货币流通与价格水平等方面具有强大的功能和作用。但利率这些作用的发挥,依赖市场化的利率决定机制,目前我国正进行着利率市场化的推进工作。

复习思考题

一、名词解释

信用　国家信用　利息　利率

二、单项选择题

1. 名义利率是（　　）的利息率。
   A. 中央银行规定　　　　　　B. 借贷期间可以定期调整
   C. 以名义货币表示　　　　　D. 扣除通货膨胀因素以后

2. 根据我国《储蓄管理条例》规定，定期储蓄存款在存期内遇有利率调整，按存单（　　）挂牌公告的相应的定期储蓄存款利率计付利息，不分段计息。
   A. 结息日　　　B. 清户日　　　C. 转存日　　　D. 开户日

3. 某储户要求存3年期积零成整储蓄，到期支取本息20 000元，如果月利率为0.6%，每月应存（　　）元。
   A. 360　　　　B. 500　　　　C. 438　　　　D. 555

4. 某客户购买票面金额为100元，购买价格为87.5元，期限为2年的贴现国债，其收益率为（　　）。
   A. 10.86%　　B. 8.22%　　　C. 7.14%　　　D. 6.54%

三、多项选择题

1. 国家信用的主要作用是（　　）。
   A. 解决国家通货膨胀的唯一方法　B. 弥补财政赤字的重要手段
   C. 筹集巨额资金的重要手段　　　D. 调节政府收支不平衡的手段
   E. 调节经济的重要手段

2. 在下面决定利息率变动的因素中，能引起利息率上升的因素是（　　）。
   A. 借贷成本降低　　B. 社会平均利润提高　　C. 市场资金供不应求
   D. 借贷风险增大　　E. 借贷期限短

3. 单位活期存款一般采用（　　）计息方法。
   A. 余额表计息　　　B. 查表计息　　　C. 分账户计息
   D. 贴现计息　　　　E. 拆借计息

4. 零存整取定期储蓄存款利息计算公式为（　　）。
   A. 利息＝本金×天数×月利率÷30
   B. 利息＝[（末次余额+首次存额）×存入次数]/2×月利率
   C. 利息＝每月固定存额×存入次数×[存期（月数+1）]/2×月利率
   D. 应付利息＝[存入次数+1]/2×月利率×存款余额
   E. 利息＝（本金×存期×利率）/支取利息次数

5. 出口信贷的主要形式有（　　）。
   A. 来料加工　　B. 卖方信贷　　C. 买方信贷　　D. 补偿贸易

四、简答题

1. 发展消费信用,目前需要解决哪些问题?
2. 国家信用与银行信用关系如何?
3. 结合我国实际情况简要说明几个总水平变动对利率的影响。
4. 利率市场化改革对企业、个人有哪些影响?

实 训 安 排

结合下述内容进行调查并分组讨论。

2019年12月26日,上海市地方金融监管局、市金融工作局发布"关于各类消费贷及现金贷的风险提示"指出,一些商家片面追求高额营业收入,诱导消费者过度消费,刻意隐瞒关键核心信息,引导消费者向无资质的贷款机构申请贷款,导致过度信贷、畸高利率、暴力滋扰催收、侵犯个人隐私等问题较为突出,存在着较大的金融风险和社会风险隐患。未依法取得经营放贷业务资质,任何组织和个人不得经营放贷业务。

近年来,具有无场景依托、无指定用途、无客户群体限定、无抵押等特征的"现金贷"业务一度快速发展,经过国家大力整治,"现金贷"业务风险已大幅降低。同时,一些贷款机构依托房屋租赁、医疗美容、培训教育、电商平台等消费场景,开展"租金贷""医美贷""培训贷"等消费贷款业务,在满足部分群体正常消费信贷需求方面发挥了一定作用。但一些商家片面追求高额营业收入,诱导消费者过度消费,刻意隐瞒关键核心信息,引导消费者向无资质的贷款机构申请贷款,导致过度信贷、畸高利率、暴力滋扰催收、侵犯个人隐私等问题较为突出,存在着较大的金融风险和社会风险隐患。此类业务常见手法是在用户注册后取得用户手机通讯录,放款时以"咨询费""业务费""保证金"等名义收取部分资金,如发生还款逾期则通过高射频拨打手机通讯录中联系人,金融暴力滋扰催收,并收取高额罚息或滞纳金。

任务一:分组进行对同学或其他年轻人进行调查,采取上述贷款方式消费的人数有多少,贷款金额为多少?采取该消费模式的原因是什么?

任务二:除了上述贷款模式外,实践中还有哪些现金贷模式?

任务三:上述资料中涉及我们所学哪些知识?为什么该模式会要求比较高的利率,逾期不偿还本金的比例要比其他信用形式要高?

任务四:我们可以采取哪些措施规避出现上述不正常的情况?

参 考 文 献

[1] 黄达.金融学[M].北京:中国人民大学出版社,2008.
[2] 孙刚等.国际金融学[M].大连:东北财经大学出版社,2011.
[3] 王光谦.中央银行学[M].北京:高等教育出版社,2016.
[4] 威廉·戈兹曼.千年金融史[M].北京:中信出版社,2017.
[5] 弗雷德里克·米什金.货币金融学[M].北京:清华大学出版社,2009.
[6] 胡庆康.现代货币银行学教程[M].上海:复旦大学出版社,2019.

第 II 部分 金融市场

第四章 金融市场工具

学习目标
1. 掌握信用工具、本票、汇票、债券、股票、证券投资基金、金融衍生品的概念及特征。
2. 理解债券与股票的区别;普通股和优先股的区别;金融衍生品的交易原理。
3. 熟悉基础金融工具和衍生金融工具之间的关系。

案例导入

中国人民银行社会融资规模统计数据显示,2019年6月未贴现的银行承兑汇票余额为3.77万亿元,同比下降9.6%,企业债券余额为21.28万亿元,同比增长11.2%,地方政府专项债券余额为8.48万亿元,同比增长44.7%;非金融企业境内股票余额为7.13万亿元,同比增长3.3%。

2019年3月22日浙江省政府专项债券(二期)简称"19浙江债04",债券代码"1905075"开始发行,发行规模22亿元。面值100元,期限5年,票面利率3.32%,2020年起每年3月28日(节假日顺延)支付利息,2024年3月28日偿还本金并支付最后一期利息,上市日为4月1日。其中11亿元通过银行柜台发售,100元起售,最小净增单位100元,上市后投资者可以通过双向报价交易,柜台实行T+0结算。

部分社会融资规模数据和浙江省政府专项债券发行实例向我们展示了融资需要借助的融资工具。究竟融资工具有哪些?同样是融资为什么不采取一种融资方式,而需要多种方式、多种工具呢?通过本章学习,这些问题都可以找到合理的解释。

第一节 信用工具概述

一、信用工具的概念和特征

(一)信用工具概念

信用行为的发生,需要借助一定的载体来证明融资活动的产生。用来证明这一活动的凭证即为信用工具。

所谓信用工具是指一种以书面形式发行和流通的载明交易资金金额、期限、价格等的凭证。又被称为金融资产或金融产品,作为资金或资本的载体而成为金融市场上的重要交易对象。在金融市场上,人们通过买卖信用工具,实现资金从盈余单位向赤字单位转移,使资金和资源在时间和空间上得到重新配置。信用工具具有双重性质,对于发行人而言,它是一种债务,即负债;对于购买者,它是一种债权,即资产。

(二) 信用工具特征

现实社会中,信用工具种类繁多,有债券、股票、存款单、保险单、借贷合同、票据等等,它们各具特点,但又具有共性。这些共性构成了信用工具的特征。

1. 期限性

时间是信用的构成要素之一,证明信用行为的信用工具必定具有时间这一要素,时间在此转换为期限性,即资金盈余方将资金出借给资金短缺方的时间长度,也可以理解为债权债务关系持续的时间。如一企业于2019年1月在证券市场发行了10期债券,意味着该债券的期限为10年,该企业须要在2029年1月向投资者偿还债券的本金,购回债券,以此结束双方的债权债务关系。

2. 流动性

变现能力,指信用工具迅速变为现金并且本金不遭受损失的能力。通常从两个方面考察其流动性强弱:一是变现的速度,二是变现过程中价格的损失程度以及所耗费的交易成本大小。变现的期限短、交易成本低的信用工具意味着流动性强;反之,则意味着流动性差。一些金融资产本身就是货币,如现金和银行活期存款,其流动性最强。一些金融资产很容易变成货币,如国库券,其流动性较强。另一些金融资产,如股票、公司债券、长期国家公债等,因金融交易市场存在,尽管变现容易,但由于价格波动频繁,变现过程容易遭受损失,其流动性较弱。一般来说,流动性和偿还期成反比,即偿还期越长,流动性越差。

3. 收益性

持有信用工具能定期或不定期地给投资者带来收益。信用工具的收益来源于两个方面:一是利息、股息、分红等,另一是买卖价差,也称为资本利得,即用卖价减去买价计算获得数据。当投资者变现信用工具时,可以实现收益,若投资者持有信用工具,其收益表现为账面上的数字变化。

4. 风险性

风险性即信用工具的本金和预期收益遭受损失的可能性。任何一种信用工具都面临因市场风险、信用风险、流动性风险、政治风险等所导致的本金和收益损失的可能性。市场风险主要包括诸如利率、汇率、股票价格、通货膨胀等因素的变化。信用风险是指债务人违约造成的。流动性风险则有两种含义:一是由于市场的流动性不高,导致证券持有者无法找到交易对手,无法及时变现造成的损失风险;二是金融工具持有者本身因自身现金流不足的原因,不得不提前将金融资产低价变现,从而造成实际损失的风险。一般来说,信用工具的风险性与流动性成反比。

二、信用工具的种类

在信用发展的历史长河中,经济活动中的人们为了方便交易以及融资互动,创造了各种各样的信用工具。从不同的角度分析信用工具,可以了解信用工具的本质。

(一) 直接信用工具和间接信用工具

按照是否有金融信用机构介入,信用工具分为直接信用工具和间接信用工具。前者是指资金需求者和供给者在金融市场上进行直接融资活动中所使用的工具,主要是非金融机构如工商企业、政府、个人签发的,商业票据、公司债券、股票、政府债券等。后者是指以银行为代表的金融机构所发行的银行券、存单、保险单、银行票据等,是资金需求者和供给者通过银行和其他金融机构融资而产生的,金融机构在此充当信用中介的角色。

(二) 短期信用工具和长期信用工具

按信用工具的期限划分,可分为短期信用工具和长期信用工具。前者又称货币市场工具,主要指持续期在1年及1年以下的信用工具,包括各类票据、国库券、信用卡、大额可转让定期存单等。后者又称资本市场工具,指持续期在1年以上的信用工具,包括股票、债券等。

(三) 原生信用工具和衍生信用工具

按是否与实际信用活动直接相关,信用工具可分为原生信用工具和衍生信用工具。前者是指在实际信用活动中出具的能证明信用关系的合法凭证,其产生源于实体经济需要。如商业票据、股票、债券等其收益来自于实体经济的好坏。后者指在基础性信用工具之上派生出来的交易凭证,其产生源于规避金融风险。如各种金融期货合约、期权合约等,其收益来自于基础信用工具价格的波动。

(四) 交易结算类信用工具和融资信用工具

按照金融工具的功能,信用工具划分为交易结算类信用工具和融资类信用工具。前者是指实现经济活动的一种交易方式,起初用于支付债务,后发展为用于转账,结清交易等,主要形式为银行票据和商业票据等。后者是指运用于资金融通中,主要形式为债券、股票等。

第二节 基础信用工具

实践中,常用的基础信用工具包括结算类的票据和融资性金融工具债券、股票等,在此对其进行详细介绍。

一、票据

票据是具有一定格式、载明金额和日期、到期由付款人对持票人或指定人无条件支付一定款项的信用凭证。

根据出票人的不同,票据可以分为商业票据和银行票据。商业票据包括商业本票、商业汇票等。银行票据包括银行本票、银行汇票等。

(一) 本票

本票或称期票,是由出票人签发的,承诺自己在见票时无条件支付确定金额给收款人或者持票人的票据。涉及两方当事人,出票人(付款人)和持票人(收款人)。若出票人为企业则为商业本票,若出票人为银行,则为银行本票。根据我国票据法规定,本票自出票日起,付款期限不超过两个月。目前我国仅允许开立银行本票。

(二) 汇票

汇票是出票人签发的,委托付款人在见票时或者在指定日期无条件支付确定的金额给收款人或者持票人的票据。汇票分为商业汇票和银行汇票两种。

若汇票的出票人为企业,该汇票为商业汇票,商业汇票需要承兑行为。所谓承兑是指汇票付款人承诺汇票到期日支付汇票金额的票据行为。根据承兑人的不同,商业汇票分为商业承兑汇票和银行承兑汇票。前者的承兑人为企业,后者的承兑人为银行。银行承兑汇票由于有银行信用介入,并承诺票据到期履行支付义务,信用风险较小,因而有着活跃的二级市场。汇票的转让必须经过背书,背书人相对于对被背书人而言是债务人,被背书人则是债权人。汇票到期由承兑人付款。

知识扩展:银行汇票与银行承兑汇票的区别

一、前者的出票人为银行,后者的出票人为企业;二、前者无须承兑人进行承兑,后者需要银行做出承诺;三、前者付款人为企业,后者银行是第一付款人,企业是第二付款人;四、前者是即期票据,后者为期票票据;五、前者为结算工具,后者既具有结算功能,又具有融资功能。

如果汇票的出票人为银行,该汇票为银行汇票,银行汇票不需要承兑行为,主要用于异地结算。涉及出票人、付款银行、持票人、收款银行等四方当事人。

(三) 支票

支票是出票人签发的,委托办理支票存款业务的银行或者其他金融机构在见票时无条件支付确定金额给收款人或者持票人的行为。可分为普通支票、现金支票和转账支票等。普通支票可以支取现金也可以转账,现金支票只能支取现金,转账支票只能进行转账。

二、债券

债券是由国家、企业、金融机构等社会经济主体为筹集资金依照法定程序发行的,约定在一定期限内支付利息并在一定时期内偿还本金的债权债务凭证。债券是一种信用工具,其实质是一种表明债券发行者与债券投资者之间的债务债权双边契约合同关系。票面应注明"债券"字样、债券的面值、利率、还本期限和债券的价格等要素。从不同角度出发,债券有不同的分类,通过了解债券的种类,可以更好地理解债券。

(一)债券的分类

(1)政府债券、金融债券、企业债券和国际债券,按发行主体划分:①政府债券。政府债券是指政府凭借其信用按照相关程序发行的在一定日期内还本付息的债务凭证。按照政府权限的大小,政府债券可以分为国家债券和地方债券。国家债券又称为国债,是由中央政府发行的,其目的是为了筹集公益性建设项目资金,弥补财政赤字等。中央政府依赖其管理国家事务的权限和强大的中央财政收入做后盾,其发行的债券违约风险非常小,一般不存在违约问题。对投资者来言,是一种安全的投资对象。地方政府发行债券的主要目的是为了完善政府职能和解决基础设施资金不足问题。与中央政府比较起来,地方政府的管理能力和财政收入要相差很远,其偿还能力也要差一些。因此地方债券风险要比国债的大一些。②金融债券。金融债券是指金融机构依照法定程序发行的约定在一定日期内还本付息的债务凭证。从企业性质上讲金融机构也是企业的一种,之所以把金融机构发行的债券单独分列出来是因为金融机构在经济发展中所起的重要作用。金融机构在经济中的作用主要是为资金的盈余方和短缺方提供中介服务,简单讲也就是解决资金融通问题。正是为了解决对外提供资金不足问题,金融机构才通过发行债券的方式来解决这一问题。目前我国金融债券的发行主体主要是政策性银行、商业银行、企业集团财务公司以及其他金融机构法人。有资格购买金融债券的投资者也主要是银行和机构投资者。对中小投资者而言,目前相关法律规定暂不允许其购买金融债券。③企业债券。企业按照法定程序发行的约定在一定日期内还本付息的有价证券称之为企业债券。企业为了实现扩大资金筹集渠道、获得稳定的资金来源、降低融资成本的目的通常会选择发行债券。我国的投资者在选择投资企业债券时,要注意从企业的经营情况、财务状况等方面进行分析,做出合理的判断,2007年之前基本是国有大型企业发行债券。2007年开始,国家推进上市公司发行债券,长江电力成为第一家发行债券的上市公司。④国际债券。一国借款人在国际证券市场上,以外国货币为面值,向外国投资者发行的债券。包括外国债券和欧洲债券。外国债券是借款人在外国证券市场上发行的以该国货币为面值的债券。欧洲债券是借款者在其本国之外的资本市场发行以第三国的货币为面值的国际债券。其特点是发行人、发行地和票面币种涉及三个国家。

(2)信用债券、抵押债券和担保债券。按有无抵押方式分类。①信用债券是指发行人仅依靠自身的信用实力发行的债券。这类债券没有其他资产抵押或第三人的担保。一般是由政府和市场上信誉良好、实力强大的公司来发行。这是因为它们能按时支付利息和偿还本金,信用债券无须担保,也会获得投资者的认可。如各国中央政府发行的国债。② 抵押债券是指发行人以其所拥有的不动产或有价证券作为抵押物而发行的债券。发行人用于抵押的不动产包括其所拥有的土地、房屋、厂房和机器设备等。抵押品的价值一般超过抵押债券价值的 25%~35%。这些抵押物在债券尚未还本付息之前,发行人不能自行出售或转让。也就是说当发行人因某种原因不能还本付息时,债券持有人可以通过处置上述的抵押物得到补偿。因此,抵押债券的偿还要在信用债券之前。发行人也正是通过这种方式来提高债券的信用等级,以吸引投资者购买其发行的债券。③发行人发行的由第三方(非发行方)承诺在发行人到期不能还本付息前提下,愿意承担还本付息债务的债券称之为担保债券。担保债券的担保方一般是由信用强于发行人的银行、非银行金融机构以及发行者的主管部门,也有极个别的由政府做担保。2007 年长江电力公司发行的公司债券就是由中国建设银行提供无条件的担保,第一次发行的首日 40 亿规模的债券就被投资者认购一空。

(3) 附息债券、贴现债券和零息债券。按利息支付方式分类。①付息债券指债券券面上附有息票的债券,是按照债券票面载明的利率及支付方式支付利息的债券。息票上标有利息额、支付利息的期限和债券号码等内容。持有人可以从债券上剪下息票,并据此领取利息,息票通常六个月为一期。附息债券的利息支付方式一般应在偿还期内按期付息,如每半年或一年付息一次。附息债券成为我国国债的一种主要类型。目前债券市场上属于附息债券的有 2003 年的一期、三期国债等。②贴现债券是指券面上不附息票,发行时按照规定的折扣率以低于债券的面值发行,到期按面值偿还本金的债券。这类债券的实质是利息在发行时已预先支付给了投资者。对发行者来说,采用贴现的方式发行债券要比其他方式发行债券的成本要高,对投资者而言则较为有利。国际上对贴现债券的分类只是将短期的贴水债券称为贴现债券。我国也有相同的分类标准:根据财政部 1997 年规定,期限在一年以内(不含一年)以贴现方式发行的国债为贴现国债,期限在一年以上的以贴现方式发行的国债为零息国债。美国政府和日本政府常常发行贴现债券。我国 1996 年推出贴现国债品种。③零息债券。零息债券和贴现债券唯一的区别就是债券的到期日期,零息债券的期限超过一年。

(4) 浮动利率债券和固定利率债券。按利率是否变动分类。①浮动利率债券。浮动利率债券是指发行时规定债券票面利率随市场利率定期浮动的债券。也就是说,债券利率在偿还期内可以变动和调整。浮动利率债券往往是中长期债券。浮动利率债券的利率通常根据市场基准利率加上一定的利差来确定。美国浮动利率债券的利率水平主要参照 3 个月期限的国债利率,欧洲则主要参照伦敦同业拆借利率(指设在伦敦的银行相互之间短期贷款的利率,该利率被认为是伦敦金融市场利率的基准)。浮动利率债券的种类较多,如规定有利率浮动上、下限的浮动利率债券,规定利率到达指定水平时可以自动转换成固定利率债券的浮动利率债券,附有选择权的浮动利率债券,以及在偿还期的一段时间内实行固定利率,另一段时间内实行浮动利率的混合利率债券等。②固定利率债券。固定利率债券指在发行时规定利率在整个偿还期内不变的债券。固定利率债券不考虑市场变化因素,因而发行人的筹资成本和投资者的投资收益可以事先预计,不确定性较小。但债券发行人和投资者必须承担市场利率波动的风险。如果未来市场利率下降,发行人就能以更低的利率发行新债券,原来发行的债券成本就显得相对高昂,而投资者则获得了相对现行市场利率更高的报酬;反之,如果未来市场利率上升,新发行债券的成本增大,则原来发行的债券成本就显得相对较低,而投资者的报酬则低于购买新债券的收益。

(5) 短期债券、中期债券和长期债券。根据债券到期期限的不同划分。①短期债券。偿还期限在一年以内(含一年)的债券称为短期债券。各个发行主体都可以发行短期债券。但尤以政府和金融机构发行的最多。政府发行的短期国债又称为国库券。②中期债券。各国对中期债券的划分标准不一致。国外通常是把偿还期限在一年以上十年以下(含十年)的债券称为中期债券。我国对国债的划分是按这一标准。而企业债券则是按照一年以上五年以下的标准进行划分。③长期债券。长期债券是偿还期限在十年以上的债券。同样对我国企业发行的债券期限超过五年的称之为长期债券。对于企业来说更青睐于发行长期债券,因为通过该类债券筹集的资金可以长期使用,利于对资金的合理安排和有效运用。

(6) 记名式债券和不记名式债券。根据债券券面是否记名划分。①记名债券是指在券面上注明债权人姓名,并在公司名册上登记。债券持有人领取利息时要凭印章或其他有效身份证明,转让时须要在债券上签名,同时还要到相关机构进行登记。目前,我国发行的国债大部分是记名国债,投资者可以通过各商业银行的营业网点凭有效证件购买,转让时也要通过商业银行或证券交易所的国债登记结算公司。企业发行的也大多是记名债券。②不记名债券是指券面上不注明债权人(购买者)姓名,也不在公司名册上登记,债券持有者进行债券转让时程序简单,交易双方只要将债券和现金交换就可以了,因此债券流动性强,但也存在一些缺点:遗失或被损坏时,不能挂失,发行者也不会补发,安全性较差。

小知识:我国的国债种类

一、记账式国债是指不须要印制券面及凭证,而是利用账户通过电脑系统完成国债的发行、交易及兑付的全过程。记账式国债可以记名、挂失,安全性好,而且发行成本低、发行时间短、发行效率高、交易手续简便。目前投资者买卖记账式国债的市场主要有交易所债券市场和银行间柜台市场,具体场所有证券公司的营业部和商业银行的营业网点。

二、凭证式国债以填具"国债收款凭证"(凭证上记载购买人姓名、发行利率、购买金额等内容)的形式记录债权。通过各银行储蓄网点和财政部国债服务部门面向社会发行,从投资者购买之日起开始计息,可以记名、可以挂失,但不能上市流通。投资者购买凭证式国债后如需变现,可以到原购买网点提前兑取,除偿还本金外,还可按实际持有天数及相应的利率档次计付利息。对于提前兑取的凭证式国债,经办网点还可以二次卖出。

三、储蓄国债是面向个人投资者发行的一种特殊的记账式国债,以吸收个人储蓄资金为目的。考虑到投资者有流动性需求,设有最低持有期,限制提前兑取条件,若提前兑付要扣除一定的利息。可申请质押贷款、赠与转让、继承、挂失和资产证明等。

(二) 债券的创新品种

随着金融的发展,金融工具也不断推出新的衍生品种。在债券方面,近几年出现的新品种包括可转债和分离式可转债。

1. 可转换公司债券

可转换公司债券简称可转债是发行人依照法定程序发行,在一定期限内依据约定的条件可以转换成股份的公司债券。我国企业发行的可转债一般在发行六个月后可以选择转换成股票。可转债具有债权和期权的双重属性,其持有人可以选择持有债券到期,获得利息并到期收回本金,也可以选择在约定的时间内将债券转换成股票,享受股利分配或资本增值。所以投资界一般称可转债对投资者而言是保证本金的股票。可转债的基本收益包括:当可转债失去转成股票意义时,就作为一种低息债券,它依然有固定的利息收入。如果实现转换为股票,投资者则会获得出售普通股的收入或获得股息收入。其最大优点是:可转债具备了股票和债券两者的属性,结合了股票的长期增长潜力和债券所具有的安全和收益固定的优势。此外,可转债比股票有优先偿还的要求权。

2. 分离交易可转债

分离交易可转债全称是"认股权和债券分离交易的可转换公司债券",它是债券和股票的混合融资品种。中国证监会在 2006 年 5 月正式发布《上市公司证券发行管理办法》,允许符合规定的上市公司发行分离交易的可转换公司债券进行融资。分离交易可转债由两大部分组成:一是可转换债券,二是股票权证。可转换债券是上市公司发行的一种特殊的债券,债券在发行的时候规定了到期转换的价格,债权人可以根据市场行情把债券转换成股票,也可以把债券持有到期归还本金并获得利息。股票权证是指在未来规定的期限内,按照规定的协议价买卖股票的选择权证明,根据买或卖的不同权利,可分为认购权证和认沽权证。因此,对于分离交易可转债也可以简单地理解成"买债券送权证"的创新品种。

分离交易可转债与普通可转债的本质区别在于债券与期权可分离交易。也就是说,分离交易可转债的投资者在行使了认股权利后,其债权依然存在,仍可持有到期归还本金并获得利息,而普通可转债的投资者一旦行使了认股权利,则其债权就不复存在了。

如中国石化曾于 2008 年 2 月 20 日发行了 5 年期可分离交易可转债。发行的规模是 30 亿元认股权证和债券分离的可转换公司债券。每张债券可以无偿的获得公司派发的 10.1 份认股权证。每两份认股权证可以以 19.8 元的约定价格从公司购买一份股票。公司债券的票面利率为 0.8%。我们看到可分离债券的票面利率要远低于同期银行存款利率,原因是其附带的无偿获得的认股权证的潜在收益抵消债券的一部分收益。认股权证和对应的债券部分于 2008 年 3 月 4 日同时在上海证券交易所挂牌交易。认股权证的价格随着中国石化股票的价格波动而同向波动,债券的价格则随债券市场的供求状况以及债券利息的派发而波动。

(三) 债券和股票的区别

债券和股票一样都是一种证券投资工具,所筹集资金一般都用于实业投资,都能为投资者带来一定收益,同时会受到外界经济环境的影响,并给持有人带来收益受损的潜在风险。但债券与股票也有很大的不同,具体表现在下面几个方面。

1. 发行的主体不同

债券发行主体可以是政府,也可以是股份制和非股份制企业。而股票的发行主体必须是股份制公司。

2. 所表明的关系不同

债券所代表的是债券债务关系：债券持有人是债券发行人的债权人，具有获得利息和收回本金的权利，但不能参与公司的经营管理。股票表明了所有权关系：股票持有人是公司的股东所有人，有权通过投票表决的方式参与公司经营决策，并且享有公司经营所产生的股东权益。

3. 所产生的收益不同

债券带给持有人的收益通常表现为比较固定的利息收入。股票持有人获得收益主要是公司所派发的股息收入，由于在法律上没有明确关于股份公司必须定期向股东派发红利的规定。在实践中，公司往往为了满足发展的资金需要，一般不会频繁地向股东分红。因此，股票的收益具有不确定性。

4. 所带来的风险不同

债券的风险主要体现在债务人也就是债券发行人的违约风险。各国的法律对发行主体发行债券都有严格的规定，一般而言，除非是一些垃圾债券，否则债券的违约风险是比较小的。对于上市公司来说，其股价要受到多种因素的影响，价格波动幅度往往很大。投资于股票的投资者受此影响其投资所得到的账面收益往往也会发生很大波动。

二、股票

（一）股票的含义

股票是由股份有限公司发行的用于证明股东所有权的书面凭证，代表股东对公司收益和资产的剩余索取权。剩余索取权是指只有在公司清偿完债权人的债务及支付利息后，经营的利润和资产仍有剩余，股东才能参与分配。比如，某公司当年没有偿还银行贷款前的净利润为800万元，公司需要偿还的银行贷款总额为600万元，那么，对于公司的股东来说，公司必须先拿出600万元还清银行贷款，剩余的200万元才能算作股东的财富，用于再投资或分红派息。又如，在公司清算破产的时候，资产往往都被拿去拍卖，拍卖所得的钱款必须先用来偿还公司还没有支付的债务，剩余部分才能用来补偿股东。如果企业拍卖所得不足以偿还债务，股东仅以其出资额为限偿还债务，对于清偿不了的债务不但要承担其他连带责任，也不能要求公司支付其出资额。

（二）股票的特征

股票是企业融资的主要方式之一，与其信用工具比较而言，具有自身独特的优势。

（1）无到期日。股票没有到期日。一般而言，除非企业因各种原因清算，或公司回购股票、或公司私有化，股东可拿回投资资金，否则，股东是无权要求公司回购股票，只能通过转让收回资金。

（2）股东有参与公司经营决策权。股东具有参与公司经营决策权。当公司涉及重大经营决策时，股东可通过参加股东大会来行使投票权参与决策。

(3) 股东可以获得公司超额的红利分配权。尽管与其他投资者比较而言,股东获取的红利时间和数额是不确定的,它往往随着公司的经营业绩和发展战略的变化而变化,但股东可以获得与公司经营利润相对应的超额红利。当公司经营业绩非常好时,股东可以获得较高的红利。

(三) 股票的分类

(1) 普通股和优先股。按照股东的权利不同划分。优先股是指在剩余索取权上优先于普通股的股票,即优先股股东在普通股股东之前获得股息收入。一般来说,优先股股东获得的股息是固定的。因此,优先股的价格与企业的经营状况的联系不如普通股密切。但是,优先股的股息与债券的利息不同。债券的利息是固定不变的,不论企业盈利还是亏损都必须支付。而优先股的股息相对有限制,如果公司在某个时期亏损或者所获的盈利不足以支付优先股股息时,那么在这个时期,优先股的股息不会全部支付,不足的部分根据优先股的相关协议可能不再补发,该类股票为非积累优先股,也可能累积到下一个盈利年度时补足,称为积累优先股。

与普通股不同,优先股的股东往往是没有投票权的,他们通常不能参与企业的经营管理。只有在某些特殊的情况下,优先股股东才有临时投票权。例如,当企业要发行新的优先股时,原有的优先股股东的权益会受到影响,此时优先股股东就有权投票,决定是否批准企业发行新的优先股。

此外,还有一种特殊的股票——可转换优先股。它是一种特殊的优先股。它是指在规定的时间内,优先股股东可以按照一定的比率把优先股换成普通股。这给了优先股股东更多的选择的权利。例如,当公司的经营状况不好时,可转换优先股的股东可以持有优先股,以获得相对比较稳定的股息收入;当公司的盈利增加,普通股股息增加,价格上升时,可转换优先股的股东可以把手中的优先股转换成普通股。把优先股转换成普通股,不但可以带来收益的增加,还可以使股东获得对企业经营决策的控制权。

(2) A股、B股、H股和N股。按股票的发行地划分。A股即人民币普通股股票,由我国境内的公司发行,投资者以人民币认购和交易的股票,交易的场所为上海证券交易所或深圳证券交易所;B股为人民币特种股票,以人民币标明面值,以外币认购和买卖,在上海或深圳证券交易所交易,B股发行最初限于外国投资者,后来放开为国内投资者也可以购买;H股即公司注册地址在内地,在香港证券交易所上市发行的股票;N股为国内公司在美国纽约证券交易所上市发行的股票。

(3) 绩优股和垃圾股。按照发行公司的业绩划分。如公司业绩优良即为绩优股,能给投资者带来高额的股票投资收益。在我国判断的指标一般为每股税后利润和净资产收益率,若这两项指标值明显高于同行业其他企业或是整个证券市场的其他公司的股票,如我国投资界经常谈到"白马股",指的就是业绩优良的股票。垃圾股,公司业绩较差的股票,有可能给投资者带来负的股票投资收益,如我国当前ST股票或*ST股票。由于它们的业绩很差,近一两年为负,投资者可能会遭受没有分红和资本利得两部分的损失。

(4) 蓝筹股。这是按照公司的行业地划分。实践中投资者把处于行业占有支配地位、业绩优良、成交量活跃、红利优厚的大公司股票称为蓝筹股。

(5) 红筹股。主要是指在具有我国的概念的公司在香港发行的股票称为红筹股。源自于国际上对我国"红色中国"的认知。蓝筹股和红筹股称呼来自于西方赌场筹码。其中蓝色筹码最为值钱,红色筹码次之,白色筹码最差。

三、证券投资基金

证券投资基金是一种利益共享、风险共担的集合投资方式,将众多不确定的投资者的投资资金集合起来,委托专业的基金管理人进行投资管理,委托专业的基金托管人进行基金资产的托管,基金所得的收益由投资者按各自出资的比例分享,所产生的风险损失也由投资者共同承担的一种投资工具。

(一) 证券投资基金特点

具有组合投资、分散风险;专业管理、专家投资;经营稳定、收益可观;流动性强;信息披露公开、透明;投资小、费用低的特点。以我国为例,按规定基金每份1元的面值发行。在封闭式基金发行期,投资者购买基金的最低额为1000元,当封闭式基金在交易所挂牌交易时,只须要按基金份额100份的整数倍购买,投资者购买开放式基金最低额为1000元。低门槛的投资额度要求可以满足中低收入者的投资需求。另外,基金的费用通常也比较低:根据相关的法律规定和具体实践操作,投资者购买基金只需每年交纳基金净资产的1%~2.5%的管理费,封闭式基金的交易费用为认购总额的0.25%,低于购买股票的费用,开放式基金的申购费为认购金额的1%~1.5%。

(二) 证券投资基金的种类

(1) 投资基金可以分为开放式基金和封闭式基金。根据基金单位是否可以增加或赎回,前者是指基金发起人在发起设立基金时,限定了基金的发行总额,在初次发行达到了预定的规模后,基金即宣告成立,并在规定期限内,不再接受新的投资而保持基金规模固定不变的投资基金;后者是指基金规模不固定,基金单位总数随时增减,投资者可以按基金的净值报价在有资格的营业场所申购或赎回的投资基金。投资者可以根据市场状况和自己的投资决策申购或是赎回基金份。

(2) 按投资对象不同划分,可分为股票型、债券型、货币市场基金和混合型基金。股票型基金将大部分资金投资于普通股票上,其投资目标是追求资本利得和长期资本增值。投资于普通股票的投资基金称为普通股票基金,投资于优先股的基金称为优先股基金。债券基金是投资于债券的基金,其规模仅次于股票基金,该类基金其投资主要投资于债券。证监会将80%的基金资产投资于债券的基金归为债券基金类型。由于债券的风险偏低、收益也不高,因而债券基金的风险比较低、回报率也比较低。对于那些不想承担高风险的稳健投资者来说,适合购买债券。货币市场基金主要投资于货币市场上流通的包括有国库券、大额可转让定期存单、商业票据、承兑汇票、银行同业拆借和回购协议等在内的有价证券。由于上述有价证券流通能力接近现金,因此货币市场基金所获得的收益比股票型基金和债券型基金要低,但要略高于银行存款利率。混合型基金是指可以同时投

资于股票、债券和货币市场的有价证券的基金

（3）创新型基金。①交易所交易的开放式基金。LOF 是"Listed Open-Ended Fund"的英文缩写，在我国称为"上市型开放式基金"。投资者既可以在指定网点申购与赎回基金份额，也可以在交易所买卖该基金。不过投资者如果是在指定网点申购的基金份额，想要在交易所卖出，须办理一定的转托管手续。同样，如果是在交易所买进的基金份额，想要在指定网点赎回，也要办理一定的转托管手续。根据深圳证券交易所已经开通的基金场内申购赎回业务，在场内认购的 LOF 不须办理转托管手续，可直接卖出。②交易所交易基金（ETF），（Exchange Traded Fund）简称为 ETF，是一种在交易所买卖的有价证券，代表一揽子股票的所有权。机构投资者以这一揽子股票为担保，将其分割为众多单位较低的投资单位——ETF 基金份额。投资者既可以在证券交易所按市场价格买卖 ETF，也可以在基金公司或代理销售机构赎回 ETF 单位换得所存托的一篮子股票。从本质上讲，ETF 属于开放式基金的一种特殊类型，ETF 的申购赎回必须以一揽子股票换取基金份额或者以基金份额换回一揽子股票，这是 ETF 有别于其他开放式基金的主要特征之一。与传统封闭式基金、开放式基金相比，ETF 克服了封闭式基金折价交易的缺陷。由于投资者既可在二级市场交易，也可直接向基金管理人以一揽子股票进行申购与赎回，这就抑制了 ETF 基金二级市场价格与基金净值的偏离。其次，ETF 基金具有交易成本低、交易方便、交易效率高等特点。ETF 投资者可以像股票、封闭式基金一样，直接通过交易所按照公开报价进行交易，资金次日就能到账。

第三节　金融衍生工具

世界经济形势变化莫测，不确定因素此起彼伏，给人们的经济活动带来巨大影响。作为经济的重要组成部分，并且对经济运行发挥着巨大作用的金融，跟随着经济波动的步伐也经历着各种各样的不确定因素的影响。为了消除不确定因素对金融、对经济的负面影响，金融界就设计出了种类繁多的金融衍生产品。

所谓金融衍生产品是指一种按事先约定事项进行支付的双边合约（合同），其合约的价格取决于基于交易的原始金融工具（如股票、债券、存单、货币等）的价格及其变化。常见的金融衍生工具包括远期合约、期货合约、期权合约和互换合约等。

一、金融衍生工具的特点

一般而言金融衍生工具具有以下特点：

第一，金融衍生工具的价格取决于原生金融工具的价格，股票、债券、利率、汇率发生波动时，以它们为交易对象的衍生工具价格也会变化；第二，代表金融衍生工具的合约签订及交易在当前完成，而交割（双方履行合同行为）却要在将来某一时刻完成；第三，金融衍生工具的产生以合约为基础，合约双方的权利和义务在签订合约之日起便基本确定，不

需要或只需要少量初始净投资;第四,金融衍生工具的收益具有较高的不确定性,金融衍生工具所产生的收益,来自于合约标的物价值的变动,即约定价格与市场价格的差额,其随着未来利率、证券价格、商品价格、汇率或相应的指数变动而变动;第六,强有力的财务杠杆作用和高度的金融风险相对应。在运用金融衍生工具进行交易时,只须按规定交纳较低的佣金或保证金,便可从事大宗交易,投资者只须动用少量的资金便能控制大量的资源,一旦实际的变动趋势与交易者预测的相一致,即可获得丰厚的收益。但是,一旦预测有误,就可能使投资者遭受严重损失。

二、金融衍生工具的分类

(一) 股票衍生工具、利率衍生工具、货币或汇率衍生工具

货币或汇率衍生工具包括远期外汇合约、外汇期货、外汇期权、货币互换等;利率衍生工具包括短期利率期货、债券期货、债券期权、利率互换、互换期权、远期利率协议等;股票衍生工具包括股票期权、股票价格指数期权、股票价格指数期货、认股权证、可转换债券、与股权相关的债券等。

(二) 远期、期货、期权和互换

远期合约和期货合约都是交易双方约定在未来某一特定时间,以某一特定价格,买卖某一特定数量和质量资产的交易形式。期货合约是期货交易所制定的标准化合约,对合约到期日及其买卖的资产的种类、数量、质量做出了统一规定。远期合约是根据买卖双方的特殊需求由买卖双方自行签订的合约。

互换合约是当事人之间签订的在未来某一期间内相互交换他们认为具有相等经济价值的现金流的合约。较为基础和常见的是利率互换合约和货币互换合约。互换合约中规定的交换货币是同种货币,则为利率互换;是异种货币,则为货币互换。

(三) 场内衍生工具和场外衍生工具

场内衍生工具,指所有的供求方集中在交易所进行竞价交易的交易方式,在场内交易的金融衍生工具主要有期货和期权;场外衍生工具指交易双方直接成为交易对手的交易方式,由于每次交易的清算是由交易双方相互负责进行的,场外交易参与者仅限于信用程度高的客户。在场外交易的金融衍生工具主要有远期、期权和互换。

三、远期合约

远期合约是 20 世纪 80 年代初兴起的一种保值工具。远期合约指合约双方同意在未来日期按照固定价格交换金融资产的合约,承诺以当前约定的条件在未来进行交易的合约,并指明买卖的商品或金融工具种类、价格及交割结算的日期。远期合约规定了将来交换的资产、交换的日期、交换的价格和数量,合约条款因合约双方的需要不同而不同。远

期合约主要有远期利率协议、远期外汇合约、远期股票合约等。

远期合约是现金交易,买方和卖方达成协议在未来的某一特定日期交割一定质量和数量的商品。价格是在合约中约定的标的资产在交割日的交割价格,是事先确定的标的资产的未来交割价格。如一家企业和某家银行于2019年5月6日签订一份美元远期合约,合约内容为3个月后即8月6号,由该企业以1美元=7.0001元人民币的价格从银行手中购买100万美元的外汇。从该例子中可以看到签订远期合约的日期为5月6号,执行合同的时期为8月6号,买卖价格为1美元=7.0001元人民币,数量为100万美元。而在8月6号这一天外汇市场上美元兑换人民币的价格可能高于,也可能等于,也可能低于7.0001。这时就会有一方因约定汇率和市场汇率不一致获利或损失。

远期合约是场外交易,如同即期交易一样,交易双方都存在风险。因此,远期合约通常不在交易所内交易,缺乏有效的信用保证体系,因此远期合约一般面临比较高的违约风险。

四、期货合约

(一)期货合约的定义

期货合约是指由期货交易所统一制定的,规定在将来某一特定的时间和地点交割一定数量和质量商品的标准化合约。它是期货交易的对象,期货交易参与者正是通过在期货交易所买卖期货合约,转移价格风险,获取风险收益。期货合约是在现货合同和现货远期合约的基础上发展起来的,它的实质与远期合约类似,都是交易双方就某个标的资产的远期交割进行事先的约定,锁定交割价格、交割数量和交割时间,但它们最本质的区别在于期货合约条款的标准化。在期货市场交易的期货合约,其标的物的数量、质量等级和交割等级及替代品升贴水标准、交割地点、交割月份等条款都是标准化的,使期货合约具有普遍性特征。期货合约中,只有期货价格是唯一变量,在交易所以公开竞价方式产生。

(二)期货合约的交易特点

(1)以小博大。由于期货交易保证金制度的杠杆效应,只须交纳履约保证金就能完成数倍乃至数十倍的合约交易,使之具有"以小博大"的特点。交易者用少量的资金进行大宗买卖,从而节省大量流动资金。

(2)双向交易。期货市场中可以先买后卖,也可以先卖后买,投资方式灵活。

(3)标准化合约。交易品种、交易数量、报价单位、最小变动价位、交割时间以及最低保证金比例均为标准化规范,除了交易价格。期货价格是由市场的供求决定。

(4)市场透明。交易信息完全公开,且交易采取公开竞价方式进行,使交易者可在平等的条件下公开竞争。

(5)组织严密,效率高。期货交易是一种规范化的交易,有固定的交易程序和规则,交易运作简单迅速高效。

(三) 期货合约的构成

期货合约是期货交易的买卖对象或标的物,是由期货交易所统一制定的,规定了某一特定的时间和地点交割一定数量和质量商品的标准化合约,期货价格则是通过公开竞价而达成的。一般期货合约规定的标准化条款有以下内容:

(1) 标准化的数量和数量单位。如上海期货交易所规定每张铜合约单位为 5 吨,每个合约单位称之为 1 手。

(2) 标准化的商品质量等级。在期货交易过程中,交易双方无须对商品的质量进行协商,大大方便了交易者。

(3) 标准化的交割地点。期货交易所在期货合约中为期货交易的实物交割确定经交易所注册的统一的交割仓库,以保证双方交割顺利进行。

(4) 标准化的交割期和交割程序。期货合约具有不同的交割月份,交易者可自行选择,一旦选定之后,在交割月份到来之时如仍未对冲掉手中合约,就要按交易所规定的交割程序进行实物交割。

(5) 交易者统一遵守的交易报价单位、每天最大价格波动限制、交易时间、交易所名称等。

期货交易是投资者规定比例保证金后,在期货交易所内买卖各种商品标准化合约的交易方式。一般的投资者可以通过低买高卖或高卖低买的方式获取赢利。现货企业也可以利用期货做套期保值,降低企业运营风险。期货交易者一般通过期货经纪公司代理进行期货合约的买卖。另外,买卖合约后所必须承担的义务,可在合约到期前通过反向的交易行为(对冲或平仓)来解除。

(四) 期货合约交易的功能

1. 发现价格

由于期货交易是公开进行的对远期交割商品的一种合约交易,期货交易过程实际上就是综合反映供求双方对未来某个时间供求关系变化和价格走势的预期。这种价格信息具有连续性、公开性和预期性的特点,有利于增加市场透明度,提高资源配置效率。

2. 规避风险

期货交易的产生为现货市场提供了一个回避价格风险的场所和手段,其主要原理是利用期现货两个市场进行套期保值交易。在期货市场上买进或卖出与现货市场上数量相等但交易方向相反的期货合约,可使期现货市场交易的损益相互抵补。锁定企业的生产成本或商品销售价格,保住既定利润,回避价格风险。

3. 套期保值

在现货市场上买进或卖出一定数量现货商品的同时,在期货市场上卖出或买进与现货品种相同、数量相当,但方向相反的期货商品(期货合约),以一个市场的盈利来弥补另一个市场的亏损。期货交易之所以能够保值,是因为某一特定商品的期现货价格同时受共同的经济因素的影响和制约,两者的价格变动方向一般是一致的,由于有交割机制的存在,临近期货合约交割期时,期现货价格具有趋同性。

4. 投机

期货交易与实物交割相分离,投机者的目的仅是为了获取价格变动带来的收益,机会合适时立即平仓获取现金收益。因为期货市场的杠杆效应,投资者存在很多投机时机。

为了加深大家对期货合约的理解。我们以上海期货交易所的黄金期货为例进行说明。根据2018年《上海期货交易所黄金期货合约》(修订案):黄金期货合约的交易标的物为黄金,交易单位为1000克/手,报价单位元(人民币)/克,最小变动价位0.05元/克,涨跌停板幅度上一个交易日结算价正负3%,合约月份最近三个连续月份的合约以及最近13个月以内的双月合约,交易时间上午9:00-11:30,下午1:30-3:00和交易所规定的其他交易时间,最后交易日合约月份的15日(遇节假日顺延),交割日期最后连续五个交易日,交割品级金含量不小于99.95%的国产金锭及经交易所认可的伦敦金银市场协会(LBMA)认定的合格供货商或精炼厂生产的标准金锭(具体质量规定见附件),交割地点交易所指定交割金库,最低交易保证金合约价值的4%,交割方式实物交割,交割单位3000克,交易代码AU,上市交易所上海期货交易所。

五、期权合约

(一) 期权合约的含义

期权合约产生于1973年芝加哥期权交易所,以金融衍生产品作为行权品种的交易合约,期权合约是一种赋予交易双方在未来某一日期,即到期日之前或到期日当天,以一定的价格——履约价或执行价——买入或卖出一定相关工具或资产的权利,而不是义务的合约。期权合约的买入者为拥有这种权利而向卖出者支付的价格称为期权费。

期权合约是关于在将来一定时间以一定价格买卖特定商品的权利的合约。期权的标的资产包括股票、股票指数、外汇、债务工具、商品和期货合约等。期权有两种基本类型,看涨期权和看跌期权,亦称买入期权和卖出期权。

期权赋予其持有者做某件事情的权利,持有者不一定必须行使该权利。这一特点使期权合约不同于远期和期货合约,在远期和期货合约中持有者有义务购买或出售该标的资产。投资者签署远期或期货合约时的成本为零,但投资者购买一份期权合约必须支付期权费。

(二) 期权合约的分类

(1) 欧式期权和美式期权。按期权买者执行期权的时限划分。美式期权可在期权有效期内任何时候执行,欧式期权只能在到期日执行。在交易所中交易的大多数期权为美式期权。

(2) 看涨期权和看跌期权。按期权买者的权利划分。看涨期权的持有者有权在某一确定时间以某一确定的价格购买标的资产。如双方通过签订期权合约约定期权买方在3个月后,期权购买方可以以约定价格1股=10.00元人民币从期权卖方手中买入1000股某公司股票。看跌期权的持有者有权在某一确定时间以某一确定的价格出售标的资产。

如双方签订期权合约,约定6个月后,期权购买方可以以1股＝12.00元人民币将1000股某公司股票出售给期权卖方。

(3)股票、股票指数、外汇、债务工具、各种商品和期货合约等。按照期权合约的标的资产划分。金融期权可分为利率期权、货币期权(或称外汇期权)、股票指数期权、股票期权以及金融期货期权,而金融期货又可分为利率期货、外汇期货和股票指数期货三种。

(三) 期权合约的构成要素

(1)交易单位。交易单位是指每手期权合约所代表标的数量。

(2)最小变动价位。最小变动价位是指买卖双方在出价时,权利金价格变动的最低单位。

(3)每日价格最大波动限制。每日价格最大波动限制是指期权合约在一个交易日中的权利金波动价格不得高于或低于规定的涨跌幅度,超出该涨跌幅度的报价视为无效。

(4)执行价格。执行价格是指期权的买方行使权利时事先规定的买卖价格。执行价格确定后,在期权合约规定的期限内,无论价格怎样波动,只要期权的买方要求执行该期权,期权的卖方就必须以此价格履行义务。如:期权买方买入了看涨期权,在期权合约的有效期内,若价格上涨,并且高于执行价格,则期权买方就有权以较低的执行价格买入期权合约规定数量的特定商品。而期权卖方也必须无条件的以较低的执行价格履行卖出义务。对于外汇期权来说,执行价格就是外汇期权的买方行使权利时事先规定的汇率。

(5)合约月份。合约月份是指期权合约的交易月份。与期货合约不同,为了减少期权执行对标的期货交易的影响,期权合约的到期日一般提前至其合约月份前的一个月内。

(6)最后交易日。最后交易日是指某一期权合约能够进行交易的最后一日。

(7)到期日。到期日是指期权买方能够行使权利的最后一日。

(8)权利金。权利金又称期权费、期权金,是期权的价格。权利金是期权合约中唯一的变量,是由买卖双方在国际期权市场公开竞价形成的,是期权的买方为获取期权合约所赋予的权利而必须支付给卖方的费用。对于期权的买方来说,权利金是其损失的最高限度;对于期权卖方来说,卖出期权即可得到一笔权利金收入,而不用立即交割。

期权购买方的收益来自标的资产的市场价格与约定价格的差额。对于看涨期权而言,市价越高,购买方行权的机会越大,获利收益就越大,理论上可以无限大;对于看跌期权而言,市价越低,购买方行权的机会越低,获利收益也越大,理论上收益没有上限。无论是看涨期权还是看跌期权,期权买方的损失是有限的,即期权费,但对于期权的卖方而言,其收益是固定的,即期权费,但损失理论上讲可以无限大。

六、互换合约

(一) 互换合约的定义

互换合约是指交易双方在约定的合约有效期内,按照约定的条件交换不同金融工具的一系列支付款项或收入条款的合约。

互换合约包括利率互换、货币互换、商品互换、股权互换、信用互换、气候互换和互换期权等。其中最基础的是利率互换和货币互换。

(二) 利率互换

利率互换(又称利率掉期)是指双方同意在未来的一定期限内根据同种货币的同样的名义本金交换现金流,其中一方的现金根据浮动利率计算出来,而另一方的现金流根据固定利率计算。这个调换是双方的,如甲方以固定利率换取乙方的浮动利率,乙方则以浮动利率换取甲方的固定利率,故称互换。互换的目的在于降低资金成本和利率风险。利率互换与货币互换都是于1982年开拓的,是适用于银行信贷和债券筹资的一种资金融通新技术,也是一种新型的避免风险的金融技巧,目前已在国际上被广泛采用。

利率互换的优点比较明显:①风险较小。因为利率互换不涉及本金,双方仅是互换利率,风险也只限于应付利息这一部分,所以风险相对较小;②影响性低。这是因为利率互换对双方财务报表没有什么影响,现行的会计规则也未要求把利率互换列在报表的附注中,故可对外保密;③成本较低。双方通过互换,降低了筹资成本,同时实现了目的;④手续较简,交易迅速达成。利率互换的缺点就是该互换不像期货交易那样有标准化的合约,有时也可能找不到互换的另一方。

利率互换作为一种新型的金融衍生产品,在中国发展很快,特别是随着中国参与国际金融资本运作幅度的加大,利率互换已成为众多公司及银行之间常用的债务保值和资本升值的有效手段之一。

(三) 货币互换

货币互换(又称货币掉期)是指两笔金额相同、期限相同、计算利率方法相同,但货币不同的债务资金之间的调换,同时也进行不同利息额的货币调换。简单来说,利率互换是相同货币债务间的调换,而货币互换则是不同货币债务间的调换。货币互换双方互换的是货币,它们之间各自的债权债务关系并没有改变。货币互换的目的在于降低筹资成本及防止汇率变动风险造成的损失。货币互换的条件与利率互换一样,包括存在品质加码差异与相反的筹资意愿,此外,还包括对汇率风险的防范。

货币互换的优点有:①可降低筹资成本;②满足双方意愿;③避免汇率风险,这是因为互换通过远期合同使汇率固定下来。这个互换的缺点与利率互换一样,也存在违约或不履行合同的风险。

货币互换是一项常用的债务保值工具,主要用来控制中长期汇率风险,把以一种外汇计价的债务或资产转换为以另一种外汇计价的债务或资产,达到规避汇率风险、降低成本的目的。早期的"平行贷款""背对背贷款"就具有类似的功能。但是无论是"平行贷款"还是"背对背贷款"仍然属于贷款行为,在资产负债表上将产生新的资产和负债。而货币互换作为一项资产负债表外业务,能够在不对资产负债表造成影响的情况下,达到相同目的。

本章小结

信用工具是信用关系的载体,它是一种以书面形式发行和流通的载明资金交易金额、期限、价格等的合法凭证。信用工具的种类繁多并不断创新,但基本特征不外乎期限性、流通性、收益性、风险性。

常用于结算类的信用工具包括本票、汇票和支票。其中本票和汇票根据出票人不同分为商业本票、商业汇票、银行本票、银行汇票。商业汇票根据承兑人的不同分为商业承兑汇票和银行承兑汇票。

常见的融资类金融工具包括债券、股票和证券投资基金等。债券是一种债务工具,具有票面面值、到期期限、票面利率、利息支付方式等要素。从不同角度出发,有不同分类,其中按发行主体分尤为重要。股票是一种所有权凭证,证明股东对公司财产的所有权。股东可以参与公司的经营决策。普通股和优先股是最重要的股票分类方式。证券投资基金是投资者将自己的资金委托给基金管理人进行投资,具有集合资金、专家投资、分散风险的特点,是中小投资者优先选择的投资方式。

金融衍生工具是指一种根据事先约定的事项进行支付的双边合约,其合约价格取决于或派生于原生金融工具的价格及其变化。它们在交易中主要用于投机、套利和套期保值。金融衍生工具是相对于原生金融工具而言的,这些相关的或原生的金融工具一般指股票、债券、存单、货币等。金融衍生工具市场主要包括远期合约、期货合约、期权合约和互换合约等。

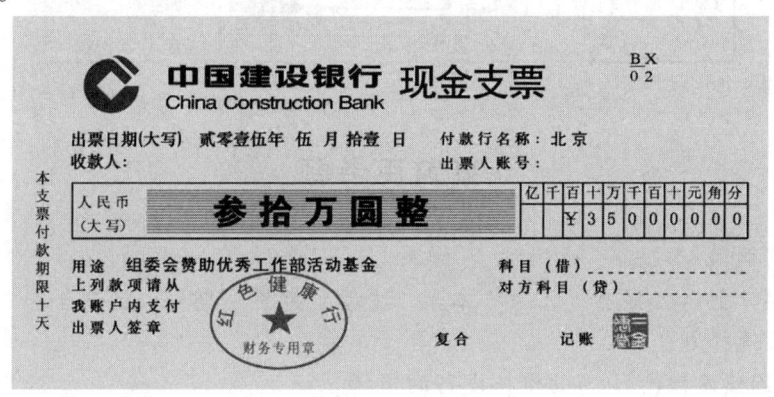

银行本票

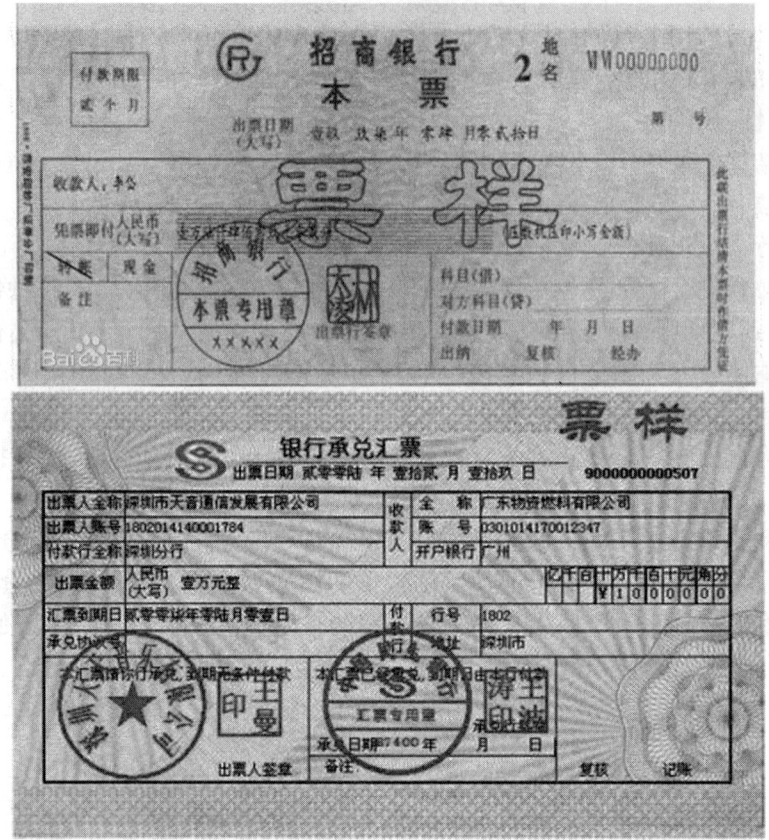

复习思考题

一、名词解释

信用工具 债券 股票 汇票 本票 支票 期货 期权 远期合约

二、单项选择题

1. 贴现国债是按( )的价格发行的国债。

    A. 高于面值金额　　　　　　　B. 低于面值金额

    C. 等于面值金额　　　　　　　D. 记账式国债

2. 由债权人签发给债务人的付款命令书是( )。

    A. 商业本票　　B. 商业汇票　　C. 商业期票　　D. 银行支票

3. 若看涨期权买方行权,则标的资产市场价格( )约定价格。

    A. 高于　　　B. 低于　　　C. 等于　　　D. 不确定

4. 期货合约一般是在( )内进行交易。

    A. 交易所内　　B. 交易所外　　C. 无固定场所　　D. 任何地方

三、多项选择题
1. 按出票人不同汇票可以分为( )。
   A. 商业承兑汇票   B. 银行承兑汇票
   C. 银行汇票   D. 商业汇票
2. 按照发行人不同债券可分为( )。
   A. 政府债券   B. 企业债券
   C. 公司债券   D. 金融机构债券
3. 按照股东权利不同,股票可分为( )。
   A. 普通股   B. 优先股   C. 红筹股   D. 蓝筹股
4. 证券投资基金的特点包括( )。
   A. 集中投资   B. 集合投资   C. 专业投资   D. 分散风险

四、简答题
1. 股票和债券的区别?
2. 期货的功能?
3. 期货和远期的区别?
4. 设计期货套期保值的实例。
5. 互换适用什么场景下?

实训安排

案例分析:

目前,我国证券市场上,主要有五只科技类的 ETF 基金:科技 ETF、半导体 ETF、通信 ETF、5GETF、计算机 ETF、半导体 ETF。这几只基金投资范围基本围绕着相关领域的股票进行投资,从基金设立以来,取得了不俗的成绩。究其原因:一是和国家的产业政策紧密相关;二是离不开科技、人工智能、5G 技术等的创新发展大背景。

任务一:请大家挑选一只 ETF 研究一下其上市以来的收益率,股票池中的持股比例,所持有的股票对其收益率的贡献是多少?

任务二:通过比较 ETF 的收益和其所持股票的收益,分析股票和基金的区别。

任务三:查找关于上述涉及的行业相关信息,分析影响股票收益的因素有哪些?

参 考 文 献

[1] 黄达.金融学[M].北京:中国人民大学出版社,2008.
[2] 皮天雷.金融学(第三版)学习与考试手册[M].北京:中国人民大学出版社,2014.
[3] 张亦春等.金融市场学[M].北京:高等教育出版社,2013.
[4] 弗雷德里克·米什金.货币金融学[M].北京:清华大学出版社,2009.
[5] 胡庆康.现代货币银行学教程[M].上海:复旦大学出版社,2019.

第五章 金融市场

学习目标

1. 掌握金融市场的定义、特征及功能等。
2. 掌握货币市场的定义、同业拆借市场及票据贴现市场的特征等。
3. 掌握资本市场的定义、股票市场及债券市场的定义等。
4. 了解其他金融市场。

案例导入

随着我国经济体制改革和国民经济的快速发展,我国的票据市场、债券市场、股票市场等一系列金融市场也快速发展起来。其中,尤以股票市场的发展最为引人注目。自1990年上海证券交易所开市以来,我国的股票市场层次、投资者数量和结构、上市公司数量等都出现了快速增长。其中,沪深交易所上市公司数量由最早的8家已上升至3777家(截至2019年底),成就了一批优秀的上市公司。以茅台股份有限公司为例,自2001年上市,茅台的营业收入和净利润分别由当年的16.18亿元和3.28亿元增长到2018年的736.39亿元和513.43亿元,分别增长44.51倍和155.53倍,年均增长分别约为25%和35%,对应市值也由上市初的78.48亿元增长至2019年9月24日的1.4873万亿元,超过贵州省2018年的GDP。

第一节 金融市场概述

金融市场在市场经济体制中具有举足轻重的地位和作用,就目前来看,发达的市场经济体离不开发达的金融市场体系。从我国的实践来看,随着我国金融市场体系不断地发展完善,金融市场在我国经济发展中发挥着越来越重要的作用。

一、金融市场的概念及特征

(一) 什么是金融市场

一说起金融市场,我们很多人脑子里马上涌现出了股票市场。事实上,股票市场确实属于金融市场,但是金融市场不仅限于股票市场。那么,什么是金融市场?一般我们把以股票、债券等金融资产为交易对象而形成的供求关系及其机制的综合称为金融市场,具体来说一般指的是证券的发行和交易市场。也有些把资金供应者和资金需求者双方通过信用工具进行交易而融通资金的市场称为金融市场,显然,这种定义范围更大,故也被我们称为广义的界定。一般我们使用第一种定义,也称为狭义的界定。需要强调的是,这里所说的以金融资产为交易对象就是我们上一章节里面所说的那些金融工具,这里所说的市场不仅指的是交易场所,还包含金融资产在交易中形成的各种运行机制,如价格机制、监督机制等。下面我们仍然主要按照我们常用的狭义的金融市场含义进行阐述。

金融市场与我们日常中的普通商品市场一样是商品经济发展到一定阶段的产物,在现代市场经济中占据着不可或缺的地位。一般我们生活中按照产品交易的种类来看主要有两类市场,一类是交易产品的市场,如我们日常买卖的消费品;另一类是交易生产要素的市场,如劳动力市场、资金市场等。金融市场很显然属于要素市场。与其他市场相比,金融市场具有自己的特征。

金融市场与普通商品市场一样,由交易主体、交易客体、交易价格和组织形式等基本要素构成。其中,交易主体包括任何参与交易的个人、企业、各级政府和金融机构;交易客体是金融市场的参加者进行交易的标的物——金融工具,如政府债券、股票、可转让存单以及各类金融衍生工具等;交易价格表现的有借贷利率、货币价格等;组织形式主要是金融市场的交易场所,既有有形市场,也有无形市场。

(二) 金融市场的特征

(1) 以资金为交易对象。一般商品交易的对象是普通商品或劳务,使用价值存在差异,一经交易一般就会退出流通进入消费,如食品。而金融市场的交易对象不是这样,一般交易工具会在到期之前可以一直在市场上流通,如股票。

(2) 交易关系具有持续性。一般商品交易钱货两清后,一般双方不再存在关系,而金融市场的交易完成之后,交易双方仍然存在一定的关系,如普通股票的分红权等。

(3) 交易动机具有多样性。一般商品交易的卖者为取得货币收入,买者则为满足消费的需求,而金融市场的卖者为筹资、盈利、流动性等动机,买者则为取得投资回报、控股权利、保值、投机等多种动机。

(4) 交易价格波动大。一般商品市场上的商品价格比较稳定,商品成本已经固定,波动幅度不大;金融市场上的交易价格是由借贷资金预期未来产生的现金流决定的,不确定性高,波动幅度较大。

(三) 金融市场的形成

我们现在所说的金融市场,主要指的是银行信用产生以后,尤其是现在资本主义经济制度产生以后发展以来的金融市场。在之前,伴随着货币的出现和信用经济的发展,出现了信用工具和以信用工具为交易对象的市场,这也可以称为金融市场。但是这种信用工具和市场受限于商品经济的规模小而比较不发达,一般我们称之为初级的金融市场或者金融市场的萌芽。后来随着商品经济和信用经济的进一步发展,尤其在1580年威尼斯银行,特别是1694年英格兰银行建立以后,以及1602年荷兰阿姆斯特丹证券交易所成立以后,标志着以银行信用为主和以股票等证券为主的现代金融市场的初步形成。之后经过几百年的发展,逐渐形成了目前这种发达而繁荣的金融市场体系。

具体到我们国家,早期的金融市场我们也存在,例如钱庄和票号。但是由于我们国家没有建立起现代的资本主义制度,因而现代金融市场的形成还是源于西方国家的输入。1845年英国人在我国建立了第一家现代银行"丽如银行",1905年外商在我国开办的第一家证券交易所"上海众业公所",我国自办的第一家银行是在1897年成立的"中国通商银行",我国1918年自办第一家是"北平证券交易所"。之后,各类市场逐步建立并取得了一定的发展。由于受当时经济社会发展的限制,现代金融市场体系并没有获得长足发展。改革开放后,伴随着经济体制改革,我国逐步恢复发展了各类金融子市场,尤其近些年金融市场体系获得了快速发展,目前我国已基本建立起了多层次、较为发达的现代金融市场体系。

二、金融市场的分类

金融市场按照不同的分类标准有许多分类,我们选取几个常用的分类进行简述。

(一) 按照交易对象的不同分为货币市场、资本市场和外汇市场等其他金融市场

这种分类方法最为常见,也是各类书籍在阐述金融市场时使用的叙述方法,后面我们也按照这个分类进行阐述,因此,相关内容在此暂且略过。

(二) 按地理范围划分为国际金融市场和国内金融市场

(1) 国际金融市场,由经营国际货币业务的金融机构组成,其经营内容包括资金借贷、外汇买卖、证券买卖、资金交易等。

(2) 国内金融市场,由国内金融机构组成,办理各种货币、证券交易的业务活动。它又分为城市金融市场和农村金融市场,或者分为全国性、区域性、地方性的金融市场。

(三) 按照交易对象是否为新发行划分发行市场和流通市场

(1) 发行市场,也称一级市场,是新证券发行的市场。
(2) 流通市场,也称二级市场,是已经发行,处在流通中的证券的买卖市场。

(四) 按照有无固定场所划分为有形金融市场和无形金融市场

(1) 有形金融市场,指有固定场所和操作设施的金融市场。
(2) 无形金融市场,以营运网络形式存在的市场,通过电子电讯手段达成交易。

(五) 按照交易对象的交割方式划分为即期交易市场和远期交易市场

(1) 即期交易市场,是指在约定交易完成若干个工作日内办理资产交割的金融市场。

（2）远期交易市场，是指交易双方按照约定条件在未来指定日期交割金融资产的金融市场。

此外，按照价格形成机制不同可以分为议价市场和竞价市场；按照交易工具是否依赖其他金融工具可以分为原生金融市场和衍生金融市场；按照融资方式上可划分为直接融资市场和间接融资市场；按照具体的交易工具类型还可划分为股票市场、债券市场、外汇市场、票据市场、黄金市场及保险市场等。

三、金融市场的功能

（一）能够迅速有效地引导资金合理流动

金融市场聚集了大量的筹资者和投资者，并通过相互竞价、信息公开等一系列机制扩大了资金供求双方接触的机会，激活了闲置资金，便利了金融交易，降低了融资成本，提高了资金使用效益，为筹资者和投资者开辟了更广阔的投融资途径，提高资金配置效率，为各种期限、内容不同的金融工具互相转换提供了必须的条件。

（二）金融市场具有定价功能

金融市场价格的波动和变化是经济活动的晴雨表。金融资产均有票面金额，企业资产的内在价值——包括企业债务的价值和股东权益的价值——是多少，只有通过金融市场交易中买卖双方相互作用的过程才能"发现"，并通过双方的竞价从而达到一个相对均衡的价格。金融市场的定价功能同样依存于市场的完善程度和市场的效率，有助于市场资源配置功能的实现。

（三）为金融管理部门进行金融间接调控提供了条件

金融间接调控体系必须依靠发达的金融市场传导中央银行的政策信号，通过金融市场的价格变化引导各微观经济主体的行为，实现货币政策效果。发达的金融市场体系内部，各个子市场之间存在高度相关性。随着各类金融资产在金融机构储备头寸和流动性准备比率的提高，金融机构能更加广泛地介入金融市场运行之中。

（四）可促进金融工具的创新

除了货币、债券、股票等传统原生工具，期货、期权等金融衍生工具被越来越多投资者认可。多样化金融工具通过对经济中的各种投资所固有的风险进行划分，使得对风险和收益具有不同偏好的投资者能够寻求到最符合其需要的投资，同时也满足了融资者的多样化需求。

（五）帮助实现风险分散和风险转移

我们经常说"不要把所有的鸡蛋都放在一个篮子里"。发展金融市场一方面为投资者选择投资多样化、金融资产多样化和风险分散化开辟了路径；另一方面为筹资者通过出让某些权益工具把一部分风险转移给了投资者,也降低了自己的风险,这两方面降低了经济运行的风险,为国民经济持续、稳定发展奠定了良好的基础。

(六) 可降低交易的搜寻成本和信息成本

搜寻成本是指为寻找合适的交易对方所产生的成本,信息成本是在评价金融资产价值的过程中所发生的成本。现实中,我们一来到金融市场,大量交易者聚集在市场中,投资者很容易找到交易对手,各种信息几乎都可以免费无代价地获取。准确地讲,在当前的信息传递速度下,投资者担心的不应该是信息的数量,而是信息的质量。金融市场主要是通过信息公开制度、竞价制度等以及专业金融机构和咨询机构帮助降低这些成本。

四、金融市场的发展趋势

(一) 资产证券化

资产证券化最早起源于美国,最初是储蓄银行、储蓄贷款协会等机构的住宅抵押贷款的证券化,接着商业银行也纷纷效仿,对其债券实行证券化,以增强资产的流动性和市场性。证券化已经成为国际金融市场的一个显著特点,传统的以银行为中心的融资借贷活动开始改变。

(二) 金融市场自由化

金融市场自由化的趋势是指西方发达国家出现的一种逐步放松甚至取消对金融活动的管制措施的过程。在此过程当中产生了许多新型的信用工具及交易手段,方便了市场参与者的投融资活动,降低了交易成本。金融市场自由化也促进了资本的国际自由流动,有利于资源在国际的合理配置,促进了世界全球经济的发展和国际贸易的顺利进行。

(三) 金融市场全球化

金融市场的全球化已成为当今世界的一种重要趋势。20世纪70年代末期以来,西方国家兴起的金融自由化浪潮,使各国政府纷纷放宽对金融业活动的管制。随着各国对资本跨境流动管制的放松,资本在国际的流动日渐自由。目前,国际金融市场正在形成一个密切联系的整体市场,在全球各地的任何一个主要市场上都可以进行相同品种的金融交易,世界上任何一个局部市场的波动也能传递到全球其他市场。

第二节 货币市场

作为短期资金交易市场,货币市场是金融市场的重要组成部分。货币市场可以根据交易对象的不同,分为同业拆借市场、票据贴现市场、回购协议市场、短期借贷市场、大额可转让定期存单市场、短期政府债券市场等。有效率的货币市场是具有广度、深度和弹性的市场,其市场容量大、信息流动迅速、交易成本低、交易活跃且持续,能吸引众多的投资者和投机者参与。

一、货币市场概述

(一) 货币市场的定义

货币市场是短期资金市场,是指融资期限在一年以下的金融市场,是金融市场的重要组成部分。由于该市场所容纳的金融工具主要是政府、银行及工商企业发行的短期信用工具,具有期限短、流动性强和风险小的特点,在货币供应量层次划分上被置于现金货币和存款货币之后,称之为"准货币",所以将该市场称为"货币市场"。

(二) 货币市场的特征

货币市场有多个不同的子市场,不同的子市场有不同的特点。但总体而言,它们共同的特点有以下几个方面:

1. 交易期限短

同业拆借市场中有"日拆"或者隔夜拆借,期限仅为一天或者半天,期限较长的也不超过1年,大多为3~6个月之间。货币市场由于交易期限较短,收益相对较低,安全性相对高一些。

2. 交易的目的主要是解决短期资金周转的供求需要

在社会生产过程中,存在很多闲置资金的经济主体,也存在急需短期资金周转的经济主体,正好构成了市场上对货币市场的需求。

3. 交易对象是货币或准货币

货币市场的交易对象是流动性极强且容易变现的金融工具,类似于货币或准货币。

(三) 货币市场的参与主体

货币市场中的参与者指在货币市场中参与交易的各种主体,按照它们参与货币市场交易的目的,可分为以下几类:

1. 资金需求者

货币市场上的资金需求者主要是由于短期资金不足或是日常经营需要更多的短期资金并希望通过货币市场交易获得短期资金的主体。这类参与者主要有商业银行、非银行金融机构、政府和政府机构以及企业。

2. 资金供给者

货币市场上的资金供给者主要是满足了日常经营需要后仍然拥有多余闲置资金并希望通过货币市场交易将这部分资金借出以获得一定收益的主体。这类主体主要有商业银行、非银行金融机构和企业。

3. 交易中介

货币市场的交易中介是为货币市场交易中的资金融通双方提供服务从而获得手续费或价差收益的主体。这类参与者主要有商业银行以及一些非银行金融机构。

4. 中央银行

中央银行参与货币市场交易的目的是为了实施货币政策,控制货币供应量,引导市场利率,实现宏观金融调控的目标。

5. 政府和政府机构

政府和政府机构主要是作为政府债券的供给者和资金的需求者而参与货币市场。

6. 个人

个人参与货币市场,一般都是作为资金供给者,但由于货币市场单笔交易数额较大以及监管的需要,个人一般不能直接参与货币市场的交易,主要通过投资货币市场基金间接参与货币市场的交易,有些个人持有短期政府债券和大面额可转让存单等。

二、同业拆借市场

(一) 同业拆借市场的定义

同业拆借市场是指金融机构之间以货币借贷方式进行短期资金融通活动的市场。同业拆借的资金主要用于弥补银行短期资金的不足、票据清算的差额以及解决临时性资金短缺需要,亦称"同业拆放市场",是金融机构之间进行短期、临时性头寸调剂的市场。

(二) 同业拆借市场的特点

(1) 融通资金的期限一般比较短,金融机构能兼顾资金盈利性和流动性。

(2) 参与拆借的机构基本上是在中央银行开立存款账户,交易资金主要是该账户上的多余资金,交易主体受到严格限制。

(3) 同业拆借资金主要用于短期、临时性需要。

(4) 同业拆借基本上是信用拆借。同业拆借可以使商业银行在不用保持大量超额准备金的前提下,就能满足存款支付的需要。1996年1月3日,我国建立起了全国统一的同业拆借市场并开始试运行。

(5) 利率由资金借贷双方协定,或者通过市场公开竞价来决定,能灵活反应市场的资金供求。

(三) 同业拆借市场的形成

同业拆借市场最早出现于美国,其形成的根本原因在于法定存款准备金制度的实施。按照美国1913年通过的"联邦储备法"的规定,加入联邦储备银行的会员银行,必须按存款数额的一定比率向联邦储备银行缴纳法定存款准备金。1921年在美国纽约形成了以调剂联邦储备银行会员银行的准备金头寸为内容的联邦基金市场。

在经历了20世纪30年代的第一次资本主义经济危机之后,西方各国普遍强化了中央银行的作用,相继引入法定存款准备金制度作为控制商业银行信用规模的手段,与此相适应,同业拆借市场也得到了较快发展。拆借交易不仅仅发生在银行之间,还扩展到银行与其他金融机构之间。由于同业拆借的期限较短、风险较小,许多银行都把短期闲置资金投放于该市场,以利于及时调整资产负债结构,保持资产的流动性。特别是那些市场份额有限,承受经营风险能力脆弱的中小银行,更是把同业拆借市场作为短期资金经常性运用的主要场所,力图通过这种做法提高资产质量,降低经营风险,增加安全性和利息收入。国际同业拆借中最常使用的利率是伦敦银行同业拆放利率(LIBOR)。

三、票据贴现市场

(一)票据贴现市场的定义

票据贴现市场是指对未到期票据,通过贴现方式进行资金融通而形成的交易市场,为客户提供短期资金融通,对未到期票据进行贴现的市场。它是商业票据市场的重要组成部分。

贴现交易的信用票据主要有政府国库券、短期债券、银行承兑票据和部分商业票据等。贴现利率一般高于银行贷款利率。

(二)票据贴现市场的参与者

西方国家贴现市场的参加者主要是商业票据持有人、商业银行、中央银行以及专门从事贴现业务的承兑公司和贴现公司。商业银行、承兑公司和贴现公司对企业及个人办理贴现业务,中央银行则对商业银行、承兑公司和贴现公司办理再贴现业务。可贴现的票据主要有商业本票、商业承兑汇票、银行承兑汇票、政府债券和金融债券等。贴现市场是商业银行运用资金的有利场所,商业银行办理贴现比直接放款更有利。这种市场不仅便利了票据持有人的资金周转,同时还为中央银行实行宏观调控创造了条件。

(三)我国的票据贴现市场

我国票据市场目前已初具规模,融资功能不断增强,初步具备了货币政策操作的基础条件,市场交易条件有所改善,票据市场构成体系有所完善,商业票据在中心城市发展迅速。随着票据业务的发展,再贴现逐步成为中央银行支持中小金融机构的重要手段。一些大中型企业办理票据结算和融资业务的积极性有了很大提高。

然而我国票据市场仍处于分割状态,开放程度较低。票据市场严重滞后于同业拆借市场和资本市场的发展,尚未形成票据市场利率,交易方式单一,流通不活跃,票据信用的多重功能仍需要多研究。

四、回购协议市场

(一) 回购协议市场概述

回购协议市场又称为证券购回协议市场,是指通过回购协议进行短期资金融通交易的场所,市场活动由正回购与逆回购组成。这里的回购协议是指资金融入方在出售证券的同时和证券购买者签订的,在一定期限内按原定价格或约定价格购回所卖证券的协议。回购协议的期限一般很短,最常见的是隔夜拆借,但也有期限长的。此外,还有一种"连续合同"的形式,这种形式的回购协议没有固定期限,只在双方都没有表示终止的意图时,合同每天自动展期,直至一方提出终止为止。

回购协议市场从几个方面吸引投资者。首先,该市场为剩余资金的短期投资提供了工具。第二,在剩余资金数量每日不定的情况下,投资者可通过滚动隔夜回购的办法来有效地管理可能的剩余资金。

(二) 回购协议市场的特点

(1) 流动性强。协议多以短期为主,最长的回购期限一般不超过一年。

(2) 安全性高。回购协议的交易场所是经国家批准的规范性场内交易场所,只有合法的机构才可以在场内进行交易,交易的双方以出让或取得证券抵押权为担保进行资金拆借,交易所作为证券抵押权的监管人承担相应的责任。所以交易双方的权利、责任和业务都有法律保护。

(3) 收益稳定并较银行存款收益为高。回购利率是市场公开竞价的结果,一般可获得平均高于银行同期存款利率的收益。

(4) 融入资金免交存款准备金,成为银行扩大筹资规模的重要方式。

虽然回购协议是一种高质量的质押贷款,但仍有一定的信用风险。当所质押的证券价格下跌时,卖方可能到期不购回证券;当所质押证券价格上涨时,买方可能不愿意将证券回售给卖方。

(三) 回购协议市场的作用

回购协议交易有助于降低交易者的市场风险,能够帮助推动银行同业拆借行为规范化,同时也有助于扩大国债交易规模,帮助中央银行顺利地推出公开市场操作业务。回购协议还能够降低银行等金融机构的经营成本,拓展经营范围,增强市场竞争能力和经营稳定性。

五、其他货币市场

(一) 大额可转让定期存单市场(简称 CDs)

大额可转让定期存单亦称大额可转让存款证,是银行印发的一种定期存款凭证,凭证上印有一定的票面金额、存入和到期日以及利率,到期后可按票面金额和规定利率提取全部本利,逾期存款不计息。大额可转让定期存单可流通转让,自由买卖。大额可转让存单的产生是为规避利率管制,首创于美国,使美国银行业的资金配置策略重心转向"负债管理"的一项金融创新。此存单的发行人通常是资力雄厚、信用较高的大银行。

在我国,根据《中国人民银行关于大额可转让定期存单管理办法》的规定,大额可转让定期存单的发行单位限于各类银行。非银行金融机构不得发行大额可转让定期存单。大额可转让定期存单的发行对象为城乡个人和企业、事业单位。购买大额可转让定期存单的资金应为个人资金和企业、事业单位的自有资金。

大额可转让定期存单虽然也是一种定期存款,但是具有以下特点:①通常不记名,不能提前支取,可以在二级市场上流通转让;②大额存单按标准单位发行,面额较大,起点高;③发行者多是大银行;④期限多在 1 年以内。大额存单是银行存款的证券化。

二战后,尤其是七十年代,美国、日本等国发行量大幅度上升,使 CDs 单业务得到迅速发展。目前,大额可转让存单已经是商业银行的主要资金来源之一。目前,在美国、日本等国,CDs 单的利率已经是对短期资金市场影响较大的利率,发挥着越来越大的作用。

(二) 短期政府债券市场

短期政府债券是指政府部门以债务人身份承担到期偿付本息责任的期限在一年以内的短期信用凭证,期限为 3、6、9、12 个月。

广义上看,政府债券不仅包括国家财政部门发行的债券,还包括地方政府及政府代理机构发行的债券。但从狭义上说,政府债券仅指国家财政部所发行的债券。在西方国家一般将财政部发行的期限在 1 年以内的短期债券称为国库券。所以狭义地说,短期政府债券市场就是指国库券市场。

与其他货币市场工具比较,短期政府债券有一些特征:①贴现发行。国库券的发行一般都采用贴现发行,即以低于国库券面额的价格向社会发行;②违约风险低。国库券是由一国政府发行的债券,它由国家信用作担保,故其信用风险很低,通常被誉为"金边债券";③流动性强。由于国库券的期限短、风险低、易于变现,故其流动性很强;④面额较小。相对于其他的货币市场工具,国库券的面额比较小;⑤收入免税。政府为增强国库券的吸引力,通常会给予税收上的优惠。

短期政府债券凭借以上优点,发展速度迅速,成为货币市场上交易量较大的金融工具之一。

(三) 商业票据市场

商业票据又称商业证券,其内涵不同于以商品信用交易为基础的商业汇票、本票等广义上的商业票据,而是一种没有抵押和担保,出票人凭自身的信用发行并允诺到期付款的短期流动票据。商业票据市场即商业票据发行和交易的市场。

商业票据是从商业信用工具逐渐演化而来的,最初因商品交易的需要而产生。在商品交易的过程中,每笔交易的成交,通常在货物运出或劳务提供以后,卖方向买方取款,买方则可按合约规定,开出一张远期付款的票据给卖方。卖方可以持有票据,也可以拿到金融市场上去贴现。由此可见,商业票据不限于在商业信用中使用,逐渐演变成为货币市场上筹措资金的一种信用工具。随着金融市场的发展,这种工具的融资职能与商品交易相分离,变成了单纯债权债务关系的融资工具。由于商业票据没有担保,仅以企业的信用为保证,因而能发行商业票据的公司都是资信等级较高、运作良好和资金实力雄厚的大工商企业。

商业票据发行市场由发行人、包销商和投资人三方面参加。各国对商业票据发行企业的评级标准基本是根据资产负债和业务状况,由高到低把企业划分成若干个等级,信誉等级高的企业发行的商业票据易于销售,信誉等级相对较低的企业发行的商业票据易遭违约风险。大部分商业票据是通过包销商发行,由包销商再转售给投资人,发行公司按包销金额支付给包销商一定的手续费。也有一部分商业票据由发行公司直接销售给投资人。商业票据的投资人主要是金融机构和个人,如商业银行、保险公司、年金组织、投资公司等。

第三节 资本市场

资本市场是金融市场的重要组成部分,在某种程度上甚至可以说是金融市场的核心部分,它包括所有关系到提供和需求长期资本的机构和交易,主要目的在于满足工商企业的中长期投融资需求和政府弥补财政赤字的需要。资本市场包括股票市场、中长期债券市场、一年以上的大额可转让存单和不动产抵押贷款等市场。这些年随着股票市场、债券市场等直接融资市场的火热,股票市场、债券市场等证券市场在资本市场的地位越来越重要,正逐渐成为资本市场的代名词。

一、资本市场概述

(一) 资本市场的定义

资本市场是指期限在一年以上各种资金借贷和证券交易的场所。主要包括股票市场、债券市场、基金交易市场等。资本市场上的交易对象是一年以上的长期证券,因为在长期金融活动中,涉及资金期限长、风险大,具有长期较稳定收入,类似于资本投入,故称之为资本市场。

(二) 资本市场的功能

1. 筹资和投资功能

这是其基本功能。资本市场一方面为资金需求者提供了通过发行证券筹集资金;另一方面为资金供给者提供投资对象。筹资功能和投资功能相对应,是资本市场基本功能不可分割的两个方面,忽视其中任何一个方面都会导致市场的严重缺陷。

2. 定价功能

证券是资本的表现形式,所以证券的价格实际上是证券所代表的资本的价格,证券的价格是证券市场上证券供求双方共同作用的结果。因此,资本市场激励和促进资本的积累和交易,证券市场为资本提供了合理定价机制。

3. 资本配置功能

资本市场由于存在强大的评价、选择和监督机制,而投资主体作为理性经济人,始终具有明确的逐利动机,从而促使资金流向高效益部门,发挥规模经济优势,实现资本高效配置,避免社会资源的浪费。

4. 产权功能

资本市场的产权功能是指其对市场主体的产权约束和充当产权交易中介方面所发挥的功能。产权功能是资本市场的派生功能,它通过对企业经营机制的改造,为企业提供资金融通,传递产权交易信息和提供产权中介服务而在企业产权重组的过程中发挥着重要的作用。资本市场大大推动企业的规模扩张和资产重组,促进经济结构改善和国民经济发展。

(三) 资本市场的特点

与货币市场相比,资本市场特点主要有:

1. 融资期限长

至少在1年以上,也可以长达几十年,甚至无到期日。例如:中长期债券的期限都在1年以上;股票没有到期日,属于永久性证券;封闭式基金存续期限一般都在15~30年。

2. 流动性相对较差

在资本市场上筹集到的资金多用于解决中长期融资需求,故流动性和变现性相对较弱。

3. 风险大而收益较高

由于融资期限较长,发生重大变故的可能性也大,市场价格容易波动,投资者需承受较大风险。同时,作为对风险的报酬,其收益也较高。

4. 资金借贷量大

对于资本市场的筹资者来说,他们往往需要长期的、大量的资金,而且一般投资的回收期较长。这种情况在我们生活中十分常见,也很容易理解。例如,我们现在很多城市建设的地铁。

5. 价格变动幅度大

由于资金投入额期限长,因而未来不确定的影响因素相对较多,就像天气预报一样,未来期限越长,预报的越不准确,因而价格相对于短期而言价格波动幅度较大。

(四) 资本市场的参与者

资本市场的参与者主要包括发行人、投资者、中介机构、组织管理机构及监管机构等。其中,发行人包括工商企业、金融机构、政府机构及投资基金管理公司等;投资者主要以各种方式投资购买证券的机构和个人;中介机构主要为证券代理机构和证券服务机构;组织管理机构主要是管理资本运作的机构,如证券交易所;监管机构一般是一国对资本市场进行监管的最高金融当局,也可以是自律组织。

二、股票市场

股票市场在我国早已被大众熟悉。当前,大多数经济较为发达的国家都有股票市场。那么,为什么要建立股票市场呢?前面我们学过股票,知道股票是融资与投资的工具,募集者需要的资金量大且时间长,因此一经认购,投资者是不能要求股票发行者退股的。而发行股票的公司往往希望发行成功,任何一个投资者都不敢说自己可以一直不使用买股票的这笔钱,怎么解决这个问题呢?就是建立股票发行和流通市场,方便投融资进行和不同投资者之间进行转让,从而保证筹资者能够长期使用募集资金。因此,只要使用股票募集资金,股票市场就会建立起来。任何一个国家都是这样,我国也不例外。

知识链接:世界上第一家股票交易所和我国第一家股票交易所

1597年8月,荷兰人第一次远航亚洲的船队抵达泽兰省港口,这次远航打通了荷兰与亚洲的贸易之路。此后,荷兰各大城市纷纷组建远洋航运公司,到1602年已有15家航运公司往来于荷兰与亚洲的海面上。为了与英国、西班牙、葡萄牙等争夺海上贸易霸权,同时避免国内航运公司的恶性竞争,降低远洋贸易的风险,14家航运公司联合成立荷兰东印度股份公司。公司成立之初,公开发行股票,募集了650多万荷兰盾,但是前十年不给投资者派发红利,为了方便股东交易股票获得现金,最终在1609年成立了世界上第一个股票交易所。

我国最早的股票交易所是1891年由洋商股票掮客公司成立的上海股份公所。1905年上海股份公所按照英国1865年公司法,在香港正式申请以有限责任公司形式注册,同时更名为上海众业公所,它是外国人在中国开办的第一家证券交易所,主要交易远东各地洋商公司及外国在华所设公司发行的股票和债券,初期数量达50余种,交易十分活跃。

现实中我们说的股票市场一般主要指的是股票交易所这种流通市场。其实股票市场一般包括发行市场(也称为一级市场)和流通市场(也称为二级市场)两部分(当然股票市场的分类还有其他标准分法),两个市场既有区别又有联系。区别主要在于:发行市场是投资者的资金通过购买股票的方式让渡给筹资者使用,这些资金一般会离开股票市场,因此,我国把上市公司发行股票筹资称为抽水机。而流通市场是不同投资者之间对已发行过的股票进行买卖,资金在不同的投资者之间流动,一般不离开股票市场。其他的区别还有比如发行市场一般是无形市场,流通市场就可以有形,也可以无形,这些随着互联网技术的发展区别已经不明显。二者的联系在于发行市场是流通市场的基础和前提,流通市场是发行市场的保证,因为流通市场交易的股票是发行市场发行的,由于股票的永久性,没有流通市场发行上市,投资者很难愿意让渡资金的使用权。但是,这种关系也不是必然,现实中也有一些公司发行股票但是并不上市,例如现在的华为。这种发行市场和流通市场的关系也适合其他证券市场二者的关系。

(一)发行市场

又称一级市场或初级市场,是指发行人直接或通过中介机构向投资者发行股票的市场。股票发行大多无固定的场所,而在证券商品柜台上或通过交易网络进行。股份有限公司通过发行股票,迅速集中大量资金,实现生产的规模经营,同时分散一部分风险给投资者。而投资者本着"利益共享、风险共担"的原则承担一定的风险并谋求财富的增值。早期发行的股票都是纸质凭证,当前的股票发行都已成为电子凭证了。

知识链接:公牛集团新股发行情况

公牛集团股份有限公司(以下简称"公牛集团""发行人")首次公开发行新股不超过6000万股人民币普通股(A股)的申请已获中国证券监督管理委员会证监许可【2019】3001号文核准,本次发行采用网下向符合条件的投资者询价配售和网上向持有上海市场非限售A股股份和非限售存托凭证市值的社会公众投资者定价发行相结合的方式进行。

发行人与保荐人(主承销商)国金证券股份有限公司协商确定本次发行股份数量为6000万股。回拨机制启动前,本次发行网下初始发行量为4200万股,占本次发行总量的70%,网上初始发行量为1800万股,占本次发行总量的30%。回拨后,网下最终发行数量为600万股,占本次发行总量的10%;网上最终发行数量为5400万股,占本次发行总量的90%。回拨后本次网上定价发行的中签率为0.04857679%,申购倍数为2058.60倍。本次发行价格为人民币59.45元/股。

公牛集团于2020年1月16日通过上海证券交易所系统网上定价初始发行"公牛集团"股票1800万股。主承销商国金证券与发行人定于2020年1月17日(T+1日)上午在上海市浦东新区东方路778号紫金山大酒店四楼会议室海棠厅进行本次发行网上申购的摇号抽签,并将于2020年1月20日(T+2日)在《中国证券报》《上海证券报》《证券日报》和《证券时报》上公布摇号中签结果。此外,敬请投资者重点关注本次发行流程、网上网下申购及缴款、弃购股份处理等方面,并于2020年1月20日(T+2日)及时履行缴款义务。

公司发行股票,从发行次数来看,可以只发行一次,也可以发行多次。第一次发行我们称为首次发行,以后再发行就成为增资发行。从发行方式来看,可以自己发行(也称作直接发行),也可以委托承销商发行(也称作间接发行)。两种方式各有利弊,前者发行费用较低,但筹资时间较长;后者筹资时间较短,但费用较高,需要付给承销商一定的手续费。一般情况下,间接发行是基本的、常见的方式,特别是公募发行,大多采用间接发行,而私募发行则以直接发行为主。从发行对象来看,可以公开发行,也可以不公开发行。公开发行,又称公募发行,是发行人向不特定的社会公众投资,公募发行是证券发行中最常见、最基本的发行方式。例如案例中的公牛公司就是"首次公开发行"(简称IPO)。采用公募发行优点是发行对象众多、流动性高、筹集资金的潜力大,另外可避免发行的股票过于集中以影响控股权,但公募发行的发行条件比较严格,发行程序比较复杂,发行费用较高。不公开发行,又称私募发行,是指以特定少数投资者为对象的发行。私募发行的优点是发行手续简单,节省发行时间和发行费用,但投资者数量有限,证券流通性较差,不利于提高发行人的社会信誉。根据我国《证券法》有关规定,公开发行是指向不特定对象发行证券,向特定对象发行证券累计超过200人的以及法律、行政法规规定的其他发行行为。

股票发行必须满足国家《证券法》等法律法规规定的条件,不同的公司进行不同种类的股票发行有着不同的条件。比如私募发行和公开发行条件不同,首次公开发行和再次公开发行条件不同,首次公开发行并在主板上市和首次公开发行并在创业板上市条件也不同。除此之外,股票发行还必须经过证券监督管理部门审核批准,目前世界上一般存在两种发行审核制度:注册制与核准制(我国2001年之前实行的审批制可以视为更为严格的核准制)。注册制即实行公开管理原则,实质上是一种发行公司的财务公开制度。它要求发行人提供关于证券发行本身以及和证券发行有关的一切信息。发行人不仅要完全公开有关信息,不得有重大遗漏,并且要对所提供信息的真实性、完整性和可靠性承担法律责任。发行人只要充分披露了有关信息,在注册申报后的规定时间内未被证券监管机构拒绝注册,就可以进行证券发行,无须再经过批准。美国、英国等金融市场发达国家均采取注册制。核准制要求发行人将发行申请报请证券监管部门决定的审核制度。实行核准制的目的在于证券监管部门能尽法律赋予的职能,保证发行的证券符合公众利益和证券市场稳定发展的需要。一般适用于金融市场不太发达国家。目前我国科创板、创业板、主板等都已逐步实行注册制,不在实行之前的核准制。

知识链接:主板和创业板发行条件

主板:

首次公开发行的发行人应当是依法设立并合法存续的股份有限公司;持续经营时间应当在3年以上;注册资本已足额缴纳;生产经营合法;最近3年内主营业务、高级管理人员、实际控制人没有重大变化;股权清晰。发行人应具备资产完整、人员独立、财务独立、机构独立、业务独立的独立性。发行人应规范运行。

发行人的财务指标应满足以下要求:(1)最近3个会计年度净利润均为正数且累计超过人民币3000万元,净利润以扣除非经常性损益后较低者为计算依据;(2)最近3个会计年度经营活动产生的现金流量净额累计超过人民币5000万元,或者最近3个会计年度营业收入累计超过人民币3亿元;(3)发行前股本总额不少于人民币3000万元;(4)最近1期末无形资产(扣除土地使用权、水面养殖权和采矿权等后)占净资产的比例不高于20%;(5)最近1期末不存在未弥补亏损。

创业板:

(1)发行人应当具备一定的盈利能力。为适应不同类型企业的融资需要,创业板对发行人设置了两项定量业绩指标,以便发行申请人选择:第一项指标要求发行人最近两年连续盈利,最近两年净利润累计不少于1000万元,且持续增长;第二项指标要求发行人最近1年盈利,且净利润不少于500万元,最近1年营业收入不少于5000万元,最近两年营业收入增长率均不低于30%。

（2）发行人应当具有一定的规模和存续时间。根据《证券法》第五十条关于申请股票上市的公司股本总额应不少于3000万元的规定，《管理办法》要求发行人具备一定的资产规模，具体规定最近1期末净资产不少于2000万元，发行后股本不少于3000万元。规定发行人具备一定的净资产和股本规模，有利于控制市场风险。

（3）发行人应当主营业务突出。

（4）对发行人公司治理提出从严要求。

根据创业板公司特点，在公司治理方面参照主板上市公司从严要求，要求董事会下设审计委员会，强化独立董事职责，并明确控股股东责任。

长时间以来，由于我国股票发行制度等方面的原因，发行市场的投资回报较高，导致我国投资者对发行市场的热情参与，被称为"打新族"。例如，2018年新股发行上市102只，平均连续涨停为7个板，连续涨停10个板的29家。最赚钱的是"药明康德"，上市后连拉16个涨停，中1签盈利约10.65万。最少的是郑州银行，只有3个涨停板，1签盈利约1495元。随着我国股票发行制度的改革，这种状况必会改变，打新股的稳定高收益也会一去不复返。

（二）交易市场

交易市场又称二级市场或流通市场，是为已经公开发行的股票提供流通转让机会的市场。当前我国投资者讨论和参与买卖股票的市场主要就是交易市场。交易市场按照不同的标准也有很多分类。例如按照范围分为全球交易市场、全国交易市场和区域交易市场，从交易的组织形式看，交易市场可以分为场内市场和场外市场等。下面我们以常见的分类标准进行阐述。

场内市场，是专门经营股票交易的有组织的市场，根据规定只有交易所的会员、经纪人、证券商才有资格进入交易大厅从事交易，进入交易的股票必须是在证券交易所登记并获准上市的股票。场外交易市场是相对于交易所市场而言的，是在证券交易所之外进行股票等证券买卖的市场。传统的场内市场和场外市场在物理概念上的区分为：交易所市场的交易是集中在交易大厅内进行的称为场内市场；场外市场，又被称为"柜台市场"或"店头市场"，是分散在各个证券商柜台的市场，无集中交易场所和统一交易制度。但是，随着信息技术的发展，证券交易的方式逐渐演变为通过网络系统将订单汇集起来，再由电子交易系统处理，场内市场和场外市场的物理界限逐渐模糊。目前，场内市场和场外市场的概念演变为风险分层管理的概念，即不同层次市场按照上市品种的风险大小，通过对上市或挂牌条件、信息披露制度、交易结算制度、证券产品设计以及投资者约束条件等做出差异化安排，实现了资本市场交易产品的风险纵向分层。一般我们将其分为主板市场、创业板市场、三板市场、四板市场等。我国的股票交易市场经过三十多年的发展，目前基本形成了种类比较齐全的股票交易市场体系。

1. 主板市场

一般而言，各国主要的证券交易所代表着国内主板主场。主板市场对发行人的营业期限、股本大小、盈利水平、最低市值等方面的要求标准较高，上市企业多为大型成熟企业,具有较大的资本规模以及稳定的盈利能力。主板市场是资本市场中最重要的组成部分,我们常说的股票市场具有"宏观经济晴雨表"之称指的就是主板市场。目前,上海、深圳证券交易所里面以 60 或 00 开头的股票代码(包括中小板)就是主板市场,这也是我国大多数投资者参与的市场,交易一般采取竞价方式,例如我国采取的集中竞价和连续竞价。

2. 创业板市场

创业板市场又被称为"二板市场",是为具有高成长性的中小企业和高科技企业融资服务的资本市场。创业板市场的功能主要表现在两个方面:一是承担风险资本的退出窗口作用;二是作为资本市场所固有的功能,包括优化资源配置、促进产业升级等作用。2009 年 10 月 23 日在深圳证券交易所正式启动(证券代码 30 开头)创业板,2019 年 7 月 22 日在上海证券交易所启动的肩负多项发行、交易制度改革的科创板都属于创业板。我国创业板市场重点支持自主创新企业,支持市场前景好、带动能力强、就业机会多的成长型创业企业,特别是支持新能源、新材料、电子信息、生物医药、环保节能、现代服务等新兴产业的发展。

3. 三板市场

我国三板市场官方的名称是"代办股份转让系统",2001 年 7 月 16 日创办,主要为非上市公司提供股份转让服务。其交易对象主要分为两类,一类是为原 STAQ 系统、NET 系统挂牌公司和沪深两市退市股票提供交易服务,称之为"老三板",另一类是主要为创新型、创业型、成长型中小微企业提供公司挂牌、公开转让股份、股权融资、资产重组等服务,即"全国中小企业股份转让系统",俗称为"新三板"。

4. 四板市场

四板市场即区域性股权交易市场(也称"区域股权市场"),是为特定区域内的企业提供股权、债券的转让和融资服务的私募市场,一般以省级为单位,由省级人民政府监管并批准设立的非公开市场。原则上不允许跨区经营,不得接受跨地区公司挂牌。目前基本是一省一个。四板市场对于促进企业特别是中小微企业股权交易和融资、鼓励科技创新和激活民间资本、加强对实体经济薄弱环节的支持等方面具有积极作用。

截至 2019 年底,全国共有 34 家区域性股权市场,全国四板市场挂牌、展示企业数量突破 10 万家,其中挂牌企业 2 万家,展示企业 8 万家,累计为超过 6000 家企业完成股份制改造,设立科技创新等专板块服务国家战略,孵化培育企业 8000 多家,助推 800 多家企业成功转入新三板、沪深交易所等更高层次资本市场。

值得注意的是,企业在三板、四板不属于真正意义上的上市,只是个挂牌行为。以四板(即区域股权交易市场)为例,企业挂牌门槛极低,不需要股改和报表审计、信息披露等,挂牌费用仅需几万元,也不设财务指标限制。

另外,我国还有券商柜台市场,主要是试点证券公司为交易私募产品自主建立的场外交易市场,一般没有固定场所,通过电话等方式进行。

因而,公司可以根据自己的实际情况来选择不同的交易市场进行挂牌或者上市,当然,也不是所有的公司发行股票都要进行上市,也就是说发行股票和上市是两个问题。投资者也可以根据自己的偏好来选择参与哪种交易市场交易,同时,我们国家证监会也对不同市场投资者的参与资格进行了限制。例如,目前参与创业板投资的投资者须满足下面两个条件:一是申请权限开通前20个交易日证券账户及资金账户内的资产日均不低于人民币10万元(不包括该投资者通过融资融券融入的资金和证券);二是参与证券交易24个月以上。

三、中长期债券市场

长时间以来,我国资本市场中无论是筹资者,还是投资者,最为青睐的是股票市场。实际上在发达国家债券市场的规模和地位一般高于股票市场,筹资者和投资者关注较多的也是债券市场。

债券市场在我国的存续时间也比较长,最早是1894年清政府为筹措赔款发行债券。之后历届政府(包括新中国)基本都有债券的发行,只是中间从1968年到1981年中断了一段时间,1981年重新恢复债券发行后,很长一段时间没有二级市场。直到1988年以柜台交易为主的债券交易市场才开始运行,随着1990年上海证券交易所成立债券市场也开始有了场内交易,尤其到了1997年以后,以银行间债券交易市场设立作为一个标志,中国的债券市场进入了一个高速发展的时期。2011年,我国债券市场的规模首次超过了股票市场。截至2019年底,我国债券市场规模已经达到99万亿元,超过了日本成为仅次于美国的全球第二大债券市场。我国的债券市场,已经成为一个在世界范围内非常有影响力的债券市场。

(一) 发行市场

在我国债券市场发行的债券品种中,与多数发达国家一样,政府债券占据着最大的比重。2019年我国政府债券比重达40%以上。政府债券的发行不仅承担着为政府融资,还起着宏观调控的作用。政府债券的发行方式、发行程序等方面与公司债券等信用债券有着较大的不同。目前,储蓄国债(凭证式)发行完全采用承销包销方式,储蓄国债(电子式)发行可以采用包销或者代销方式,记账式国债发行采用公开招标方式。地方政府债券目前主要有财政部代理发行和试点省市自主发行两种,一般以记账式债券为主,发行方式分别采用招标发行和承销团承销。

相关知识:我国《2020年记账式国债招标发行规则》(部分)

(一) 竞争性招标确定的票面利率保留2位小数,一年以下(含一年)期限国债发行价格保留3位小数,一年以上(不含一年)期限国债发行价格保留2位小数。

(二) 竞争性招标时间为招标日上午10:35至11:35。

(三) 竞争性招标方式包括单一价格、修正的多重价格(即混合式)招标方式,招标标的为利率或价格。

单一价格招标方式下,标的为利率时,全场最高中标利率为当期(次)国债票面利率,各中标国债承销团成员(以下简称中标机构)均按面值承销;标的为价格时,全场最低中标价格为当期(次)国债发行价格,各中标机构均按发行价格承销。

修正的多重价格招标方式下,标的为利率时,全场加权平均中标利率四舍五入后为当期(次)国债票面利率,低于或等于票面利率的中标标位,按面值承销;高于票面利率的中标标位,按各中标标位的利率与票面利率折算的价格承销。标的为价格时,全场加权平均中标价格四舍五入后为当期(次)国债发行价格,高于或等于发行价格的中标标位,按发行价格承销;低于发行价格的中标标位,按各中标标位的价格承销。

金融债券中政策性银行发行金融债券不须要满足什么条件,只须按年向中国人民银行报送发行申请经核准后即可发行。除了政策性银行外,其他如商业银行、财务公司、金融公司等金融机构发行一般金融债券及次级债券等其他债券则须要具备一定的条件,还需要专业评级机构的评级报告,并报经中国人民银行核准后才能发行。金融债券一般在全国银行间债券市场公开发行或者定向发行,有承销团组织承销,可以采取一次足额发行或者限额内分期发行的方式进行。

公司债券和企业债券的发行同大多数金融债券一样必须具备一定的条件,也必须经过专业评级机构的评级,根据新《证券法》(2020年3月1日)规定公司债券发行采用注册制(可转债除外),企业债券仍然须要经过发改委批准。公司债券和企业债券的发行都必须由承销商承销,不得自行发售。

相关知识:我国公司债券首次发行条件

(1) 股份有限公司的净资产额不低于人民币三千万元,有限责任公司的净资产额不低于人民币六千万元。

(2) 累计债券余额不超过公司净资产的百分之四十。

(3) 最近三年平均可分配利润足以支付公司债券一年的利息。

(4) 筹集的资金投向符合国家产业政策。

(5) 债券的利率不得超过国务院规定的利率水平。

(6) 国务院规定的其他条件。

此外,发行公司债券募集的资金,必须用于核准的用途,不得用于弥补亏损和非生产性支出。

(二) 交易市场

我国债券市场的交易市场包括柜台市场、银行间市场、交易所市场三大类以及区域股权交易中心、机构间产品报价系统等小众市场。其中,银行间市场的交易量占据着半数以上的交易量,居于明显的核心地位。其次,交易所市场交易数量也增加很快,交易量达到40%以上,柜台交易量占比极小。各个交易市场并不是完全隔绝,例如,一些债券既在银行间债券市场交易,也同时在交易所市场交易。但是,各个交易市场也存在一些区别。比如,个人投资者不能进入银行间市场,银行等金融机构不能进入交易所市场,银行间市场采取询价机制,交易所采取竞价机制。银行间市场采取现券、回购、远期利率协议、利率互换等方式,交易所主要有现券、回购、利率互换等方式。

目前我国债券市场的交易方式主要有以下两种:

1. 现券交易

现券交易就是现券的买卖,是指交易双方以约定的价格在当日或者次日转让债券所有权的交易行为。其买卖方式为净价交易(是指现券买卖以不含应计利息的价格报价并成交)、全价结算(结算时除支付成交价款外,还要向卖方支付应计利息)。

2. 回购交易

回购交易也称为正回购,是指债券经纪人向投资者临时出售一定的债券,同时约定在一定的时间内以稍高的价格买回来,债券经纪人获得资金用于投资,投资者赚取一定的差价。回购交易实际上是一种质押贷款的方式。在回购交易中投资者做的就称为逆回购,即投资者把闲置资金以一定的利率出让给需要资金的债券持有人在一定期限内使用,债券持有人以债券作为质押,在使用期结束后归还资金本金和相应利息。现在沪深交易所都可以做这种交易。

(三) 债券的信用评级

信用评级,又称资信评级,是一种社会中介服务为社会提供资信信息,或为单位自身提供决策参考。最初产生于 20 世纪初期的美国。1902 年,穆迪公司的创始人约翰·穆迪开始对当时发行的铁路债券进行评级,后来延伸到各种金融产品及各种评估对象。债券的信用等级对于发行公司和购买人都有重要影响。这是因为:

(1) 债券评级是度量违约风险的一个重要指标,债券的等级对于债务融资的利率以及公司债务成本有着直接的影响。一般说来,资信等级高的债券,能够以较低的利率发行;资信等级低的债券,风险较大,只能以较高的利率发行。另外,许多机构投资者将投资范围限制在特定等级的债券之内。

(2) 债券评级方便投资者进行债券投资决策。对广大投资者尤其是中小投资者来说,由于受时间、知识和信息的限制,无法对众多债券进行分析和选择,因此需要专业机构对债券还本付息的可靠程度进行客观、公正和权威的评定,为投资者决策提供参考。

决定信用等级的因素主要有发行人的偿债能力、发行人的资信状况和投资者承担风险的程度等。国际上流行的债券等级是 3 等 9 级。AAA 级为最高级、AA 级为高级、A 级为上中级、BBB 级为中级、BB 级为中下级、B 级为投机级、CCC 级为完全投机级、CC 级为最大投机级、C 级为最低级,等级越高,安全性越高。

四、投资基金市场

我们知道,相对于股票市场和中长期债券市场,证券投资基金市场是一个间接投资市场。通俗来讲,我们一般的个人投资者由于各种因素不能很好地投资股票市场和债券市场,就会通过参与基金市场来间接投资股票市场和债券市场。当前,在美国等西方发达国家的金融市场,个人投资者很少直接投资股票市场和债券市场,多数投资的是基金市场。我们国家虽然目前还有很多个人投资者直接投资股票市场和债券市场,但是从 1998 年建立基金市场后,个人投资者投资基金市场的热情逐渐高涨,基金市场很快地发展起来了。根据中国证券投资基金业协会(简称"协会")发布的数据,截至 2019 年 12 月末,我国公募基金管理规模达 147 672.51 亿元,公募基金产品数量达 6 544 只;存续备案私募基金 81 739 只,管理基金规模 13.74 万亿元;封闭式基金规模达 16 024.48 亿元,开放式基金中规模达 12 992.62 亿元,混合基金达 18 893.19 亿元,债券基金规模达 27 660.83 亿元。

（一）发行市场

基金的发行我们又习惯称之为基金的募集。基金的募集是指基金管理公司根据有关规定向中国证监会提交募集申请文件、发售基金份额、募集基金的行为。一个基金完整的募集一般要经过申请、注册、发售、基金合同生效四个步骤。

1. 基金募集申请

申请募集基金的时候，拟任基金管理人、基金托管人和拟募集的基金都需要按照《公开募集证券投资基金运作管理办法》的规定具备一定的条件。拟任基金管理人还必须依据《证券投资基金法》的有关规定，向中国证监会提交基金募集申请报告、基金合同草案等相关文件。申请材料受理后，相关内容不得随意更改。

相关知识：拟募集的基金应当具备的条件

申请募集基金，拟募集的基金也应当具备下列条件：第一，有明确、合法的投资方向。第二，有明确的基金运作方式。第三，符合中国证监会关于基金品种的规定。第四，基金合同、招募说明书等法律文件草案符合法律、行政法规和中国证监会的规定。第五，基金名称表明基金的类别和投资特征，不存在损害国家利益、社会公共利益，欺诈、误导投资者，或侵犯他人合法权益的内容。第六，招募说明书真实、准确、完整地披露了投资者做出投资决策所需的重要信息，不存在虚假记载、误导性陈述或重大遗漏，语言简明、易懂、实用，符合投资者的理解能力。第七，有符合基金特征的投资者适当性管理制度，有明确的投资者定位、识别和评估等落实投资者适当性安排的方法，有清晰的风险警示内容。第八，基金的投资管理、销售、登记和估值等业务环节制度健全、行为规范、技术系统准备充分，不存在影响基金正常运作、损害或可能损害基金份额持有人合法权益、可能引发系统性风险的情形。第九，中国证监会规定的其他条件。

2. 基金募集申请的注册

根据《证券投资基金法》的要求，中国证监会应当自受理基金募集申请之日起6个月内做出注册或不予注册的决定。基金募集申请经中国证监会注册后方可发售基金份额。

3. 基金份额的发售

基金管理人应当自收到核准文件之日起6个月内进行基金份额的发售。基金的募集期限自基金份额发售之日起计算，募集期限一般不得超过3个月。基金份额的发售，由基金管理人负责办理。基金管理人应当在基金发售的3日前公布招募说明书、基金合同及其他有关文件。

基金份额的发售是从基金公司的角度来说的，对于投资者，我们通常称为基金的认购。开放式基金的认购一般采取金额认购方式，基金注册登记机构在基金认购结束后，再按基金份额的认购价格，并考虑认购费用后将认购基金的金额换算为投资者应得的基金份额。封闭式主要有网上发售和网下发售两种方式。网上发售是指通过与证券交易所的交易系统联网的全国各地的证券营业部，向公众发售基金份额的发行方式。网下发售方式是指通过基金管理人指定的营业网点和承销商的指定账户，向机构或个人投资者发售基金份额的方式。

相关知识：开放式基金认购费用与认购份额的计算

根据规定，基金认购费用将统一按净认购金额为基础收取，相应的基金认购费用与认购份额的计算公式为：

$$净认购金额=认购金额/(1+认购费率)$$

$$认购费用=认购金额-净认购金额$$

（注：对于适用固定金额认购费的认购，认购费用=固定认购费用金额）

$$认购份额=(净认购金额+认购利息)/基金份额面值$$

4. 基金合同的生效

基金募集期限届满，封闭式基金须满足募集的基金份额总额达到核准的80%，并且基金份额持有人人数达到200人以上；开放式基金须满足募集基金份额总额不少于2亿份，基金募集金额不少于2亿元人民币，基金份额持有人人数不少于200人。基金管理人应当自基金募集期限届满之日起10日内聘请法定验资机构验资。自收到验资报告之日起10日内，向中国证监会提交备案申请和验资报告，办理基金备案手续。

中国证监会自收到基金管理人验资报告和基金备案材料之日起3个工作日内予以书面确认；自中国证监会书面确认之日起，基金备案手续办理完毕，基金合同生效。基金管理人应当在收到中国证监会确认文件之日的次日予以公告。

（二）交易市场

1. 开放式基金的申购和赎回

开放式基金的基金合同生效后，一般会有一段最长不超过3个月的封闭期，之后开放式基金就进入日常的申购、赎回期，也就是我们通常说的买卖交易基金了。

开放式基金的申购和赎回可以通过基金管理人的直销中心与基金代销网点进行。申购和赎回的工作日为证券交易所的交易日，遵循金额申购、份额赎回原则，一般还要缴纳一定的申购、赎回费用。另外，投资者在申购和赎回股票基金、债券基金时并不能即时获知买卖的成交价格。申购、赎回价格只能以申购、赎回日交易时间结束后基金管理人公布的基金份额净值为基准进行计算。

2. 封闭式基金的交易

封闭式基金募集成立后，就会安排在证券交易所上市，然后就可以按照交易所的交易规则像买卖股票、债券一样进行基金的交易了。因此，封闭式基金是场内交易，开放式基金大多是场外交易（上市型开放式基金除外），二者的交易存在许多不同。例如，封闭式基金是按照市场价格交易，且交易价格一般不等于基金净值，而开放式基金一定是按基金净值进行买卖。

第四节 其他金融市场

一、金融衍生品市场

金融衍生品市场产生于20世纪70年代的美国,之后发展迅速,品种和交易规模不断扩大,之后随着一些金融事件,尤其2007年次贷危机的爆发,许多国家开始审慎对待金融衍生品市场的发展。我国金融衍生品市场主要产生于20世纪90年代,在初期快速发展之后带来了比较大的问题,因此,我国终止了金融衍生品市场。直到2005年才开始缓慢恢复发展,虽然近两年发展较快,但是整体上看交易品种和规模都比较小。

目前我国金融衍生工具市场主要分为交易所市场和场外交易市场,其中场外交易市场包括银行间市场和银行柜台市场、证券公司机构间和证券公司柜台市场两部分。交易所市场包括上海、深圳证券交易所和中国金融期货交易所。目前,上海证券交易所交易的有上证50ETF期权合约、可转换公司债、可交换公司债、存托凭证、资产支持证券等,深圳证券交易所交易的有可转换债券、可交换公司债、资产支持证券等,中国金融期货交易所交易的有沪深300指数期货合约、中证500指数期货合约、上证50指数期货合约、沪深300期权合约,国债2年、5年、10年期货合约等品种。银行间衍生工具市场交易的主要有债券远期、外汇远期、人民币利率掉期、外汇掉期、利率互换、人民币对外汇期权交易、资产支持证券等。银行柜台衍生工具市场交易的品种主要包括:与机构投资者进行的远期结售汇、外汇远期与掉期、利率衍生品交易等;与个人投资者进行的涉及嵌入式金融衍生品交易的理财产品等。证券公司柜台衍生工具市场主要交易的品种包括场外期权、互换等。

由于金融衍生工具自身的一些特点,特别是风险较大,因此相关部门一般对参与金融衍生工具的投资者都会设定一定的门槛。例如对于参加期货交易的个人投资者来讲,开户时需要具备的条件如50万的资金,有商品期货账户并具有十笔以上商品期货交易记录或者模拟金融期货10个交易日以上的记录,现场考试80分以上等。当然,也有一些金融衍生工具的交易基本没有门槛,如可转债的交易,只要有证券账户即可参与。

二、外汇市场

(一) 我国外汇市场概述

外汇市场是指在国际从事外汇买卖,调剂外汇供求的交易场所,它的交易对象是不同国家的货币。国际上因贸易、投资、旅游等经济往来,总不免产生货币收支关系。另外,各国的中央银行为执行货币政策,影响外汇汇率,也要经常买卖外汇。所有买卖外汇的商业银行、专营外汇业务的银行、外汇经纪人、进出口商,以及其外汇市场供求者都经营各种现汇交易及期汇交易。这一切外汇业务就组成一国的外汇市场。

外汇市场作为各种外汇买卖的交易场所,是商品经济货币化并向世界范围扩展的产物。目前全球主要外汇市场大约有30多个,遍布于世界各大洲的不同国家和地区,可分为亚洲、欧洲、北美洲、澳洲等四大部分。其中,最重要的有亚洲的东京、新加坡和中国香港,欧洲的伦敦、法兰克福、苏黎世和巴黎,美洲的纽约和洛杉矶,澳洲的悉尼等。在这些市场上买卖的外汇货币主要有美元、欧元、日元、英镑、瑞士法郎、加元、澳元等十多种货币。其中,伦敦外汇交易市场一直是世界最大的外汇交易中心,其形成和发展也是世界最早的,对世界外汇市场走势有着重要的影响。纽约外汇市场的日交易量仅次于伦敦,是世界第二大外汇交易中心,也是全球美元交易的清算中心,对世界外汇走势有着重要的影响。东京外汇市场是亚洲最大的外汇交易中心。

我国外汇交易市场起步较晚,1994年随着外汇管理体制改革才初步建成,之后外汇交易市场逐渐发展。2005年7月人民币汇率制度改革后,企业和个人限制购买外汇的额度进一步被放宽,这也标志着我国外汇交易市场的正式形成。随着人民币正式成为了国际货币基金组织(IMF)特别提款权(SDR)货币篮子中的一员,中国外汇交易市场也进入到新的时代。目前中国外汇市场是中国金融市场的重要组成部分,在完善汇率形成机制、推动人民币可兑换、服务金融机构、促进宏观调控方式的改变以及促进金融市场体系的完善等各方面已经发挥不可替代的作用。

(二) 我国外汇市场的构成

我国的外汇市场主要由柜台市场和银行间同业市场构成。柜台市场,又称之为零售市场,是外汇指定银行与投资者之间的交易市场。这个市场中最基础的阶层就是个人交易者,特点是广泛且分散。银行间同业市场,又叫做批发市场,是外汇指定银行为了轧平其外汇头寸,互相进行交易而形成的外汇买卖市场。我国的外汇市场目前就是一个以银行间市场为中心的市场体系。据国家外汇管理局2020年1月17日公布的数据显示,2019年中国银行间外汇市场人民币外汇交易量是银行对客户市场交易量的6倍多。

银行在与客户的外汇交易中起着中介作用,一方面从客户手中买入外汇,一方面又将外汇卖给客户,从中赚取外汇买卖差价,也是银行对客户提供的外汇服务业务,是外汇市场存在的基础。交易客户主要是企业、进出口商、个人等,由于国际贸易、国际投资以及其他方面的需要与银行进行外汇买卖,构成了外汇市场的基本业务。零售外汇业务主要包括:银行与个人及公司客户之间进行的外汇交易,包括货币兑换、进出口结算和外汇买卖,个人、企业通常与银行直接进行交易。客户市场以零星交易为主,没有最小交易金额限制,每笔交易较为零散,交易量比较小,交易成本比较高,买卖差价大。

银行间外汇市场提供竞价和询价两种交易方式。竞价交易又称集中撮合交易机制,指会员各自通过电子交易系统提交自己的买入、卖出报价,交易系统按照"价格优先、时间优先"的原则进行逐笔撮合,自动配对成交。询价交易指交易双方协商议定交易的货币、金额、汇率、起息日等要素的交易方式。目前我国银行间外汇即期交易可采用竞价交易和询价交易方式,外汇衍生品交易均采用询价交易方式。

(三) 我国外汇市场业务的构成

我国外汇市场业务主要由人民币兑外币市场和外币兑外币市场构成。

1. 人民币兑外币市场

人民币兑外币市场是在外汇调剂市场基础上建立起来的银行间外汇市场，仅仅是人民币兑少数几种外币的交易市场。在这一市场内，目前只能从事人民币兑美元、日元、港币、欧元等几种货币的即期交易。

人民币兑外币市场由设在上海的中国外汇交易中心进行管理。交易中心实行会员制，凡经国家外汇管理局批准经营外汇业务的金融机构及其分支机构，在提出申请并经核准后，都可成为会员。会员入市可以通过两种方式进行：一种是现场交易，会员指派交易员进入交易市场中心固定的交易场所，通过交易中心为其设立的专用交易台进行交易；第二种是远程交易，即会员通过其与交易中心系统的计算机联网，在自己设置的交易台进行交易。

2. 外币兑外币市场

外币兑外币市场不涉及人民币业务，对国内经济的直接冲击较小，所以国家外汇管理部门对外币兑外币的交易限制较少。目前凡是持有国家外汇管理局颁发的外汇业务经营许可证的银行和非银行金融机构，几乎都可办理外币兑外币交易的代理业务。该市场的参与者不仅包括公司和企业，还包括持有外汇的居民个人，他们通过或委托银行（或有权经营外汇业务的金融机构）参与外汇市场的交易。

(四) 外汇市场的交易方式

各国的外汇市场，由于各自的金融传统和商业习惯，其外汇交易方式不尽相同。

1. 柜台市场的组织方式

这种组织方式没有固定的开盘收盘时间，也没有具体交易场所，交易双方不必面对面地交易，只靠电话、电报、电传等通信设备相互联系，并在联系中协商达成交易。英国、加拿大、美国、瑞士等国的外汇市场均采取柜台市场的组织方式。因此，这种方式又称为英美体制。

2. 交易所方式

交易所方式有固定的交易场所，如德国、法国、荷兰、意大利等国的外汇交易所，这些外汇交易所有固定的营业日和开盘收盘时间，外汇交易的参加者只能在营业日规定的营业时间内集中在交易所进行外汇交易。由于欧洲大陆各国多采用这种方式组织外汇市场，故又称这种方式为大陆体制。

外汇市场的主要组织形式是柜台交易方式。一方面是因为世界上两个最大的外汇市场（伦敦外汇市场和纽约外汇市场）采用这种方式组织运行的，另一方面，因为外汇交易本身具有国际性。由于广大外汇交易的参加者来自各个不同的国家和地区，交易范围广，交易方式复杂，到交易所交易的成本显然远高于通过现代化通信设施进行交易的成本。因此，即便是欧洲各国，大部分的外汇交易也都是用柜台方式进行的。交易所市场通常只办理一小部分当地的现货交易。

三、黄金市场

黄金市场,是集中进行黄金买卖的交易场所。黄金交易与证券交易一样,都有一个固定的交易场所,世界各地的黄金交易市场就是由存在于各地的黄金交易所构成。黄金交易所一般都是在各个国际金融中心,是国际金融市场的重要组成部分。

在黄金市场上买卖的黄金形式多种多样,主要有各种成色和重量的金条、金币、金丝和金叶等,其中最重要的是金条。大金条量重价高,是专业金商和中央银行买卖的对象,小金条量轻价低,是私人和企业买卖、收藏的对象。金价按纯金的重量计算,即以金条的重量乘以金条的成色。

(一) 我国的黄金市场构成

我国黄金市场经历了一个显著的发展时期。二十多年以前黄金市场规模相对较小,直接被国家管控。黄金行业的资源由国家分配,黄金矿商必须向中国人民银行出售黄金,而这也同时确定了国内的黄金价格。后来到2001年我国取消了中国人民银行对黄金的集中管控,并且黄金开始在上海黄金交易所出售。随后商业银行不断推出黄金投资产品,黄金市场快速发展。但是由于目前人民币还没有成为自由兑换的货币,黄金的进出口也受到严格管制,因此,我国黄金市场主要是满足本国黄金生产商、加工商、贸易商和投资者的交易需要。即便如此,我国的黄金市场已经发展成为全球最大的黄金市场。

如今,我国已经建立了较为完整的黄金市场体系,目前的黄金市场主要由现货市场和期货市场两个部分组成。黄金现货市场是上海黄金交易所,其重要功能是连接产金、用金企业,提供黄金实物交易及流通的渠道和平台;黄金期货市场是上海期货交易所,其主要功能是为现货市场提供对冲风险、套期保值的黄金衍生品交易场所。

(二) 我国黄金市场的品类

1. 交易品类

我国黄金市场的交易类产品按是否提取现货细分又可分为实物交易类和账户交易类。实物交易类是指交易标的为可提取现货的实物黄金产品,场内如上海黄金交易所黄金现货实盘交易、上海金集中定价、黄金ETF,场外如上海黄金交易所黄金即期询价、商业银行的黄金积存、黄金定投等产品。账户交易类,俗称"纸黄金"或"账户金"。这类产品一般不涉及实物黄金交割,投资者主要通过金价变动获益。

2. 衍生品类

黄金衍生品包括以黄金为基础资产延伸而来的黄金期货、延期、远期、掉期、期权等产品,目前我国已初步形成贯通场内外、横跨境内外的产品体系。其中,上海期货交易所的黄金期货和上海黄金交易所的黄金延期为主力品种。上海黄金交易所2004年推出的黄金延期交易以实物交割为基础,价格直接反映现货市场供求,现货特征明显。而上海期货交易所2008推出的黄金交易是标准期货合约,交割量极少。2012年以来,上海黄金交易所在银行间黄金市场陆续推出了黄金远期询价、黄金掉期询价和黄金期权询价等衍生产品。

另外,我国目前的场外黄金衍生品主要是指银行柜台提供的场外黄金远期、掉期和黄金期权等产品,交易币种有美元和人民币。

3. 融资类产品

融资类产品包括黄金租借和黄金质押,是商业银行通过黄金借贷和黄金质押方式,为机构和个人客户提供的融资服务。按借贷对象,黄金租借又可细分为商业银行之间的黄金拆借和商业银行对黄金企业的黄金租赁。黄金质押主要面向个人客户开展融资业务。

4. 理财类产品

黄金理财产品主要指商业银行出售的各类挂钩黄金的理财产品。黄金理财产品的大部分本金投资在债券和货币市场工具上,仅有少部分用于挂钩黄金,是结构性操作的理财产品。

本 章 小 结

金融市场又称为资金市场,是指实现货币借贷,办理各种票据和有价证券买卖的场所、领域和交换关系总和的统一体。和其他市场相比,金融市场具有自己的特征:第一,金融市场是以资金为交易对象的市场;第二,金融市场交易之间不是单纯的买卖关系,更主要的是借贷关系,体现了资金所有权和使用权相分离的原则;第三,金融市场可以是有形市场,也可以是无形市场。

货币市场是短期资金市场,是指融资期限在一年以下的金融市场,是金融市场的重要组成部分。由于该市场所容纳的金融工具,主要是政府、银行及工商企业发行的短期信用工具,具有期限短、流动性强和风险小的特点,在货币供应量层次划分上被置于现金货币和存款货币之后,称之为"准货币",所以将该市场称为"货币市场"。可根据交易对象的不同,分为同业拆借市场、票据贴现市场、回购协议市场、短期借贷市场、大额可转让定期存单市场、短期政府债券市场等。

资本市场是指期限在一年以上各种资金借贷和证券交易的场所。资本市场上的交易对象是一年以上的长期证券,因为在长期金融活动中,涉及资金期限长、风险大,具有长期较稳定收入,类似于资本投入,故称之为资本市场。资本市场主要包括股票市场、中长期债券市场和投资基金市场等。

金融衍生品市场、外汇市场和黄金市场近些年在我国逐渐发展起来了,其交易量已经位居世界前列。

复习思考题

一、名词解释

1. 金融市场
2. 同业拆借市场
3. 发行市场

4. 交易市场

二、单项选择题

1. 金融市场按( )可划分为直接融资市场和间接融资市场。
   A. 地理范围　　　B. 交割期限　　　C. 融资方式　　　D. 交易对象
2. 货币市场不包括( )。
   A. 同业拆借市场　B. 票据贴现市场　C. 回购协议市场　D. 股票市场
3. 资本市场的特点不包括( )。
   A. 融资期限长　　　　　　　　　B. 流动性强
   C. 资金借贷量大　　　　　　　　D. 风险相对较大

三、简答题

1. 金融市场的形成条件主要包括哪些方面？
2. 金融市场的发展趋势主要有哪些？
3. 大额可转让定期存单市场有哪些特点？
4. 简述我国债券市场的构成。
5. 我国外汇市场有哪些构成？

四、论述题

1. 简单论述金融市场的功能。
2. 论述我国股票市场繁荣组成的原因。
3. 谈谈你对目前我国发展衍生品市场的看法。

实 训 安 排

分组运用证券投资软件熟悉我国的金融市场。
任务一：运用证券投资软件熟悉我国的股票市场。
任务二：运用证券投资软件熟悉我国的债券市场。
任务三：运用证券投资软件熟悉我国的投资基金市场。
任务四：运用证券投资软件熟悉我国的金融衍生品市场。
任务五：运用证券投资软件熟悉我国的外汇市场。
任务六：运用证券投资软件熟悉我国的黄金市场。

参 考 文 献

[1] 黄达.金融学[M].北京:中国人民大学出版社,2017.
[2] 李小丽.金融理论与实务[M].北京:北京理工大学出版社,2010.
[3] 何海霞等.金融学理论与实训[M].北京:中国财经出版传媒集团,2016.
[4] 胡庆康.货币银行学[M].上海:复旦大学出版社,2017.

第Ⅲ部分

金融机构

第六章 商业银行

学习目标
1. 掌握商业银行资产业务、负债业务、中间业务的主要内容和特点。
2. 了解商业银行的产生、发展及其特征与经营原则。
3. 探讨商业银行的发展趋势与创新。

案例导入

1995年2月英国中央银行宣布了一条消息:"百年历史的英国巴林银行宣告破产,不得继续从事交易活动。"10天后,巴林银行以1英镑的象征性价格被荷兰国际集团收购。巴林银行总损失为13亿美元,资本损失100%,从违规到灾难发生的时间为三年。违规内容是未经授权及隐匿的期权和期货交易、隐匿亏损,违规者为新加坡附属机构交易员尼克·李森。巴林银行的倒闭暴露出商业银行经营中的诸多风险,而操作风险是发生的原因之一。

根据巴塞尔委员会的定义,操作风险是指由不完善或有问题的内部程序、人员、系统及外部事件所造成损失的风险。2004年巴塞尔委员会发布了《统一资本计量和资本标准的国际协议:修订框架》,将操作风险纳入风险监管范围,操作风险成为与信用风险、市场风险并列的银行业三大风险。

第一节 商业银行概述

商业银行是现代金融体系中的主体,对国民经济的发展起着重要的作用。商业银行经过几百年的发展演变,现在已经成为世界各国经济活动中最主要的资金集散机构。

一、商业银行的产生和发展

银行业萌芽于古代社会的货币经营业,货币经营业又是在货币兑换业的基础上逐渐形成的。早期资本主义时期,流通中的铸币,在币材、形状、重量和成色上很不一致,不适应各国和各地区之间商品交换的发展。于是产生了专门从事鉴别和兑换货币的铸币兑换业。后来,商人为避免交易中长途携带货币的风险和不便,便委托兑换商保管货币,办理货币的收付与汇兑、代理清偿债务,这样,铸币兑换业就转化为货币经营业了。这时的货币经营业并不从事放款业务,与银行的主要区别在于无信用活动,仅是近代商业银行的雏形。

银行业最早的发源地是意大利。在中世纪的欧洲,货币经营业得到了进一步的发展。在意大利的威尼斯、佛罗伦萨和其他几个城市出现了从事存款、放款和汇兑业务的机构。但主要业务已由以前单纯的服务职能逐渐转变为借贷相结合的职能,在借贷人之间起着中介作用,从而形成了银行。1171年成立的威尼斯银行是世界上最早出现的近代银行。

商业银行主要通过两种途径形成。商业银行形成的第一条途径是由旧式的高利贷银行转变而来,这是早期商业银行产生的主要途径。商业银行形成的第二条途径是根据资本主义经济发展的需求,从股份公司的形式组建而成,大多数的现代商业银行都是按这一方式建立起来的。最早的现代商业银行产生于英格兰,1694年股份制的英格兰银行是历史上第一家股份制银行,它的成立也是现代银行业产生的标志。

商业银行的名称源于它早期所开展的业务。短期自偿性贷款是早期的商业银行主要办理的业务,因而,人们便将这种以经营工商企业存贷款业务,并且把发放短期贷款作为主要业务的银行,称为商业银行。随着商品货币经济的发展,尽管这种银行的业务范围不断扩大,业务种类也日益丰富,但商业银行的称呼却一直被沿用到现在。

尽管世界各国经济发展水平不同,其商业银行产生与发展的条件不同,但商业银行的发展基本上是遵循两种传统。

一是英国式融通短期资金传统。英美等国商业银行的贷款业务至今仍以短期自偿性商业贷款为主。这种传统的优点是能够较好地保持银行的安全性和清偿力;缺点是银行业务的发展受到了一定的限制。

二是德国式综合银行传统。这一传统的主要特点是:商业银行不仅提供短期商业性贷款,而且提供长期贷款,甚至可以投资于企业股票与债券,参与企业的决策与发展,为企业的兼并与重组提供财务咨询、财务支持等投资银行服务。至今,不仅德国、瑞士、奥地利等少数欧洲国家坚持这一传统,而且美国、日本等国的商业银行也有向综合银行发展的趋势。这种传统的优点是利于银行开展全面的业务经营活动,为企业提供全方位的金融服务;缺点是会加大银行的经营风险,因而对银行的经营管理提出了更高的要求。

商业银行在各国有不同的称谓,在美国等多数国家称商业银行;在日本称城市银行或地方银行;在英国称为清算银行或存款银行;在意大利称普通信贷银行等。

二、商业银行的职能

商业银行是以追求最大利润为目标,以多种金融负债和金融资产为经营对象,能够利用负债进行信用创造,全方位经营各类金融业务的综合性、多功能的金融服务企业。

商业银行的性质决定了其具有以下特定的职能:

1. 信用中介

信用中介职能是指商业银行通过负债业务,将社会上的各种闲散资金集中起来,通过资产业务,将所集中的资金运用到国民经济各部门中去。商业银行充当资金供给者和资金需求者的中介,实现了资金的顺利融通。信用中介是商业银行最基本的职能。

商业银行的这种中介职能虽然没有改变资本的所有权,但改变了货币资本的使用权,使货币资本既处于流通过程,同时又处于一个分配过程。在不改变社会资本总量的条件下,改变资本的实际使用量,从而扩大生产规模,实现资本增值;通过执行信用中介职能,把短期货币资本转化为长期资本;还可以使资本从效益低的部门向效益高的部门转移,从而优化经济结构。

2. 支付中介

支付中介是指商业银行借助支票这种信用流通工具,通过客户活期存款账户的资金转移为客户办理货币结算、货币收付、货币兑换和存款转移等业务活动。

商业银行的支付中介职能也是商业银行最基本的职能之一。通过支付中介职能,可以大大减少流通中现金的使用,节约社会流通费用,降低银行的筹资成本,扩大银行的资金来源,从而大大地促进经济的发展。

3. 信用创造

信用创造是指商业银行通过吸收活期存款、发放贷款,从而增加银行的资金来源、扩大社会货币供应量。

商业银行发挥信用创造职能的作用主要在于通过创造存款货币等流通工具和支付手段,既可以节省现金使用,减少社会流通费用,又能够满足社会经济发展对流通手段和支付手段的需要。

当然,商业银行信用创造的能力不是无限的,它受到中央银行存款准备金率、银行超额储备、公众提现及贷款有效需求等因素的制约。

4. 金融服务

金融服务是指商业银行利用在国民经济中联系面广、信息灵通等的特殊地位和优势,利用其在发挥信用中介和支付中介功能的过程中所获得的大量信息借助电子计算机等先进手段和工具,为客户提供财务咨询、融资代理、信托租赁、代收代付等各种金融服务。

通过金融服务功能,商业银行既提高了信息与信息技术的利用价值,加强了银行与社会联系,扩大了银行的市场份额,同时也获得了不少费用收入,提高了银行的盈利水平。

第二节　商业银行业务

商业银行就其经营的主要业务来说,一般可以分为负债业务、资产业务和中间业务三大类。随着银行业的全球化趋势,这些国内的业务还可以延伸为国际业务。

一、商业银行的资产负债表

商业银行的资产负债表是综合反映其资金来源与运用状况的报表,对资产负债表内容和结构的了解,有助于我们理解商业银行的业务。

资产负债表是商业银行使用最多的财务报表,其结构和平衡原理与一般工商企业的资产负债表基本相同,只是在反映的内容上略有区别,商业银行资产负债表如表 6.1 所示。商业银行的负债部分,即为银行资金的来源。资产部分即为银行资金的运用情况。

表 6.1 商业银行资产负债表的项目结构表

资产	负债和资本账户
项目	项目
国外资产	对非金融部门负债
储备资产	活期存款
存款准备金	定期存款
库存现金	储蓄存款
中央银行债券	其他存款
对中央政府债权	对中央银行负债
对其他部门债权	对非货币金融机构负债
对非货币金融机构债权	债券
	负债总计
	所有者权益
	实收资本
	其他
资产合计	负债与所有者权益合计

二、商业银行的负债业务

商业银行的负债业务是指形成其资金来源的业务,商业银行的负债作为银行的债务,是银行在经营活动中尚未偿还的经济义务,银行必须用自己的资产或提供的劳务去偿付。

商业银行最基本的职能就是信用中介和支付中介作用,负债业务是商业银行资产业务与中间业务开展的基础与前提,对商业银行的经营具有重要意义。这种重要性主要从以下几方面表现出来。①负债业务是商业银行吸收资金的主要来源,是银行经营的先决条件。②银行负债是保持银行流动性的手段。③银行负债构成社会流通中的货币量。④负债业务是商业银行同社会各界建立广泛联系的主要渠道。⑤负债业务是银行业竞争的焦点。

商业银行的负债业务主要包括自有资本和吸收外来资金两大部分。

(一) 商业银行的自有资本

商业银行的自有资本是其开展各项业务活动的初始资金,包括银行成立时发行股票所筹集的股份资本、公积金以及未分配的利润。自有资本一般只占商业银行全部负债的很小一部分。银行自有资本的大小,体现出银行的实力和信誉,也是一个银行吸收外来资金的基础。

1. 股本

股本是银行资本中最基本、最稳定的,包括普通股和优先股,是银行股东持有的股权证书。

2. 银行盈余

资本盈余主要由投资者超缴资本和资本增值构成。留存盈余是银行尚未动用的税后利润部分,是银行所有者的权益之一。留存盈余的大小取决于银行的盈利情况,同时受到股息和税收政策的影响。

3. 债务资本

主要有资本债券和资本票据,可以作为补充资本。

4. 储备金

为了防止意外损失而从收益中提留的资金,包括资本准备金和放款与证券损失准备金。

商业银行的资金来源中,资本金所占比重很小,一般不超过10%。即使是巴塞尔协议所规定的资本充足标准,银行资本金也仅仅是不得少于风险资产的8%,而核心资本的比率则不得小于4%。

(二) 吸收外来资金

外来资金的形成渠道主要有吸收存款、向中央银行借款、向其他银行拆借以及从国际货币市场借款等,其中占较大比例的是吸收的各类存款。

1. 吸收存款业务

存款业务是银行接受客户存入的货币款项,存款人可随时或按约定时间支取款项的一种信用业务。存款是银行的负债,是银行吸收资金的一种形式。当存款人向银行存入一笔资金时,在银行与存款人之间就建立起一种债权债务关系,即存款人以信用方式向银行提供了一笔资金,成为债权人,银行则以信用方式获得了一笔资金,成为债务人。

存款业务种类的划分,各个国家有所不同。就一般来讲,可将存款分为活期存款、定期存款和储蓄存款三大类。

(1) 活期存款。又称支票存款,是指客户不须预先通知,可随时提取或支付的存款。开立这种存款账户的目的是为了通过银行进行各种支付结算。活期存款的存款人不需预先通知银行即可随时提取或支付活期存款,对存户在存款额内开出的支票,银行有见票即付的义务。同时,存户可以与银行订立透支契约,在约定的期限和额度内,存户可在存款余额外开出支票。由于活期存款存取频繁,手续复杂,流动性强,并需要提供相应的服务,如存取服务、转账服务、提现服务等,银行用于这一业务的人力、物力很大,成本较高,因此,当今世界绝大多数银行以活期存款不支付或仅支付少量的利息。

活期存款传统上只能由商业银行经营,是商业银行创造存款货币的基础,但是目前在西方国家,储蓄银行和其他金融机构也能经营。活期存款一直是商业银行的主要资金来源。

长期以来,活期存款一直是商业银行的主要经营对象和主要负债,这是因为活期存款具有以下作用:运用活期存款的稳定余额发放贷款,能有效提高银行的盈利水平;通过活期存款的货币支付手段和流通手段职能,提高银行的信用创造能力;活期存款还是商业银行扩大信用、联系客户的重要渠道。

(2) 定期存款。是一种由存户预先约定期限的存款。期限通常为 3 个月、6 个月、1

年、3年、5年甚至更长。这种存款开户手续简便,存款时使用存款单,取款时凭银行签发的存款单。定期存款一般到期才能提取存款,未到约定期限而要求提前提取时,银行一般不予支付。但各银行为了争取客户,吸引存款,并不严格执行这一规定。有的要求客户提前一定时间通知银行,即可提前提取;有的则要求按比例提前提取。提前提取,银行往往要在利息支付上给予一定的惩罚。定期存款的利率随期限的长短而高低不等,但一般高于活期存款的利率,这就使得定期存款成为货币所有者获取利息收入的重要金融资产。

定期存款对存户和商业银行都有好处:对存户而言,定期存款是存户到期提取存款的凭证,是存款所有权及获取利息的证明,虽然它不能像支票一样转让流通,但可以作为动产抵押品取得银行贷款。同时,存户可以获得稳定的利息收入而仅承担很小的风险。

对商业银行而言,定期存款存期固定,而且存期较长,从而为商业银行提供了稳定的资金来源,对商业银行长期放款和投资具有重要意义。而且,定期存款的营业成本低于活期存款,这也显然有利于提高银行的盈利水平。

(3)储蓄存款。主要是针对居民个人积蓄货币之须所开办的一种存款业务。储蓄存款通常由银行发给存户存折,以此作为存款和提现的凭证(一般不能签发支票)。储蓄存款按其支付方式可以分为活期储蓄和定期储蓄两种。关于储蓄存款的概念,国内外存在着明显的差异。在国外,储蓄存款的存户包括居民个人、政府和企业。我国的储蓄存款通常只限于居民个人和非营利组织,这些年来,逐渐放宽到允许某些企业公司开立储蓄账户。

2. 借入款业务

商业银行的负债除存款负债外,还通过各种其他负债方式借入资金。对银行来说,借入负债相对于存款负债,具有较大的流动性、灵活性和稳定性,因此自20世纪60年代以来,借入负债的比重不断上升,逐渐成为各国商业银行重要的资金来源。

(1)同业借款。商业银行借入资金的重要途径是向其他银行借款,即同业借款。同业拆借是银行及其他金融机构之间短期或临时性资金的融通。当商业银行在其经营过程中出现临时性资金不足,资金周转发生暂时性困难时,可向其他银行临时拆借一笔款项。这笔资金是其他银行营运过程中产生的临时性盈余,拆入行能利用的时间较短,但可以维持其资金的正常周转,避免或减少出售资产而发生的损失,实现其流动性的需要。当前,同业拆借市场已成为商业银行稳定的筹集资金的场所。

同业拆借的利率一般是由拆出行和拆入行共同协商确定的。它的利率一般是以高于存款利率、低于短期借款利率为限,否则拆借盈亏就不能保本。通常情况下,拆借利率应略低于中央银行的再贴现率。在同业拆借市场上,拆借方式主要有隔夜拆借和定期拆借两种。前者是指拆借资金必须在次日偿还,一般不需要抵押;后者指拆借时间较长,可以十几天、几星期,甚至几个月,一般有书面协议。商业银行要严格控制拆借额度,必须要依自身的承受能力来确定拆借额度。拆出资金应以不影响存款的正常提取和转账为限,拆入资金必须应以自身短期内的还债能力为度。

(2)向中央银行借款。中央银行是银行的银行,执行着最后贷款人的职能,当商业银行资金不足时,可以向中央银行借款,以维持资金周转。商业银行向中央银行借款的途径主要有两条:一是再贴现,二是再贷款。再贴现是商业银行把已对客户贴现但尚未到期的票据请示中央银行予以贴现、融入资金,也称间接贷款。再贷款是中央银行向商业银行的信用放款,也称直接贷款。在市场经济发达的国家中,由于商业票据和贴现业务广泛流行,再贴现就成为其商业银行向中央银行借款的主要渠道,而在商业信用不太发达,商业票据不太普及的国家,则主要采取再贷款的形式。

商业银行向中央银行借款并非随心所欲。中央银行通过调整再贴现的利率来调节商业银行准备金,以达到实施宏观货币政策的目的。如果中央银行调高再贴现率,则意味着中央银行将实施紧缩的货币政策;相反,贴现率的降低则意味着货币政策的放松。因此,通过调节中央银行的再贴现率,可以起到紧缩或放松银根的作用。在一般情况下,商业银行向中央银行的借款只能用于调节头寸,补充储备不足和资产的应急调整,而不能用于贷款和证券投资。

(3) 回购协议。是指资金需求者通过出售证券取得资金时,同时安排在将来某个约定的日期按事先确定的价格买回这些证券,往往用政府公债作为抵押品。

商业银行采用回购协议借入资金的好处主要在于:第一,回购协议可以充分利用金融市场,使银行调节准备金的手段更为灵活;第二,有些国家不要求对政府证券担保的回购协议资金缴纳准备金,从而可以大大降低融资成本;第三,期限很灵活,短则一天,长的不超过一年,可以灵活调节短期资金。

(4) 金融市场借款。商业银行可以通过在金融市场上发行金融债券来筹资,其中大面额定期存单是其主要形式。大面额存单兼有活期存款流动性和定期存款盈利性的优点,可以转让,具有较高的利率。

商业银行除了在国内金融市场上取得借款外,还经常从国际金融市场借款以弥补自己资金的不足。商业银行国际金融市场借款主要是通过固定利率的定期存单、欧洲美元存单和浮动利率的欧洲美元存单、本票等形式进行,有时也通过发行债券方式从国际金融市场筹措资金。

(三) 存款工具创新

为了适应激烈的金融竞争,近年来西方商业银行纷纷开发出一些新的账户存款形式。其特点是既能灵活方便的支取,又能给客户计付利息,这些新型的账户存款,为客户提供了更多的选择,充分满足了存款者对安全、流动和盈利的要求,从而吸引了更多的客户,为商业银行扩大了资金来源。

1. 可转让支付命令账户(NOWs)

可转让支付命令账户是一种对个人和非盈利机构开立的计算利息的支票账户,也称为付息的活期存款。它以支付命令书取代了支票,实际上是一种不使用支票的支票账户。开立这种账户的存户,可随时开出支付命令书,或直接提现,或直接向第三者支付,对其存款余额可取得利息收入。

2. 超级可转让支付命令账户(Super-NOWs)

该账户始办于1985年,它的条件比较苛刻,法定最低开户金额和平均余额为2500美元,但签发支票不受限制。对保持2500美元或更大余额的账户,利率不受管制。但是如果账户余额低于最低限额,则只支付与普通可转让支付命令账户同样的利息。由于该账户作为转账账户需要交纳存款保证金,银行为吸引客户还通常提供一定的补贴和奖励,因此该账户成本较高,利息要低于货币市场存款,而且客户还要按月支付服务费。

3. 可转让定期存单(CDs)

可转让定期存单是一种固定期限、固定利率的可在市场上转让的银行存单,它是西方国家商业银行执行负债管理政策的主要金融中介工具。可转让定期存单面额较大,10万至100万美元不等,利率一般高于同期储蓄存款,且可随时在二级市场出售转让,因此对客户颇具吸引力。

4. 货币市场存款账户(MMDA)

其性质介于储蓄存款和活期存款之间,主要特点是:要有2500美元的最低限额;没有利率上限,其存款利息是以公布的每日利率为基础随时计算的;10万美元的存款额可得到联邦存款保险公司的保险;存款者每月可办理6次自动转账或电话转账,其中3次以下可使用支票,但个人取款不受限制;对存款不规定最低期限,但银行有要求客户提款时应提前7天通知的权利。

5. 自动转账服务账户(ATS)

自动转账服务账户主要内容是,存户同时在银行开立两个账户:即储蓄账户和活期存款账户。活期存款账户的余额始终保持1美元,其余额转入储蓄账户可获得利息收入。当银行收到存户开出的支票付款时,可将支付款项从储蓄账户转到活期存款账户上进行自动转账,及时支付支票上的款项。开立自动转账服务要求缴纳存款准备金,而存户对于银行提供的转账服务需要支付一定的服务费。

6. 协定账户(NA)

协定账户是自动转账账户的进一步发展,该账户是银行与客户达成协议,客户授权银行将款项存在活期存款账户、货币市场互助基金账户或可转让支付命令账户中的任何一个账户。对于活期存款或可转让支付命令账户,一般都规定一个最低余额,超过最低余额的款项由银行自动转入同一存户的货币市场互助基金上,以便取得较高的利息收入。若低于最低限额,可由银行自动将同一存户在货币市场互助基金账户上的部分款项转入活期存款账户或可转让支付命令账户,以补足最低余额。

三、商业银行的资产业务

商业银行的资产业务是其资金运用业务,主要分为现金资产、贷款业务和投资业务三大类。资产业务是商业银行收入的主要来源。商业银行吸收的存款除了缴存部分准备金外,其余全部要运用出去,因为资产业务的开展好坏直接决定了商业银行的盈利目标。

(一)现金资产

现金资产是指银行随时可以用来应付现金需要的资产,是银行资产中最富有流动性的部分。现金资产一般包括库存现金、在中央银行存款、同业和其他零星开支。

1. 库存现金

库存现金是指银行金库中的现金。主要是为了保证银行应付客户的提现要求及银行本身的日常开支。对一家银行来说,要尽量压缩库存现金量,减少不必要的风险和费用。

2. 存款准备金

商业银行存于中央银行的存款准备金主要包括法定存款准备金和托收中的现金。法定存款准备金是各个银行按规定比率存于中央银行的准备金,超额存款准备金是银行的存款准备金总额减去法定的存款准备金后的余额。

3. 存放同业的存款

这是银行为了自身清算业务的便利,在其他银行经常保持的一部分存款余额,银行可以随时动用它们。

4. 托收未达款

这是银行应收的清算款项。这部分款项在收妥前虽不能抵用,但收到后,或者增加该银行在中央银行准备金账户上的存款余额,或者增加存放同业的存款余额,所以视同现金,也叫"浮存"。

(二) 贷款业务

贷款亦称放款,是指商业银行或其他金融机构通过以一定利率把货币资金需求者约期归还藉以获取利息而发生的一种信用活动。商业银行的资产业务有多种,但贷款在其资产业务中比重一般占首位。贷款在资产组合中对银行风险结构和收益结构的影响很大,贷款比重的提高会增加银行预期盈利,但同时也增加了银行的风险,所以盈利与风险是贷款业务考虑的核心。

商业银行贷款业务的种类很多,可以按不同的划分标准加以分类。

(1) 按贷款期限划分,商业银行的贷款可以分为活期贷款和定期贷款。

活期贷款指没有确立贷款期,银行可以随时收回或借款人可以随时偿还的贷款。定期贷款是指具有确定期限的贷款,银行在向客户提供资金时,事先确定一个期限,当贷款期满时,客户将贷款本息偿还给银行,而在到期之前,银行一般不得要求客户归还款项。定期贷款根据期限的长短,又可分为短期、中期和长期三种。短期贷款指期限在一年以下的贷款;中期贷款是指期限在一年以上五年以下的放款;长期贷款主要用于企业各种固定资产的购置,如新建厂房,购买新的机器设备等,也有一些提供给农业生产企业,用于土地开发等项目。

(2) 按贷款是否有担保划分,商业银行贷款可分为信用贷款、保证贷款和抵押贷款等。

信用贷款是指银行完全凭借客户的信誉而无须提供抵押物或第三者保证而发放的贷款。这类贷款从理论上讲风险较大,因此,银行要收取较高的利息,且一般只向银行熟悉的较大公司借款人提供,对借款人的条件要求较高。

担保贷款是指具有一定的财产或信用作还款保证的贷款。根据还款保证的不同,具体可分为抵押贷款、质押贷款和保证贷款。

抵押贷款是指按《担保法》规定的抵押方式以借款人或第三者的财产作为抵押发放的贷款,商业银行在发放这种贷款时要求借款人以其自有的一定财产作为抵押品,并同意在无力偿还贷款的情况下,银行有权处理这些财产。质押贷款是指按《担保法》规定的质押方式以借款人或第三者的动产或权利作为质物发放的贷款;保证贷款是指按《担保法》规定的保证方式以第三人承诺在借款人不能偿还贷款时,按约定承担一般保证责任或者连带责任而发放的贷款。

(3) 按贷款的偿还方式划分,商业银行贷款分为一次偿还性贷款和分期偿还性贷款。

一次偿还性贷款是贷款到期时一次偿还本金,利息可在中间分几次或在贷款到期时一次支付的贷款。这种贷款一般都是数额较小、期限较短的贷款。

分期偿还性贷款则是借款人按规定期限归还贷款的本金和利息的贷款。

(4) 按贷款的对象划分,商业银行贷款可分为工商贷款、农业贷款、消费者贷款、不动产贷款和同业拆放。

工商业贷款,主要用于工业企业固定资产投资和购入流动资产的资金需要,商业企业商品流转的资金需要。农业贷款中,长期性贷款主要用于购买土地、农业机械、土壤改良、保持水土等,短期性贷款则主要用于购买种子、肥料、农药等。消费者贷款多用于对个人购买耐用消费品,如汽车、住房时发放的采取分期付款偿还方式的贷款。消费贷款的清偿主要依靠借款人可靠的收入。同业拆放,是银行间因资金头寸不足而相互提供的一种短期贷款,其利率较银行贷款利率低。不动产贷款指用于对房地产商购买房屋、土地所发放的长期性抵押贷款,其期限最长的可达 30 年之久,其偿还均采用分期付款方式。

(5) 按贷款方式的不同,商业银行贷款可分为票据贴现和透支贷款。

透支贷款指商业银行允许其往来存款户超过其存款余额签发支票并予以兑付的一种放款。往来户应事先与银行约定一个最高透支限额与透支期限(一般不超过一年),在该限额与期限内客户可以随时支取。

票据贴现是贷款的一种特殊方式。它是指银行应客户的要求,以现款或活期存款买进客户持有的未到期的票据的方式发放的贷款。票据贴现实行预扣利息,票据到期后,银行可向票据载明的付款人收取票款。如果票据合格,且有信誉良好的承兑人承兑,这种贷款的安全性和流动性都比较好。

(6) 按贷款风险程度的不同,可分为五级贷款。

这五级贷款分别是正常贷款、关注贷款、次级贷款、可疑贷款和损失贷款。

正常贷款是指借款人能履行合同,有充分把握按时足额偿还本息。这类贷款的借款人财务状况无懈可击,没有任何理由怀疑贷款的本息偿还会发生任何问题。

关注贷款是指借款人尽管目前有能力偿还本息,但是存在一些可能对偿还产生不利影响的因素,如果这些因素继续下去,则有可能影响贷款的偿还。因此,需要对其进行关注,或对其进行监控。

次级贷款是指借款人的还款能力出现了明显的问题,依靠其正常经营收入已无法保证足额偿还本息而不得不通过重新融资或拆东墙补西墙的办法来归还贷款,表明借款人的还款能力出现了明显的问题。

可疑贷款是指借款人无法足额偿还本息,即使执行抵押或担保,也肯定要造成一部分损失,这类贷款具备了次级货款的所有特征,但是程度更加严重。

损失贷款是指在采取所有可能的措施和一切必要的法律程序之后,本息依然无法收回,或只能收回很少的一部分。这类贷款银行已没有意义将其继续保留在资产帐面上,应当在履行必要的内部程序之后,立即冲销。

(7) 按银行发放贷款的自主程度划分,可分为自营贷款、委托贷款和特定贷款。

自营贷款是指银行以合法方式筹集的资金自主发放的贷款。这是商业银行最主要的贷款。由于是自主发放,因此,贷款风险及贷款本金和利息的回收责任都由银行自己承担。

委托贷款是指由政府部门、企业单位及个人委托人提供资金,由银行(受托人)根据委托人确定的贷款对象、用途、金额、期限、利率等代为发放、监督使用并协助收回的贷款。这类贷款银行不承担风险,通常只收取委托人付给的手续费。

特定贷款是指经批准并对可能造成的损失采取相对应的补救措施后责成国有独资商业银行发放的贷款。这类贷款由于事先已经确定了风险损失的补偿,银行也不承担风险。

(三) 投资业务

商业银行的投资业务是指商业银行将资金用于购买有价证券的业务活动,主要是通过证券市场买卖债券、股票进行投资的一种方式。商业银行的证券投资业务有分散风险、保持流动性和合理避税、提高收益等作用。

目前各国商业银行的证券投资主要用于购买政府债券,对股票的购买一般有所限制或禁止。按照我国《商业银行法》的规定,我国商业银行不得向以下五个方面投资:①不得从事信托投资。②不得从事股票业务。③不得投资于非自用不动产。④不得向非银行机构投资。⑤不得向企业投资。

四、商业银行中间业务

中间业务的发展集中体现了商业银行服务功能的重要转变。中间业务作为一种人才、知识和资源密集的业务,它集中体现了信息、计算机和通信等新技术,体现了银行全方位、综合性的社会服务功能,并成为商业银行稳健经营、提高盈利水平的重要保证。

商业银行的中间业务是指商业银行在一般不需要动用自己或较少动用自己的资金的情况下,不以业务中的债权或债务人身份,而是以中间人的身份参与业务,替客户办理收付或其他委托事项,为客户提供各类金融服务并收取手续费的业务。在银行业竞争激烈、存贷利差不断缩小的今天,开展中间业务显得更为重要,成为银行利润的重要补充。

中间业务具有这样的特点:

第一,中间业务一般不需要动用自己的资金。商业银行经营中间业务只是代客户承办支付、结算及其他委托事项,商业银行原则上不垫付资金,这样就大大降低了商业银行的经营成本。

第二,特定的业务方式。以接受客户委托的方式开展业务。

第三,中间业务是特殊的金融商品。中间业务是凝结了商业银行信誉的金融商品。

商业银行开展中间业务可以增加银行的收入;分散银行的经营风险、提供风险抵御能力;扩大信贷规模支持传统信贷业务;提高银行的综合竞争能力。中间业务具有风险小且收入稳定的特点,近年来在我国呈稳步上升的趋势。

商业银行的传统中间业务主要有：结算业务、代理业务、咨询业务、保管业务等。

（一）结算业务

结算是指商业银行通过提供结算工具，如本票、汇票、支票等，为购销双方或收付双方完成货币收付、转账划拨行为的业务。结算业务是指在商业银行的存款负债业务基础上产生的一种业务。客户到银行存款（尤其是存入活期存款）除了安全保值的目的之外，很大程度上是为了利用银行在转账结算方面的便利。商业银行为了吸收更多的存款，也尽可能加强和完善结算业务工作，为客户提供优质、迅速的结算服务。结算工具是指银行用于结算的各种票据和结算凭证。票据是国际通行的支付结算工具，广泛使用的有汇票、支票、本票三大类。结算方式是指经济往来中对货币资金收付的程序和方法。它包括结算地点、委托人、凭证手续、凭证传递方式以及货币资金的收付方法等。

1. 票据结算

票据因具有要式性、无因性和流通性等特点，具有汇兑的功能、信用的功能和支付的功能而成为国际通行的重要结算方式。

2. 转账结算

包括①托收承付。是指根据购销合同中收款人发货后委托银行向异地付款人收取款项，由付款人向银行承认付款的结算方式。办理托收承付结算的款项，必须是商品交易款项，以及因商品交易而产生的劳务供应的款项。使用托收承付结算方式，收付双方必须签有符合《经济合同法》的购销合同，并在合同上注明使用此种方式。结算款项的划回方法，分邮寄和电报两种，由收款人选用。②汇兑结算。是指汇款人委托银行将款项汇给外地收款人的结算方式。各类客户均可使用汇兑结算。汇兑分为电汇、信汇两种，由汇款人选择。③委托收款。是指收款人委托银行向付款人收取款项的结算方式。凡在银行或其他金融机构开立账户的客户，凭债券、存单、已承兑的商业汇票等付款人的债务证明办理款项的结算，均可以使用委托收款结算方式。委托收款在同城异地均可使用，不受起点限制。但在同城范围内，收款人收取公用事业费或根据国务院的规定，可以使用同城特约委托收款。

我国现行的信用支付工具和结算方式主要有以下八种：银行汇票、商业汇票、银行本票、商业本票、汇兑、委托收款、异地托收承付和信用卡。

信用卡是商品经济发展的产物，起源于美国。最早只是店铺与客户定期进行结算的信用筹码。银行卡是由商业银行向社会发行的具有消费信贷、转账结算、存取现金等全部或部分功能的信用支付工具。

信用卡主要有以下几种功能：①转账结算功能。持卡人在特约商户购物消费之后，无须以现金付款项，只要递交信用卡进行转账结算即可。这是银行信用卡最主要的功能。②储蓄功能。持卡人可以在发行信用卡银行所指定的储蓄所办理存款或支取现金，还可以在发卡银行所属的自动柜员机上凭卡支取现金。③汇兑功能。当信用卡持有者外出旅游、购物或出差，需要在外地支取现金时，可以持卡在当地发卡银行的储蓄所办理存款手续，然后持卡在异地发卡银行的储蓄所取款。④消费信贷功能。持卡人在消费过程中的各种费用超过其信用卡存款账户余额时，在规定的限额范围内，发卡银行允许持卡人进行短期的透支行为。从实质上讲,这是发行信用卡的银行向顾客提供的消费信贷。

根据发卡对象的不同,银行卡可分为单位卡(商业卡)和个人卡。单位卡的发行对象是各类企业、事业单位、国家机关、部队、行政团体等法人组织。实际上,单位卡是以法人组织名义申领并由其授权指定具体的个人使用,同时又单位承担持卡人用卡的一切责任。个人卡的发卡对象是具有稳定收入来源的社会各界人士。个人卡由个人申领并由其承担用卡的一切责任。

按是否具有透支功能,信用卡可分为贷记卡和借记卡。贷记卡由发卡银行给予持卡人一定的信用额度,允许持卡人在信用额度内"先消费、后付款"。借记卡是一种"先存款、后消费",无透支功能的银行卡。作为一种电子支付手段,它最主要的作用是减少社会现金货币的流通量,提高资金周转速度。借记卡按功能细分,又包括转账卡(含储蓄卡)、专用卡和储值卡。

(二) 代理业务

代理业务是指商业银行接受单位或个人委托,以代理人的身份,代表委托人办理一些经双方议定的有关业务。在代理业务中,委托人与银行一般必须用契约方式规定双方的权利、义务,包括代理的范围、内容、期限、纠纷的处理,由此形成一定的法律关系。商业银行在代理业务中,银行一般不动用自己的资产,不为客户垫款,不参与收益分配,只收取代理手续费,因而是风险较低的银行业务。

代理业务主要包括:

1. 代理收付款项业务

如代发工资、代理保险、代理发行国债、企业债券以及代理收付公用事业费等。

2. 代理融通业务

又称代收账款或收买应收账款,是由商业银行代顾客收取应收款项,并向顾客提供资金融通的一种业务方式。代理融通业务后来有了进一步发展,已不限于账款的代收,还扩大到贸易融资、信用风险担保等综合性金融服务,故又称保理业务。代理融通业务利息收入高、风险相对较小,是一项很有发展潜力的业务。代理融通业务根据委托者权益让渡程度不同可分为权益转让和权益售与。权益转让是指委托者将应收账款的全部事项转让给商业银行或专业代理融通公司。如果委托者的应收账款成了呆账,则商业银行或专业代理融通公司对委托者有追索权,造成的相应损失由委托者承担,而权益售与则是指委托者将应收账款的权益卖断给商业银行或专业代理融通公司,商业银行和专业代理融通公司对委托者没有追款权,即使发生了坏账,也由自身承担。商业银行从事代理融通业务,有较高的利息收入和其他服务的手续费收入,并对赊欠的顾客事先有资信调查,并规定授信额度,因此资金风险较小,而且对赊销企业的资金融通有法律追索权,也比较可靠。

但商业银行从事代理融通业务必须投入很多人力、物力进行资信调查,如放款对象是经营出口的企业,调查范围就要扩大到国际领域,自然花费更大,同时还要承担债务风险和被欺诈的风险。

3. 代理行业务

是指商业银行的部分业务由指定的其他银行代为办理的一种业务形式。代理行可以分为两类:一类是国内银行之间的代理,另一类是国际银行之间的代理。代理的具体业务包括:为对方接受存款、发放贷款、调拨资金、进行国际结算以及买卖有价证券等。

4. 其他代理业务

(1) 现金管理。是指商业银行协助企业科学地分析现金流量,使企业能科学、合理地管理现金(包括活期存款)余额,将多余的现金用于投资,增加收益。

(2) 代理承销与兑付债券。是指商业银行利用自己的网点与专长,代委托单位发行国家债券、地方政府债券、企业债券、股票等,或在债券到期及应支付利息时,代为兑付、转账的业务。

(3) 代理清欠。商业银行为了帮助企业清理相互间的资金拖欠,加速社会资金周转,利用和发挥自己在资金结算上的便利和经验,开办了代客户清理和催收欠帐的中间业务。

(4) 代理保管。代理保管是商业银行利用自身的设施,接受单位和个人的委托,代为保管各种贵重金属、契约文件、设计图纸、文物古玩、珠宝首饰等。

(5) 代客理财。代客理财是客户将一定金额的款项交银行管理,由银行灵活运用于报酬率较高的资产,到期按协议支付给客户一个高于同期存款利率的收入。

(三) 信息咨询业务

信息咨询业务是指商业银行应客户的要求,利用自己的知识、技术、信息和经验,运用科学方法和先进手段进行调查、分析和预测,客观公正地为客户提供经济和金融信息、情况,或对某个方面的决策提供一种或多种可供选择的优化方案的有偿智能的服务业务。

银行咨询部门开展这项业务的主要内容是:参与技术转让;参与技术开发;提供技术咨询;参与技术服务;参与技术协作。

(四) 信托业务

银行接受客户的委托,代为管理、营运、处理有关钱财的业务。在西方,大的商业银行一般设有信托部经营信托业务。信托业务运作的基本程序是:委托人依照契约的规定,为自己或第三者(受益人)的利益,将财产的权力转让给受托人,由受托人依据谨慎人原则(即像一个小心谨慎的人处理自己的财产那样)占有、管理和使用信托财产,并处分其收益。

信托有贸易信托和金融信托之分,商业银行所从事的主要是金融信托业务。金融信托是指经营金融委托代理业务的信托行为,它以代理他人运用资金、买卖证券,发行债券、股票,管理财产等为主要业务。

目前我国银行办理的信托业务基本是以接受委托者的货币资金作为信托财产的资金信托,主要有以下几种形式。

(1) 信托存款。是指银行信托机构根据客户的存款申请吸收存款并代为管理和运用的业务。按是否指定用途和收益方法可分为特约信用存款和普通信用存款。

(2) 信托贷款。是银行信托机构支用吸收的信托存款、自有资金和筹集的其他资金发放的贷款。

(3) 信托投资。是银行信托机构运用信托存款、自有资金、发行债券所得资金,以投资者的身份为生产、经营企业进行投资。其主要方式有股份投资和合作投资。

(4) 委托存款。是委托人按规定向银行信托机构交存的,由银行信托机构按委托人指定的对象、用途自由使用和管理的资金。

(5) 委托贷款。是委托人按规定向银行信托机构接受委托人的委托,在委托人存入委托款额度内,按其指定的对象、用途、期限、利率和金额等发放贷款,并负责到期收回本息的一项金融信托业务。

(6) 委托投资。是委托人将资金事先存入银行信托机构作为委托投资基金,委托银行信托机构向其他指定的联营或投资单位进行投资,并对投资的使用情况、投资单位的经营状况及利润分红等进行管理和监督的一种金融信托业务。

(7) 公益基金信托、劳保基金信托。公益基金是指由政府、社会团体、单位或个人资助、赞助、捐赠的,用于社会进步和社会福利等公益事业的基金。劳保基金是指由劳动部门或街道办事处组织,实行退休金、福利金统筹的国有企业或集体企业每月从公益金及职工工资中各提出一部分,用于职工退休金或其他福利劳保费用的基金。

(8) 个人特约信托。是指银行信托机构接受个人委托,代为管理、经营或处理其财产,以实现其指定目的的信托业务。个人特约信托分为生前信托和遗嘱信托两种。

(9) 证券投资信托。是由商业银行将个人、企业或团体的投资资金集中起来,代替投资者进行有价证券投资,最后将投资和本金偿还给受益人的信托业务。

(10) 动产或不动产信托。是指银行信托机构接受大型设备或财产所有者的委托,以融通资金为目的信托行为。

(11) 公司信托。是由法人创立的信托。当一个法人发行股票或债券时,可以委托银行机构办理发行、登记、过户、还本付息、支付股利等工作。在发行抵押公司或设有偿债基金的公司债时,法律规定必须委托信托机构掌握抵押品或偿债基金。

(五) 租赁业务

租赁业务是由银行垫付资金购买资本设备,然后出租给客户并以租金形式收回资金的信用形式(看似一种实物信用与货币信用相结合的形式)。分融资性租赁和经营性租赁两种。商业银行经营的租赁业务一般是融资性租赁。

融资性租赁又称金融租赁,是由银行出资购买承租人选定的设备,并按协议将设备出租给承租人使用。融资性租赁有以下几种主要形式。

(1) 以租赁业务的具体方法为标准,可分为直接租赁、转租赁和回租租赁。

直接租赁。直接租赁又称自营租赁,指由银行或租赁公司从供货厂商购进承租人所需设备,然后直接租给承租人,设备所付款项由出租人筹措。

转租赁。转租赁指银行先以承租人的身份向租赁公司或厂商租进其用户所需要的设备,然后再以出租人的身份把设备租给承租人。

回租租赁。回租租赁又称售后回租,指企业先将自己设备、厂房的所有权出售给银行,然后再作为承租人将其租回来使用。

(2) 以租赁中出资者的出资比例为标准,可分为单一投资租赁和杠杆租赁。

单一投资租赁。单一投资租赁指的是由出租人承担购买租赁设备全部资金的租赁。

杠杆租赁。杠杆租赁也称衡平租赁或代偿贷款租赁。指银行租赁部门若一时无能力购买巨额价值的设备,可在小部分自筹资金的基础上向其他银行或保险公司筹借大部分贷款(一般占60%~80%)并以所购设备作为贷款抵押,以转让收取租金的权力作为贷款的额外保证,然后将设备租给承租人,以收取的租金偿还贷款。

(3) 以租赁交易所设计的地理区域为标准,可分为国内租赁和国际租赁。

国内租赁。指租赁交易只处于国内区域,交易中所涉及的当事人同属一国居民,因而是一种融通国内资金的形式。

国际租赁。指租赁交易的地域扩展到国外,交易中涉及的当事人分别属于不同的国家。国际租赁又分为进口租赁和出口租赁。

进口租赁。指由国外引进租赁设备,租给国内承租人使用,通常采用进口租赁的方式,是利用国际资金,引进先进技术设备的重要手段。

出口租赁。指的是将国内设备出租到国外,由国外承租人使用,因此出口租赁是扩大国内产品出口的一条重要途径。

(4) 以租赁物资的财产性质为标准,可分为动产租赁和不动产租赁。

不动产租赁是指以房屋、土地等不动产为对象的租赁交易。动产租赁也叫设备租赁,是指以各种动产,如机器设备、运输工具、计算机为标的物的租赁交易。

五、商业银行表外业务

表外业务是由商业银行从事的不列入资产负债表内而且不影响银行资产与负债总额的业务。表外业务的特点是服务与提供资金的分离,是银行提供的非资金服务,在多数情况下,银行只是充当中介人,为客户提供保证。

表外业务与中间业务都是独立于资产负债业务之外的业务,两者的主要区别在于承担的风险不同。表外业务在一定条件下可以转化为表内业务,因而承担一定的风险。而中间业务则一般没有资产负债方面的风险,完全是中间人的地位或者是服务者地位。

表外业务可包括贷款承诺、担保业务以及新兴的表外业务。

(1) 承诺类业务。承诺类业务主要有票据发行便利和贷款承诺。贷款承诺是商业银行的主要表外业务,是指商业银行承诺并按约定在特定的时间点或时间段向借款人提供资金贷款的许诺。票据发行便利是一种具有法律约束力的中期周转性票据发行融资的承诺。

(2) 担保类业务。担保业务是指商业银行根据委托人请求向受益人出具书面承诺,在委托人(被担保人)不能履行债务时,由商业银行(担保人)负责履行债务的一种业务。担保不占用资金,但一经开出即形成银行的或有负债,当申请人不能履行义务时,银行就必须代行其职责。银行的担保业务主要有备用信用证、商业信用证等。

(3) 金融衍生工具的业务,包括远期外汇合约、货币互换、货币期货、货币期权、利率互换、利率期权、股票指数、期货和期权等。

表外业务具有较高的风险,可以给银行带来可观的收益,也可能使银行陷入更大的困境,所以对商业银行的表外业务要加强风险控制。

第三节 商业银行经营管理

一、商业银行的经营原则

商业银行作为追求利润最大化的特殊的金融性质企业,有着与一般企业不同的管理方式和方法。在商业银行的长期经营实践活动中,国内外商业银行的管理者们形成了三条基本管理原则,即安全性原则、流动性原则和盈利性原则,坚持这三条原则是保证银行实现利润最大化目标的具体手段,保持这些原则之间的相对平衡,是商业银行经营管理的核心。

(一) 安全性原则

安全性原则是指商业银行的贷款投资必须安全、客户的存款必须安全。只有在安全性有保证的条件下,银行才可能去寻求最大的利润,也只有在安全性有保证的前提下,客户才会放心把钱存放在银行,这是商业银行经营活动中要着重考虑的原则。

但是银行要完全避免风险、风险为零也是不现实的。银行业是一个风险高度集中的行业,它的经营活动中有传统的信用风险、利率风险和流动性风险,还有近年来随着大量衍生品出现而产生的国家风险、市场风险、操作风险、法律风险和道德风险等。例如,1995年2月有233年历史的巴林银行因其新加坡分支机构职员里森经营证券、期货投机失败,亏损9.27亿英镑而被荷兰国际集团收购;1997年亚洲金融危机中,更有众多银行因资不抵债而破产,都暴露出商业银行的巨大风险。只有通过加强内部管理,采取各种行之有效的防范措施,加强市场预测,防患于未然,才可以将风险和可能的损失降至最低。

(二) 流动性原则

流动性原则是指商业银行必须能够随时应付客户的提款,满足必要的贷款。商业银行作为主要吸收活期存款并发放大量短期信贷的银行,必须将自己的资产保持充分的流动性,才能应对客户的需要。这就要求商业银行不能将其大部分资产用做长期投资。但是考虑到长期贷款和长期投资的预期收益较大,商业银行往往会利用负债管理手段来尽可能地挖掘长期资金来源,采用所谓"短借长占"的方式利用客户活期存款的最低平均余额。但是无论采取何种方式来寻求最大利润,都不能背离流动性原则。商业银行必须在充分保证客户提现需要的前提下安排贷款和投资。否则一旦发生支付困难、挤兑风潮、周转不灵,不仅会导致商业银行的破产,还可能引发连锁的支付危机,造成整个金融体系的动荡。

坚持商业银行经营的流动性原则,应该从两个方面来理解:一方面,商业银行除自身保留一定的现金来应对客户随时可能的提现外,还要使自身的其他资产保持足够的流动性和短期变现性,一旦需要可迅速变现;另一方面,商业银行还要通过负债管理,尽可能挖掘长期稳定的低成本资金,以抵消短期资产的效益损失。一般情况下,在银行利率高企时,客户往往愿意选择长期存款而很少取款;在银行利率较低时,客户则不大愿意存款而会经常有提款的要求。利率高企会抑制长期贷款与投资,使银行的资产运用效率下降;利率低时则客户的贷款投资需求旺盛,要求银行尽可能满足客户的长期资金需求。要解决这一矛盾,取得两者之间的平衡的确不容易。为了保证安全性基础上的流动性,就要经常保持资产的短期流动性。

(三) 盈利性原则

盈利性原则是指商业银行的经营是以寻求利润最大化为目标的。在市场经济条件下,保持追求利润最大化是根本目的。只有取得足够的利润,才能树立企业的良好形象;才能不断充实自有资本,获得持续发展的动力,提高自身的竞争实力和抵御风险的能力。

总之,商业银行经营三原则是一个有机统一体。安全性是前提,流动性为资产的安全提供了保障,而盈利性通过提高银行的利润水平增加银行自身积累,从而增强抵御市场风险的能力,使银行资产更为安全。三者互相影响,缺一不可。但是三者又常常会产生冲突。盈利性目标往往会和流动性、安全性相矛盾,因为流动性越高、安全性越好的资产,其盈利能力会较差,而片面追求盈利可能又会增加风险,使资产的安全性受到威胁。因此,商业银行在坚守三原则的同时,必须三者达到最佳平衡点,才能达到利润最大化的目标,商业银行的经营管理才真正有效。

二、"巴塞尔协议"与商业银行管理

(一)《巴塞尔协议Ⅰ》

1987年12月10日,"十国集团"(美国、英国、法国、日本、联邦德国、加拿大、瑞典、意大利、荷兰、比利时)加上瑞士和卢森堡在巴塞尔召开12国中央银行行长会议,讨论加强对经营国际业务的商业银行的资本及风险资产的监管问题。会议通过并发表了《统一资本计量与资本标准的国际协议》,后经修改,于1988年7月在巴塞尔签署了协议,即著名的《巴塞尔协议Ⅰ》。

《巴塞尔协议Ⅰ》规定了对银行资本和资产之间的比例的计算方法和确定比例的目标。其主要内容包括以下四个部分:

1. 统一了银行资本的定义和构成

将银行资本分为核心资本和附属资本两大类。核心资本包括实收资本和公开储备;附属资本包括未公开储备或隐蔽储备、重估储备、普通贷款损失准备金、混合资本工具、长期次级债务等。其中核心资本在总资本中不得低于50%。

2. 确定风险资产的资本衡量标准

风险资产的资本衡量标准即风险加权系数。将银行合格资本对风险加权资产的比率作为评估资本充足程度的主要尺度,银行的业务活动涉及许多种类的风险,《巴塞尔协议》所设计的风险权数体系主要侧重于信用风险及国家转移风险方面,使用了五个风险权数来判断资产和表外业务的信用风险。即0%、10%、20%、50%、100%,从而可将资产负债表上不同种类资产以及表外项目,根据其广泛的相对风险进行加权汇总,最后得出风险加权资产。将表外业务项目纳入资产管理范围,确定表外科目的信用风险换算系数。

3. 规定资本充足率的标准目标

《巴塞尔协议》把资本对风险加权资产的最低目标标准比率定为8%,其中核心资本至少应占一半,对银行风险加权资产的最低目标标准比率定为4%。

4. 过渡期和实施安排

巴塞尔委员会计划了一个5年的让渡期,在这一时期,各国银行可以将部分补充资本暂时算做核心资本。但从1992年末起,各国银行都将严格执行《巴塞尔协议》的规定。

(二)《巴塞尔协议Ⅱ》

20世纪90年代中期以来,由于国际银行业的经营环境发生了较大变化,巴塞尔委员会决定全面修改协议。1999年6月,提出了新巴塞尔协议第一稿,2001年1月公布了第二稿,2003年又公布了第三稿。2004年6月26日,十国集团的中央银行行长们一致通过《统一资本计量和资本标准的国际协议:修订框架》,即《巴塞尔新资本协议》或称《巴塞尔协议Ⅱ》。

新协议提出了计算资本充足率的不同方法供银行选择,并在几方面有了重大的创新:除最低资本充足率的数量规定外,还提出了监管部门的监管和市场约束两方面的要求,从而构成了新协议的三大支柱:一是最低资本充足率、监管当局的监督检查和市场约束;二是允许风险管理水平较高的银行使用自己的内部评级体系计算资本充足率;三是采用评级公司的评级结果确定风险权重;四是把操作风险纳入资本监管,认为风险不仅要控制信用风险,还要控制市场风险,主要是利率风险和操作风险。不仅要控制表内风险,还要控制表外风险。

第四节 现代商业银行的发展趋势

随着国际经济环境的不断变化,经济全球化浪潮的到来,以及信息技术的迅速普及,现代商业银行的业务经营和管理发生了根本性的变革。商业银行在发展中呈现了这样一些趋势特征。

一、银行资本集中化

商业银行通过并购不断扩大资本规模,通过市场扩张战略扩大客户群,通过挂牌上市充实资本实力,通过自身积累,使得银行的资本实力不断集中和充实。资本集中化具有一些优点:如它能给社会公众增强信心,大银行的抗风险能力往往较强,大银行的单位运行成本可以降低,节省单位成本等等。伴随着银行资本集中化,国际银行业并购的个案层出不穷。

二、银行业务全能化

由于大量金融创新型工具的采用,金融创新和改头换面的新商业银行形式冲破制度束缚,逐步全方位、全能化地发展银行业务,出现了大量"金融百货公司"的概念。现代商业银行可以全能化地开展金融业务,除传统的存贷款业务、汇款和货币兑换等业务外,还可以进行各种各样的创新业务,扩大市场份额,降低金融风险,从事证券承销、资产管理、财务顾问、企业并购等投资银行业务;经营基金、信托、租赁、保险等非银行的金融业务;从事一些诸如社会保障、助残等社会工作。

商业银行业务经营证券化,业务领域中通过金融创新开发出许多新的中间业务和表外业务,非利差收入大幅增加。银行与非银行金融机构之间的界限逐渐模糊。

三、商业银行的全球化

商业银行的全球化趋势是世界经济一体化的直接结果,也是世界经济一体化的直接推动力。全球化趋势表现在商业银行股东的全球化、机构全球化、客户全球化、业务全球化和利润来源全球化。

四、商业银行创新化

金融创新不单包括金融工具的创新,还包括金融组织、金融制度、经营技术、经营理念的再造与革新。20世纪70年代以来,商业银行出现了许多逃避金融管制型、规避风险型、技术推动型、满足客户理财需要型的形形色色的金融创新工具。银行对其业务流程、组织结构、企业文化、价值观念、经营理念、管理制度等方面也进行了再造和变革。

五、商业银行电子化、网络化

顺应网络和通信技术的迅猛发展,金融电子化潮流在短短十几年间席卷全球,网络银行日益成为一种崭新的银行经营交易方式,引导着银行业的变迁之路。网络银行使得商业银行的市场覆盖范围扩大,扩展了商业银行的市场业务领域,优化了商业银行的市场组织机构体系,强化了业务市场的经营与监管,创新了支付工具等产品,改善了对客户的服务,降低了服务成本。

本 章 小 结

商业银行是市场经济发展的产物,它是为适应市场经济发展和社会化大生产而形成的一种金融组织。现代商业银行向全能化"金融百货公司"的方向发展,并出现了许多值得注意的新趋势。

商业银行具有信用中介、支付中介、信用创造、金融服务等职能。

商业银行业务包括负债业务、资产业务和中间业务。商业银行经营的一般原则是盈利性、流动性和安全性。

20世纪70年代以来,银行业风险增大,为了加强对银行的监管,1988年通过了《巴塞尔协议Ⅰ》,2004年6月又通过了《巴塞尔协议Ⅱ》。

复习思考题

1. 现代商业银行的发展趋势和特征是什么?
2. 商业银行的主要职能是什么?
3. 简述商业银行的经营原则。
4. 试述商业银行的资产和负债业务构成。
5. 商业银行中间业务的特点有哪些?
6. 《巴塞尔协议Ⅰ》与《巴塞尔协议Ⅱ》的主要内容和贡献是什么?

实 训 安 排

查阅银行官网或现场柜台调研内容:储蓄业务种类

教学案例:【兴业银行个人存款业务简介】

【活期储蓄存款】

活期储蓄由银行签发存折(卡)等存款凭证,凭折或卡支取,可以挂失,按季结息。特点是存取灵活方便,利率较定期储蓄低。

【整存整取定期储蓄】

人民币整存整取定期储蓄存款,存期分为三个月、半年、一年、二年、三年、五年。本金一次存入,由银行签发存单、存折(卡),到期凭存单(折、卡)支取本息,不同档次执行不同利率,利率与存款期限成正比。

【零存整取(存本取息)定期储蓄】

零存整取(存本取息)定期储蓄存期分为一年、三年、五年,起存金额5000元,利率为整存整取的六折。

【个人通知存款】

起存金额为人民币5万元,需一次存入,可一次或分次支取。

【外币储蓄】

外币存款现汇户,到期可支取现钞,也可按国家外汇管理的有关规定汇往境外,或按外汇牌价兑换成人民币。凡外币存款现钞户,本息取现钞,如汇往异地、境外须按国家外汇管理局规定办理。

参 考 文 献

[1] 黄达.金融学[M].北京:中国人民大学出版社,2017.
[2] 胡庆康.货币银行学[M].上海:复旦大学出版社,2017.
[3] 庄毓敏.商业银行业务与经营[M].北京:人民大学出版社,2018.
[4] 刘毅.商业银行管理学[M].北京:机械工业出版社,2016.
[5] 彭建刚.商业银行管理学[M].北京:中国金融出版社,2015.
[6] 李琰.商业银行经营管理[M].北京:清华大学出版社,2015.

第七章 中央银行

学习目标
1. 了解中央银行的产生与发展,掌握中央银行的职能、性质。
2. 掌握中央银行的资产与负债业务构成。
3. 掌握存款保险制度,理解学习金融学的原因。

案例导入

20世纪80年代,美国波士顿的新英格兰银行,在美国银行持股公司中名列第33位,资产曾超过200亿美元。是波士顿地区最积极的房地产贷款者,30%以上的贷款都投在商业性房地产上。但随着20世纪80年代后期新英格兰地区房价的下跌,许多银行贷款成了呆账坏账。1991年1月4日,该行宣布预计四季度亏损额达4.5亿美元,超过银行2.55亿美元的资本金,预料该银行要倒闭,在接下来的48小时内,存款人在银行前排队,提取了10亿美元以上的资金。

1月6日晚上,联邦存款保险公司介入,制止了银行的挤兑活动,并同意担保新英格兰银行的所有存款。为了维持该银行的正常运行,联邦存款保险公司不断给银行注入新的资本,共花费23亿美元挽救了新英格兰银行。这在联邦存款保险公司的历史上,是一次成本昂贵的救保行动。

结合案例,谈谈你对存款保险制度的认识?

第一节 中央银行概述

一、中央银行的产生与发展

中央银行,简称央行,是一国或地区赋予其制定和执行货币政策,对国民经济进行调控,对金融机构乃至金融业进行监督管理的特殊金融机构,在一国或地区的金融体系中占据核心位置。

(一) 中央银行产生的必然性

1. 银行券统一发行的需要

在商业银行发展初期,大多数的国家和地区允许代用货币作为流通的货币。在此背景下,商业银行利用自身的优势发行自己的银行券作为交易媒介。但在种类众多的银行券流通过程中,需要有一个机构站出来实现银行券的统一发行,一些信誉卓著的大银行发行的银行券在流通中有取代小银行所发行的银行券的趋势。在此基础上,一些国家遂以行政法令的形式将发行权集中于中央银行手中。

2. 票据清算的需要

随着商业银行业务不断扩大,它们之间的债权债务关系变得错综复杂,因此需要有一个机构能为商业银行提供公正、及时地全国范围内的清算网络。这成为中央银行产生的又一必要原因。

3. 为商业银行提供流动性的需要

商业银行在开展业务时会兼顾盈利和安全。但有时候商业银行为了获取更多的收益而放弃了安全性的准则,导致商业银行没有足够的流动性资金来满足储户提取存款资金的须要,使其陷入流动性不足的困境中。当经济中发生金融危机时,这一问题更为严重。寻求解决该问题的途径就是有一个机构在不以营利性为目的前提下站出来为商业银行提供流动性,而这无疑是中央银行成立的又一个必要因素。

4. 对商业银行监管的需要

商业银行是一个高负债的企业,它主要通过开展存款业务的方式吸收居民的闲置资金,并通过贷款业务将资金借贷给资金需求方,从而获取利润。商业银行在经营过程中也会出现破产的问题。一旦商业银行破产会给存款的居民带来巨大的损失,同时也会给社会整体经济发展带来巨大冲击。为了防止商业银行以牺牲储户利益为代价追逐高额利润,给经济带来的严重影响,需要有专门的机构对其的经营进行监管,中央银行就应运而生了。

(二) 中央银行的发展

中央银行从产生到发展经历了漫长的时期。根据各个时期发展的特点不同,中央银行的发展可以归结为以下几个阶段。

1. 中央银行初创时期

如果从最早建立的瑞典银行算起到美国1913年建立的美国联邦储备体系,中央银行初创时期共经历了260多年。这一时期的特点主要表现在:一是大多数的中央银行出现在欧洲;二是除个别国家外,各国基本上是通过赋予普通银行集中货币发行权和对其他银行提供清算服务及资金支持的权力,而逐步将普通银行转变为中央银行,最具代表性的当属1694年建立英国的英格兰银行和1656年由私人创办的欧洲第一家发行银行券的瑞典国家银行;三是中央银行调控经济的职能微弱。

2. 中央银行制度的普遍推行阶段

这一阶段经历的时间是第一次世界大战开始至第二次世界大战结束止。这一时期中央银行制度的普遍推行阶段得益于几次国际金融会议的召开。1920年在比利时首都布鲁塞尔召开的国际金融会议要求尚未建立中央银行制度的国家尽快建立中央银行,以便共同维护国际货币体系和经济的稳定。1922年在瑞士的日内瓦召开的国际金融会议再次强调了该项议题。此后,出现了中央银行成立的高潮时期。从1921年至1942年,世界各国改组或设立中央银行的约43家。该时期中央银行发展的特点一是运用政府力量将中央银行直接设计成法律上具有明确责权的特定金融机构;二是在20世纪30年代的大危机之后,各国央行建立存款准备金制度,并以管理其他金融机构为己任,同时逐渐成为发行的银行,国家的银行和银行的银行。

3. 中央银行的强化阶段

二战结束至今,各国中央银行的发展转为充分发挥其宏观调控的职能。这一时期的中央银行发展的特点一是国有化趋势加强;二是独立性加强;三是调控经济的能力增强;四是国际间的合作加强。

二、中央银行的性质与职能

各国或地区的中央银行负责控制国家货币供给、信贷条件,监管金融体系,特别是商业银行和其他储蓄机构;为政府筹集资金;代表政府参加国际金融组织和各种国际金融活动。中央银行之所以拥有经济力量对金融领域乃至整个经济领域的活动进行调节和控制,并参与国际金融活动,究其原因主要是中央银行具有三大方面的职能。

(一) 发行的银行

发行的银行是指中央银行垄断货币的发行权,成为一国唯一的现钞发行机构。

当前世界上,几乎所有的现钞、硬辅币都是由中央银行发行。由于多数中央银行并不办理针对居民个人及企业的业务,因此中央银行所发行货币往往是通过与商业银行相关业务来完成的。中央银行通过与商业银行进行债券与外汇等的买卖业务,对商业银行的贷款业务向经济体中注入货币。这也是中央银行影响货币供给的重要途径。

为更直观地了解现钞的发行,在此介绍一下我国中国人民银行发行人民币的流程。人民币的发行涉及中国人民银行的发行库和商业银行业务库。

中国人民银行的发行库是指其设立的用于保管的已经印好尚未进入流通的纸币(即所谓的发行基金)地方。商业银行的业务库是指其设立的用于保存日常业务的备用金。为了避免业务库存放过多的现金,通常商业银行会规定一个库存现金的上限。

当商业银行的基层行处的现金不足时,就会到当地的中国人民银行分支机构从其存款账户提取现金。人民币就从人民银行的发行库出库,进入到商业银行的业务库,通过该流程进入流通领域。另一方面,当商业银行基层行处业务库的人民币现金超过规定的限额时,超过的那部分现金送交人民银行的发行库,并退出流通领域。

(二) 银行的银行

银行的银行是指中央银行为商业银行和其他金融机构提供"存、贷、汇"等方面的业务服务。中央银行的这一职能表现在集中存款准备金、最后贷款人和组织全国清算三个方面。

1. 集中存款准备金

为了保证存款人存放于商业银行的存款安全,利用信用杠杆调节经济,在中央银行制度之下,针对商业银行吸收存款业务规定了存款准备金制度。所谓存款准备金制度是指中央银行要求商业银行所吸收的存款必须按照一定比例向中央银行交存准备金制度。所确定的一定比例即为法定的存款准备金率,一般由中央银行确定,是中央银行调控货币的一个重要手段。

2. 充当最后贷款人角色

商业银行在经营过程中,往往会出现中短期经营资金不足的情况。可以通过有同业拆借、向中央银行借款等方式来缓解资金不足现象。当整个商业银行体系出现流动性短缺时,商业银行通过同业拆借来缓解流动性不足问题就变得不太实际,这时最好的解决办法是向中央银行申请帮助,中央银行充当最后贷款人的角色就充分表现出来。在非常时期,如发生在银行体系中的金融危机,央行能实时地站出来通过再贷款、再贴现等方式为商业银行提供贷款资金对整个金融体系的稳定性来说是至关重要的。中央银行为商业银行提供贷款的资金主要来源于国库存款、商业银行交存的准备金及所发行的货币。

3. 组织全国清算

由于商业银行为企业提供汇兑、结算等业务,造成了商业银行之间相互交错的债权债务关系。商业银行之间债权债务关系解除需要借助一个中间机构完成。几乎每个商业银行在中央银行都有存款账户,加上中央银行拥有遍布全国的数据网络设施。中央银行就成为商业银行债权债务清算不二人选。目前世界上大多数国家,都是由中央银行来完成商业银行之间的清算服务。

(三) 国家的银行

国家的银行是指中央银行为国家(中央政府)提供的金融服务。中央银行为中央政府提供的金融服务主要有:

1. 代理国库

中央银行经办理中央政府的财政收支、保管国库的存款、兑付国库签发的支票、代理收缴税款、代理国债的发行、还本、付息以及其他有关国库的事务,充当国库的出纳。

2. 对政府提供信贷

中央银行作为政府的银行,负有对政府融通资金、解决政府临时资金需要的义务。但由于中央银行拥有货币的发行权,为了防止政府通过中央银行发行货币来弥补财政赤字,造成恶性的通货膨胀,当前多数国家通过《中央银行法》来约束中央银行对政府提供信贷支持。

3. 管理金融活动,调节国民经济

中央银行根据自己设定的货币政策目标,运用货币调控工具,通过影响利率、货币供应量等中介目标来调节国民经济运行,同时对相关的金融领域活动进行管理。

4. 代表政府参加国际金融活动

在国际金融事务中,各国政府一般授权中央银行作为本国的代表,参加国际金融活动,参与国际金融重大决策,积极促进国际金融领域里的合作和发展。

三、中央银行制度形式

中央银行的制度类型大致有三种。

(一) 单一的中央银行制度

国家单独设立中央银行机构。又分为一元式中央银行制度即一个国家内只建立一家统一的中央银行,世界大多数的国家都采取这一类型;二元式中央银行制度即一个国家内建立中央和地方两级中央银行机构。中央级央行是最高权力机构或管理机构,地方级机构有一定的独立权利。典型的国家是美国和德国。

(二) 跨国中央银行制度

是由参加某一货币联盟的所有成员国联合组成的中央银行制度。典型代表是欧洲中央银行。

(三) 准中央银行

是指一些国家和地区只设置类似中央银行的机构,或由政府授权某几个商业银行行使部分中央银行职能的体制。典型代表是我国的香港地区。

第二节 中央银行的主要业务

中央银行在和商业银行等机构发生业务往来时,形成了自己的资产、负债业务。

一、中央银行的负债业务

中央银行的负债是指中央银行一定时点上所负担的各种债务。负债业务则是指形成该时点所负担各种债务的业务活动。通俗一点来讲,中央银行的资金来源业务构成其主要的负债业务。

(一) 货币发行业务

货币发行业务包括两个方面的内容:一是货币从中央银行的发行库经各家商业银行的业务库流通到社会经济体中;二是货币从中央银行的流出量大于流入量。

货币发行是中央银行的主要负债业务。通过该项业务,中央银行即为社会经济运行提供商品流通提供流通手段和支付手段,以保证商品流通的有效运行,也相应地筹集了社会资金,满足其履行其他职能的需要。

(二) 经理国库业务

所谓国库,国家金库的简称,指专门负责办理国家预算资金的收纳和支出的机关。中央银行经理国库业务是指中央银行代替政府专门负责办理国家预算资金的收纳和支付业务。

在经理国库业务过程中,财政收入资金暂时不用时,就构成了中央银行的主要资金来源之一,也就形成了中央银行的负债业务。

(三) 集中存款准备金业务

集中存款准备金业务是指中央银行集中保管商业银行所交存的存款准备金。存款准备包括商业银行的库存现金、法定存款准备金和超额存款准备金。其中库存现金称为支付准备金,由商业银行自己管理、自由支配用于存款支付和票据清算;法定存款准备金和超额存款准备金两部分存在商业银行在中央银行所开立的存款账户上,法定部分商业银行不能随便动用,用于客户提现需要,超额部分商业银行可以动用,用于满足其与同业间结算、借贷及客户提现等方面的需求,也为中央银行充当商业银行的最后贷款人提供了资金保障。中央银行集中起来商业银行的存款准备金是其一项主要的负债,因为构成了中央银行的主要资金来源之一,也因为存款准备金的所有权属于商业银行所有。

(四) 其他业务

除了上述三大负债业务之外,中央银行的负债业务还包括发行债券(中国人民银行一般是发行融资性的央行票据)、自有资金和承担的国外负债等。

二、中央银行的资产业务

中央银行的资产是指中央银行在一定时点上拥有的资产。中央银行的资产是由中央银行运用手中资金通过开展相关的资产业务获得的。中央银行的资产业务包括再贴现业务、再贷款业务、证券买卖业务、黄金外汇储备业务和其他资产业务等。

(一) 再贴现业务

再贴现业务是指商业银行将通过贴现业务所持有的尚未到期的商业票据向中央银行申请转让,中央银行据此以贴现方式向商业银行融通资金的业务。再贴现业务的开展是中央银行对商业银行等金融机构提供资金融通和支付保证,是其履行最后贷款人职能的具体手段,也是中央银行向经济体提供基础货币的手段。中央银行一般向在中央银行开户的金融机构办理再贴现业务。在办理再贴现业务过程中,对贴现票据的交易真实性进行审查。

再贴现涉及再贴现利率和再贴现实际支付额。再贴现利率由中央银行确定是一种官定利率,为了鼓励商业银行通过金融市场解决资金问题,一般情况下,再贴现利率要高于银行同业拆借利率。再贴现实际支付额是由中央银行支付给商业银行的贷款实际数额,由票据票面金额-再贴现利息计算获得。再贴现利息由票面金额、再贴现利率及票据未到期天数来确定。再贴现的票据到期时,由中央银行通过票据交换和清算系统向承兑银行或承兑单位收回资金。

(二) 再贷款业务

再贷款业务是指中央银行向商业银行等机构发放的贷款。同再贴现一样,再贷款业务也是中央银行对商业银行等金融机构提供资金融通和支付保证以实现最后贷款人的主要手段。

中国人民银行主要向存款类银行(如国有商业银行、农村信用社等)、特定存款机构(如国家开发银行、中国进出口银行、金融信托投资公司、金融租赁公司等)和其他金融机构(如四大资产管理公司等)发放贷款,用于解决金融机构流动性缺口、专项政策性资金缺口等方面的资金需求。再贷款的利率由中央银行决定,主要受借款人的信用状况影响,采取利率浮动的模式。

(三) 证券买卖业务

中央银行主要在公开市场(金融市场)上买卖证券。证券买卖是中央银行进行货币调控的主要手段之一。中央银行买卖证券主要目的是通过买卖证券来影响基础货币进而影响利率和货币供应量,最终达到实现货币政策目标。

中央银行买卖的证券主要是政府公债、国库券以及其他高流动性证券。过去几十年来中国人民银行买卖的证券主要是国债、政策性金融债和央行票据。采取的交易方式主要是现券买卖和回购交易两种。

(四) 黄金外汇储备业务

为了在国际收支逆差时,有足够实力清偿债务,中央银行往往通过参与外汇市场和黄金市场交易来储备一定量的黄金和外汇。除了用于清偿债务之外,外汇储备还可以实现维持币值稳定,灵活调节国际收支的作用。

中央银行的资产和负债业务形成的资产和负债项目构成了中央银行的资产负债表。

三、中央银行的其他业务

中央银行的其他业务包括中央银行的支付清算服务、信贷征信业务等。这是中央银行资产和负债业务之外的一些业务,是中央银行发挥银行的银行职能的进一步凸显。

(一) 支付清算服务

社会公众的支付清算需要借助于方便、安全、快捷的支付手段——货币,也需要确立支付清算关系。银行存款作为信用货币使得支付清算主要依赖于商业银行,出现了非现金支付,形成了三层支付清算关系。第一层是社会公众之间的支付关系;第二层是商业银行之间通过转账方式完成支付;第三层是中央银行成为商业银行的支付中介,提供支付清算体系,利用中央银行货币为商业银行及其他清算系统完成整个经济活动的债权债务清算。

为利用中央银行的支付清算服务,金融机构需要在中央银行开立往来账户,中央银行通常要求金融机构在账户中保持一定的备付金,以保证清偿的顺利进行。金融机构之间的债权债务和应收应付款项,通过中央银行往来账户的借贷记载进行划转清算。银行间清算需要通过银行间支付系统进行。

(二) 央行的信贷征信业务

征信是为了满足从事信用活动的机构在信用交易中对信用信息的需要,专业化的征信机构依法采集、调查、保存、整理并提供企业和个人的信用信息活动,是专业化的、独立的第三方机构为个人建立信用档案,依法采集、客观记录其信用信息,并依法对外提供信用信息服务的一种活动。

中央银行征信系统的主要使用者是金融机构,通过专线与商业银行等金融机构总部相连,并通过商业银行的内联网系统将终端延伸到商业银行分支网点的信贷人员那里。征信系统的信息来源主要是商业银行等金融机构,收录的信息包括企业和个人的基本信息。

第三节 中央银行的独立性

所谓中央银行的独立性是指中央银行在运用货币政策来实现政策相关目标时,不受政府的干预影响,能独立地进行决策,并且在管理和财务方面能独立完成。

中央银行作为一国货币发行的唯一机构,维护本国货币对内价值是其一项重要的目标。同时由于它对于整个社会货币供给量具有举足轻重的影响。为了防止中央银行成为政府利用货币发行弥补赤字的工具,各国都通过颁布相关法律的方式来保证中央银行的独立性。

中央银行的独立性体现了其与政府之间的关系。作为政府部门的一个有机构成部分,中央银行应该是既独立又依附于中央政府,也即中央银行的独立性是相对而言的。这主要体现于中央银行领导者多由政府决定,并在政府授权下进行的,中央银行作为金融体系的核心地位,担负着维护金融正常运作的重任。但金融是服务于经济的,经济运行又受政府的影响。因此中央银行运行从广义上来说是归于政府的。从全球范围来看,中央银行的独立性或多或少受到政府的影响,中央的独立性是相对的。

有关我国中央银行的独立性,1986年国务院发布的《中华人民共和国人民银行管理条例》第一次以行政法规的形式赋予中国人民银行作为中央银行的法律地位,即中国人民银行是国务院领导下管理全国金融事务的国家机关,规范还明确了"三个独立",即独立于财政、独立于经济计划和主管部门、独立于当地政府。随着市场化改革的推进,为配合金融体制改革,更好发挥金融在国民经济宏观调控和优化资源配置中的作用,1995年3月18日全国八届人大三次会议通过《中国人民银行法》,第一次以国家基本法的形式明确了中国人民银行的法律地位,即第二条规定的"中国人民银行在国务院领导下制定和实施货币政策,对金融业实施监督管理"。

第四节 存款保险制度

现代意义上的存款保险制度诞生于20世纪30年代大萧条时的美国。从1929年10月华尔街股市崩盘至1933年3月罗斯福总统宣誓就职,美国有9000多家银行相继倒闭。为了挽救在大萧条经济危机下已濒临崩溃的银行体系,美国在1933年通过了《格拉斯—斯蒂格尔法案》,设立了美国联邦存款保险公司(FDIC)。

所谓存款保险,是指吸收存款的银行业金融机构(统称投保机构)交纳保费形成存款保险基金,当投保机构经营出现问题时,存款保险基金管理机构依照规定使用存款保险基金对存款人进行及时偿付,并采取必要措施维护存款以及存款保险基金安全的制度。目前,世界上已有110多个国家和地区建立了存款保险制度。2008年以来,有关国家和地区不断完善存款保险相关制度,在保护存款人权益、及时防范和化解金融风险、维护金融稳定中发挥了重要作用。存款保险制度是市场经济条件下保护存款人利益的重要措施,是金融安全网的重要组成部分。

我国自2015年5月1日起施行存款保险制度。存款保险实行限额偿付,最高偿付限额为人民币50万元。确定存款保险的最高偿付限额,既要充分保护存款人利益,又要有效防范道德风险。从国际上看,最高偿付限额一般为人均国内生产总值(GDP)的2至5倍。50万元的最高偿付限额,是中国人民银行会同有关方面根据我国的存款规模、结构等因素,并考虑我国居民储蓄意愿较强,储蓄存款承担一定社会保障功能的实际情况,经反复测算后提出的,这一数字约为2013年我国人均GDP的12倍,高于世界多数国家的保障水平,能够为99.63%的存款人提供全额保护。同时,这个限额并不是固定不变的,将根据经济发展、存款结构变化、金融风险状况等因素,经国务院批准后适时调整。

存款保险的保费由投保的银行业金融机构交纳,存款人不须要交纳。费率标准由存款保险基金管理机构制定和调整,报国务院批准后执行。

本 章 小 结

中央银行是一国或地区赋予其制定和执行货币政策,对国民经济进行调控,对金融机构乃至金融业进行监督管理的特殊金融机构。金融在发展过程中需要有专门机构负责货币发行、为商业银行提供贷款和清算等方面的服务,中央银行应运而生。

中央银行具有发行的银行、银行的银行和国家的银行的职能。中央银行在履行其职能时形成了资产业务、负债业务和中间业务。

中央银行具有相对独立性。

存款保险制度是保护存款人利益的重要措施,是金融安全网的重要组成部分。我国已建立了存款保险制度。

复习思考题

1. 试述中央银行产生的必要性。
2. 试述中央银行的职能。
3. 简述中央银行资产与负债业务的构成。
4. 什么是存款保险制度？简述我国存款保险制度的内容。

实 训 安 排

分组查阅资料熟悉中央银行的相关知识。

任务一:查阅中国人民银行网站熟悉我国央行的资产业务。

任务二:查阅中国人民银行网站熟悉我国央行的负债业务。

任务三:查阅相关资料熟悉我国央行的职能。

参 考 文 献

[1] 黄达.货币银行学[M].北京:中国人民大学出版社,2018.
[2] 胡庆康.货币银行学教程[M].上海:复旦大学出版社,2018.
[3] 蒋先玲.货币银行学[M].北京:对外经济贸易大学出版社,2015.
[4] 盛宝莲.中央银行学[M].上海:华东理工大学出版社,2012.

第八章 保险、信托和租赁

学习目标
1. 掌握保险、信托、租赁按照不同标准划分的业务种类。
2. 了解保险、信托和租赁的经营环节。

案例导入

2018年台风"山竹"于9月16日在江门市台山沿海登陆,是当年最强登陆台风。灾害造成湖南、广东、广西、海南、贵州、云南6省(自治区)严重受损,直接经济损失达142.3亿元。面对巨大损失,保险行业积极发挥风险保障功能,迅速启动重大灾害应急机制,协调各方理赔资源积极应对,截止到2018年底,人保财险、太保产险、平安产险、国寿财险、大地保险、中华财险、阳光产险、华泰财险、阳光农业保险等共计结案已超9成,其中车险结案12.27亿万件,已赔付12.58亿元,非车险结案6.97万件,已赔付17.61亿元,有力地支援了大灾恢复重建工作。

2018年全年我国流动人口总量为2.41亿人,多集中在上海、北京、广州、深圳等一线城市,其中多数在这些城市没有住房,采用长期租赁公寓即"长租"的方式解决住房。根据调查,未婚青年为长租公寓的主要租客群体,采取合租的约为总量的70.9%,年龄小于30岁的占比81.1%,未婚的占比为78.8%,租期小于1年的占比54.4%。由此可以看出房屋租赁已经成为青年一代解决住房的主要手段。

第一节 保险实务

人类社会自身进步和发展的同时,也创造和发展了风险,风险会因时间、空间因素的发展变化而有所发展和变化。风险的客观存在是保险产生和存在的自然前提。

一、保险概述

(一) 风险与保险之间的关系

风险是指某种损失发生的不确定性。风险只有通过风险事故的发生,才能导致损失,风险事故意味着风险的可能性转化为现实性。

1. 风险的特征

(1) 风险具有客观性。风险不以人的意志为转移,是独立于人的意识之外的客观存在。人们只能在一定的时间和空间内改变风险存在和发生的条件,降低风险发生的频率和损失幅度。但是,从总体上说,风险是不可能彻底消除的,正如我们每个人都没办法规避死亡的风险。正是风险的客观存在,决定了保险的必要性。

(2) 风险具有普遍性。从人类出现后,就面临着各种各样的风险。风险渗入到社会、企业、个人生活的方方面面,风险无处不在,无时不有。全球各地因各种风险发生而造成的损失庞大。诸如美国的飓风、我国的台风、日本的海啸等等。

(3) 风险具有社会性。风险是一个社会范畴,而不是自然范畴。即因人类的存在及其进行的各种各样活动,带来了风险的社会性,比如交通事故、火灾、生产事故等等。

(4) 风险具有不确定性。风险及其所造成的损失在总体上具有必然性,是可知的,但在个体上却是偶然的,不可知的,具有空间、时间、结果上的不确定性。正是风险的这种总体上的必然性与个体上的偶然性的统一,构成了风险的不确定性,比如我们每个人都知道最终我们都会走向死亡,但我们无法感知我们死亡的时间,无法做好应对措施,才形成保险的需求。

(5) 风险具有可测定性。运用统计方法去处理大量相互独立的偶发风险事故,其结果可以比较准确地反映风险的规律性。根据以往大量资料,利用概率论和数理统计的方法可测算出风险事故发生的概率及其损失幅度,并且可构造出损失分布的模型,成为风险估测的基础。

2. 风险与保险的关系

(1) 风险的客观存在是保险产生和存在的自然前提。无风险则无保险。风险是客观存在的,时时刻刻威胁着人的生命和物质财产的安全,是不以人的意志为转移的。风险的存在是保险得以产生、存在和发展的客观原因与条件,并成为保险经营的对象。风险的发生直接影响社会生产过程的继续进行和家庭正常的生活,因而产生了人们对损失进行补偿的需要。保险是一种被社会普遍接受的经济补偿方式,因此,风险是保险产生和存在的前提,风险的存在是保险关系确立的基础。但是保险不是唯一的处置风险的办法,更不是所有的风险都可以保险。保险着眼于可保风险事故发生前的防预、发生中的控制和发生后的补偿等综合治理。

(2) 风险的发展是保险发展的客观依据。社会进步、生产发展、现代科学技术的应用,在给人类社会克服原有风险的同时,也带来了新风险。新风险对保险提出了新的要求,促使保险业不断设计新的险种、开发新业务。从保险的现状和发展趋势看,作为高风险系统的核电站、石油化学工业、航空航天事业、交通运输业的风险,都可以纳入保险的责任范围。

(3) 保险经营效益受风险管理技术的制约。保险经营效益的大小受多种因素的制约,风险管理技术作为非常重要的因素,对保险经营效益产生很大的影响。如对风险的识别是否全面,对风险损失的频率和造成损失的幅度估计是否准确,哪些风险可以接受承保,哪些风险不可以承保,保险的范围应有多大,程度如何,保险成本与效益的比较等,都制约着保险的经营效益。

知识链接：保险含义

按照我国《保险法》对保险的定义，"保险，是指投保人根据合同约定，向保险人支付保险费，保险人对于合同约定的可能发生的事故因其发生所造成的财产损失承担赔偿保险金责任，或者当被保险人死亡、伤残、疾病或者达到合同约定的年龄、期限时承担给付保险金责任的商业保险行为"。从保险的概念可知，保险具有这样几个特征：①互助性。保险是一种互助行为，即通过多人交纳保费，以承担遭受风险事故受害人的损失；②经济性。保险是一种补偿行为，一旦投保人发生损失，保险公司对风险所造成的损失就应予以补偿；③法律性。保险是一种法律行为，保险要通过保险人与投保人订立合同，形成一种法律关系。

小思考：哪些风险可以通过购买保险转嫁

当人们面临的风险发生只会给人们带来经济损失时，这类风险才可能通过购买保险的风险转移风险。诸如我们知道的火灾、自然灾害（排除巨型自然灾害）、疾病、死亡、意外等等都可以在保险公司找到相应的险种投保。但我们的投资失败、经营失败、婚姻失败等，则找不到合适的险种，其原因是因为投资、经营及婚姻有好的一面，除了给我们带来损失外，还可以给我们带来收益。因此不能购买保险。

（二）保险的职能

1. 经济补偿职能

保险人对投保人因遭受风险损失进行经济补偿的功能，这是保险所固有的职能。保险公司以此来吸引社会公众，投保人也因此才进行投保。

2. 分散风险职能

通过保险公司这一中介，将投保人个体面临风险所造成的损失由群体来分担。形成"人人为我，我为人人"的局面。

3. 融通资金职能

保险人利用筹集起来的保险基金而实现的货币资金的融通。保险人在收取保费建立保险基金的过程中，除去赔偿各种损失外，通常还有一部分保险基金处于闲置状态，这部分资金保险可加以运用进行股票、债券、银行存款等投资活动。

4. 保障社会再生产的正常运行

保险有助于受灾企业及时恢复生产，有利于企业加强经济核算，有利于促进企业加强风险管理。

5. 有利于安定群众生活

保险有利于促进个人或家庭消费的均衡，通过关心困难群众，采取救助和帮扶有利于切实保障群众的基本生活。

二、保险的主要业务种类

（一）按保险标的、保障范围的不同分类

1. 财产保险

财产保险是指以财产及其相关利益为保险标的,因保险事故的发生导致财产的损失,以金钱或实物进行补偿的一种保险。财产保险有广义与狭义之分。广义的财产保险包括财产损失保险、责任保险、保证保险等;狭义的财产保险是以有形的物质财富及其相关利益为保险标的一种保险。

常见的财产保险又包括以下几类：

（1）火灾保险,简称火险。是指保险人对于保险标的因火灾所导致的损失负责补偿的一种财产保险。早期的财产保险主要是针对火灾对于各种财产所造成的破坏。随着保险经营技术的改进,保险人开始将火灾保险单承保的责任范围扩展到各种自然灾害和意外事故对于财产所造成的损失,但国际保险市场习惯上仍将对一般的固定资产和流动资产的保险称为火灾保险。

（2）海上保险,简称水险。是指保险人对于保险标的物因海上危险所导致的损失或赔偿责任,提供经济保障的一种保险。在所有保险中,海上保险的历史最为悠久,其保险标的随着保险经营技术的发展而不断变化。现在的广义海上保险的内容包括两个方面：一是承保包括一部分陆上危险在内的原来意义上的海上保险,叫作海洋运输保险;二是专门承保内河、湖泊、铁路、公路及航空运输等风险的海上保险,叫作内陆运输保险。

（3）航空保险。其保障范围包括一切与航空有关的风险。航空保险与海上保险、汽车保险一样,在国际上通常将其单独命名。航空保险的保障对象有财物和人身之分,以财物为保险标的的航空保险,主要有飞机保险与空运货物保险;以责任为保险标的的航空保险则有旅客责任险、飞机第三者责任险和机场责任险等。

（4）汽车保险。

小知识：第三者责任险

随着人们生活水平的提高,汽车成为家庭的日常出行交通工具,为了转移汽车出行中带来的风险,有车一族往往购买车辆保险。下面我们来了解一下第三者责任险。

如果被保险人或被保险人允许的其他驾驶人员,在驾驶保险车辆的行驶过程中,由于驾驶员操作不当,汽车自身出现问题或其他原因,导致发生交通意外事故。从而使第三者出现人身伤亡或其财产受到损失的,并由相关执法机构认定为被保险人须承担经济赔偿责任的,保险公司,也就是保险人,将依照国家相关交通法律法规,以及"第三责任险"的保险合同的相应条款,对被保险人进行赔偿。

被允许的其他驾驶人员☞配偶、直系亲属、老板与雇员、合法租赁人员其中之一,并且被同意的人员必有对应车型的驾驶证。

如果被保险人名下的多辆汽车直接相碰撞,该被保险人不能获得赔偿。

包括汽车损失保险和汽车责任保险。前者主要承保汽车车身的损失,有时也承保医

疗费用风险。此种医疗费用风险,是指被保险汽车在使用过程中发生意外事故,致使被保险人或同车乘客直接受到身体伤害时,由其支付医疗费用的风险。后者承保被保险人因汽车对第三者所负的赔偿责任,故称第三者意外责任保险。汽车第三者意外责任险通常又被区分为第三者人身伤害责任险、第三者财产损害责任险等。

(5) 工程保险。工程保险是指对进行中的建筑工程项目、安装工程项目及工程运行中的机器设备等面临的风险提供经济保障的一种保险。工程保险在性质上属于综合保险,既有财产风险的保障,又有责任风险的保障。

(6) 利润损失保险。在英国保险市场上被称为灾后损失险(Consequential Loss Insurance);在美国保险市场上被称为营业中断险(Business Interruption Insurance)或毛收入险(Gross Earnings Form)。利润损失保险是对传统的财产保险中不承保的间接后果的损失提供损失补偿。它承保由于火灾等自然灾害或意外事故使被保险人在一定时期内,停产、停业或营业受到影响所造成的间接的经济损失,包括利润损失和灾后营业中断期间仍需开支的必要费用等损失。利润损失保险是一种附加险,它是依附在火灾或财产保险基本保单上的一种扩大责任的保险。

(7) 农业保险。是以种植业和养殖业为保险标的,对其在生长、哺育、成长过程中因遭受自然灾害或意外事故导致的经济损失提供损失补偿的一种保险。种植业保险包括生长期农作物保险、收获期农作物保险、森林保险、经济林和园林苗圃保险等。养殖业保险包括大牲畜保险、家畜家禽保险、水产养殖保险和其他养殖保险等。

2. 人身保险

人身保险是以人的身体或生命为保险标的的一种保险。根据保障范围的不同,人身保险可区分为人寿保险、意外伤害保险和健康保险。

(1) 人寿保险。是以人的寿命为保险标的,当发生保险事故时,保险人对被保险人履行给付保险金责任的一种保险。①死亡保险,是在保险有效期内被保险人死亡,保险人给付保险金的一种保险。死亡保险又分为定期死亡保险和终身死亡保险。②生存保险,是以被保险人在规定期限内生存作为给付保险金的条件的一种保险。有年金保险和定期生存保险之分。③生死合险,又称两全保险,它是生存保险与死亡保险的混合险种。

(2) 意外伤害保险。是指被保险人在保险有效期间因遭遇非本意的、外来的、突然的意外事故,致使其身体蒙受伤害因而残废或死亡时,保险人按照合同约定给付保险金的一种人身保险。意外伤害保险可以单独办理,也可以附加于其他人身险合同内作为一种附加保险。该险种主要有两大类,即普通意外伤害保险和特种意外伤害保险。如大家经常乘坐客车进行短途出行,在买车票时会附带购买保费为1元、2元不等的意外伤害保险

(3) 健康保险。是指被保险人因疾病、分娩而造成的经济损失由保险人提供经济保障的一种保险。按经济损失的形式可将健康保险分为三类:①被保险人由于疾病或分娩所致残废或死亡,由保险人给付残废保险金或死亡保险金的一种健康保险。②医疗费用保险,即由于疾病和分娩所发生的医疗费用支出,由保险人给予保障的一种健康保险。③工作能力丧失收入保险,被保险人由于疾病所致的全部工作能力丧失或部分工作能力丧失,而使其不能获得正常收入,由保险人分期给付保险金的一种健康保险。

知识运用:如何购买人身保险

2019年全年,平安人寿重疾赔付件数20万件,赔付金额为148亿元,占其总赔付金额的43.79%,重疾险赔付最高的人群,主要集中在41~50人之间,其中癌症赔付占重疾险赔付的67.5%,甲状腺癌、乳腺癌、肺癌占比突出,分别达21.8%、10.6%、7.5%。意外医疗保险赔付件数136万件,赔付金额为31亿。

上述数据说明重疾险是多数人首要考虑的保险险种,那么我们在购买人身保险时究竟该如何购买合适的保险品种呢?首先根据个人家庭收入状况,其次考虑家庭成员的风险状况,第三考虑目前家庭拥有的保障品种如社会保障程度。优先购买意外伤害保险,其次重大疾病保险,最后考虑各种寿险。各险种能保障基本风险,在经济条件允许的情况下考虑保障风险范围大的险种,因为风险的保障范围越大,交纳的保费越高。

3. 责任保险

责任保险是以被保险人依法应负的民事损害赔偿责任或经过特别约定的合同责任为保险标的一种保险。

(1)公众责任保险。又称普通责任保险或综合责任保险,它是责任保险中独立的、适用范围极为广泛的保险类别,主要承保企业、机关、团体、家庭、个人以及各种组织,在固定的场所因其疏忽、过失行为而造成他人的人身伤害或财产损失,依法应承担的经济赔偿责任的一种保险。公众责任保险包括场所责任保险、个人责任保险等。

(2)产品责任保险。是承保产品制造者、销售者,因产品缺陷致使他人的人身伤害或财产损失而依法应由其承担的经济赔偿责任的一种保险。如大家购买某些商品时,通常会看到"本产品经某某保险公司承保"的字样

(3)职业责任保险。是承保各种专业技术人员,因工作上的疏忽或过失造成合同对方或他人的人身伤害或财产损失而依法应承担经济赔偿责任的一种保险。一般由提供各种专业技术服务的单位(如医院、律师事务所、会计师事务所、设计院等)投保,它适用于医生、药剂员、工程师、设计师、律师、会计师等专业技术工作者。现今国际保险市场上主要有医疗责任保险、律师责任保险、会计师责任保险、建筑工程技术人员责任保险及其他职业责任保险等。

(4)雇主责任保险。是承保被保险人(雇主)的雇员在受雇期间从事业务时,因遭受意外事故导致伤、残、死亡,或患有与职业有关的职业性疾病而依法或根据雇佣合同应由被保险人承担的经济赔偿责任。雇主所承担的这种责任包括其自身的故意行为、过失行为乃至无过失行为所致的雇员人身伤害赔偿责任,但保险人为控制风险并与社会公共道德准则相一致,被保险人的故意行为被列为除外责任。

4. 信用保证保险

信用保证保险是一种以经济合同所制定的有形财产或预期应得的经济利益为保险标的的一种保险。信用保证保险是一种担保性质的保险。按担保对象的不同,信用保证保险可分为信用保险和保证保险两种。

(1)信用保险。是权利人要求保险人担保对方(被保证人)的信用的一种保险。信用保险的投保人为信用关系中的权利人,由其投保他人的信用,例如卖方(权利人)担心买方不付款或不能如期付款而要求保险人保险,保证其在遇到上述情况而受到损失时,由

保险人给予赔偿,如出口信用保险等。

(2) 保证保险则是被保证人根据权利人的要求,请求保险人担保自己的信用的一种保险。保证保险的保险人代被保证人向权利人提供担保,如果由于被保证人不履行合同义务或者有犯罪行为,致使权利人受到经济损失,由其负赔偿责任。

(二) 按风险转嫁形式分类

1. 原保险

原保险是保险人对被保险人因保险事故发生所造成的损失承担直接保险责任的保险。

2. 再保险

再保险是保险人将自己所承担的保险责任全部或部分地分给其他保险人承担的保险方式,又称"分保"。分保做到了一家保险公司的赔偿责任由几家保险公司共同承担,分散了责任,保证了保险公司业务的稳定性。

3. 共同保险

投保人以保险金额的一部或全部向多个保险人投保同一种类的保险。简称共保。在发生赔偿责任时,其赔款按保险人各自承保的金额比例分摊。共同保险的目的在于分散危险。其特征是:①共保人的保险责任期限必须是相同的。②共保人承保的责任范围必须是相同的。③共保人承保的标的必须是相同的。共同保险也指通过被保险人自保与保险人承保从而共同分摊危险的保险。如在不足额保险中其不足部分可视为被保险人自保。当发生损失时,保险人仅赔偿与保险金额相当的保险金,不足部分由被保险人自负。

4. 重复保险

所谓重复保险,指投保人对于同一个保险标的、同一保险利益,在同一期间就同一保险责任,分别向两家或两家以上的保险公司订立的保险合同。我国《保险法》并没有禁止重复保险。在人身保险业务惯例中,一般对重复保险没有限制,但在财产保险中,一般对保险赔偿总额有所限制。

根据《保险法》规定,财产保险中,重复保险的保险金额综合超过保险价值的,各保险公司的赔偿金额的总和不得超过保险价值。除当事人另有约定外,各保险公司按其保险金额与保险金额总和的比例承担赔偿责任。例如,投保人将其价值 15 万元的家庭财产分别向保险公司甲、乙投保,甲公司承保金额为 8 万元,乙公司承保金额为 12 万元。则依据上述规定,当投保人发生全损时,甲、乙公司赔偿的总额仍以 15 万元为限,甲公司赔偿 6 万元,乙公司赔偿 9 万元。

重复保险时,投保人应当将重复保险的情况通知各保险公司。

(三) 按实施方式分类

(1) 法定保险,又称强制保险。是指由国家法律或政府行政法规强制规定必须实施的保险。强制保险的保险责任是依法自动产生的,不论投保人是否履行投保手续,凡属于承保范围内的标的,责任自动开始。

(2) 自愿保险,又称任意保险。是指由投保人与保险人在自愿基础上通过订立保险合同产生的一种保险形式,这是一种最为普遍的保险形式。

三、保险经营的环节

保险经营包括四个环节:投保、承保、防灾和理赔。

(一) 投保

投保,亦称购买保险,投保人通过保险业务人员或保险中介购买保险后,就与保险公司建立了一种较为长期的关系。实践的环节多表现为如实填写投保单。

1. 保险企业有义务为投保人提供良好投保指导服务

帮助投保人分析自己所面临的风险,帮助投保人确定自己的保险需求,帮助投保人估算可用来投保的资金,帮助投保人制定具体的保险计划

2. 投保人有充分享受自由选择投保的权利

投保人有权选择保险中介人,选择保险公司。在选择时要注意保险公司的类型;注意保险公司提供的险种与价格;考虑保险公司的偿付能力和经营状况。考察保险公司偿付能力的方法有两种:一是查看保险监管部门或评级机构对保险公司的评定结果。二是对保险公司的年终报表进行直接分析。要考虑保险公司提供的服务。

(二) 承保

承保是指保险合同的签订过程,即投保人和保险人双方通过协商,对保险合同的内容取得意见一致的过程。实践中多表现为保险公司签发保险单。

1. 审核投保申请

(1) 审核投保人的资格。即审核投保人是否具有民事权力能力和民事行为能力及对标的物是否具有保险利益,也就是选择投保人或被保险人。

(2) 审核保险标的。即对照投保单或其他资料核查保险标的使用性质、结构性能、所处环境、防灾设施、安全管理等情况。

(3) 审核保险费率。一般的财产和人身可能遭遇的风险基本相同,因此可以按照不同标准,对风险进行分类,制定不同的费率等级,在一定范围内使用。但是,有些保险业务的风险情况不固定,承保的每笔业务都需要保险人根据以往的经验,结合风险的特性,制定单独的费率。

2. 控制保险责任

(1) 控制逆选择。所谓逆选择,就是指那些有较大风险的投保人试图以平均的保险费率购买保险。保险人控制逆选择的方法是对不符合承保条件者不予承保,或者有条件地承保。

(2) 控制保险责任。一般来说,对于常规风险,保险人通常按照基本条款予以承保,对于一些具有特殊风险的保险标的,保险人需要与投保人充分协商保险条件、免赔数额、责任免除和附加条款等内容后特约承保。

(3) 控制人为风险。①控制道德风险。道德风险是指人们以不诚实或故意欺诈的行为促使保险事故发生,以便从保险中获得额外利益的风险因素。投保人产生道德风险的

原因主要有两点:一是丧失道德观念;二是遭遇财务上的困难。从承保的观点来看,保险人控制道德风险发生的有效方法就是将保险金额控制在适当额度内。②控制心理风险。心理风险是指由于人们的粗心大意和漠不关心,以致增加了风险事故发生机会并扩大损失程度的风险因素。保险人在承保时常采用控制手段包括:第一,实行限额承保。第二,规定免赔额(率)。③控制法律风险。法律风险主要表现有:主管当局强制保险人使用一种过低的保险费标准;要求保险人提供责任范围广的保险;限制保险人使用可撤销保险单和不予续保的权利;法院往往做出有利于被保险人的判决等等。保险人通常迫于法律的要求和社会舆论的压力接受承保。

3. 承保工作的程序

承保工作的程序包括这样几个环节:接受投保单、审核验险、接受业务、缮制单证(要求:单证相符;保险合同要素明确;数字准确;复核签章;手续齐备。)、续保。

续保是在原有的保险合同即将期满时,投保人在原有保险合同的基础上向保险人提出续保申请,保险人根据投保人的实际情况,对原合同条件稍加修改而继续签约承保的行为。

保险人在续保时应注意的问题有:①及时对保险标的进行再次审核,以避免保险期间中断;②如果保险标的的危险程度有增加或减少时,应对保险费率做出相应调整;③保险人应根据上一年的经营状况,对承保条件与费率进行适当调整;④保险人应考虑通货膨胀因素的影响,随着生活费用指数的变化而调整保险金额。

(三) 防灾

保险防灾是保险防灾防损的简称,是指保险人与被保险人对所承保的保险标的采取措施,减少或消除风险发生的因素,防止或减少灾害事故所造成的损失,从而降低保险成本,增加经济效益的一种经营活动。

(四) 理赔

保险理赔是指在保险事故发生后,保险人根据被保险人或者受益人提出的索赔请求,依照保险合同的约定,对保险标的遭受损失或损害的情况进行调查核实,并予以赔付的行为。保险理赔的程序包括这样几个环节:

1. 损失通知、立案检验

保险事故发生后,被保险人或受益人应将事故发生的时间、地点、原因及其他有关情况,以最快的方式通知保险人,并提出索赔请求。保险人接到出险通知后,应根据报案先后编号立案。之后根据事故性质、特点,保险人应派理赔员对现场进行查勘。查勘过程中,须做好现场的原始记录,并对伤害、事故的实际情况以及施救整理情况,逐项予以记录。

人寿保险以外的其他保险的被保险人或受益人,对保险人请求赔偿或给付保险金的权利,自其知道保险事故发生之日起二年内不行使而消灭。人寿保险的被保险人或受益人对保险人请求给付保险金权利,自其知道保险事故发生之日起五年内不行使而消灭。

2. 审核保险责任

审核保险单是否仍有效力、损失是否由所承保的风险所引起、损失的财产是否为保险财产、损失是否发生在保单所载明的地点、损失是否发生在保险单的有效期内、请求赔偿的人是否有权提出索赔、索赔是否有欺诈。

3. 进行损失调查

分析损失原因、确定损失程度、认定被保人的求偿权利。

4. 赔偿、给付保险金

保险金的赔偿给付是保险人承担保险责任的方法。原则上保险补偿以现金履行赔偿给付责任。但是,对于财产保险,也可以采取修复、重置等办法补偿损失。经被保险人同意保险公司理算结果后,即办理领款手续。被保险人在领款后签具赔款收据。保险人收到被保险人或者受益人的赔偿或者给付保险金的请求后,应当及时做出核定,并将核定结果通知被保险人或者受益人。对属于保险责任的,在与被保险人或者受益人达成有关赔偿或者给付保险金额的协议后 10 日内,履行赔偿或者给付保险金义务。保险合同对保险金额及赔偿或者给付期限有约定的,保险人应当依照保险合同的约定履行赔偿或者给付保险金的义务。保险人未及时履行前款规定义务的,除支付保险金外,应当赔偿被保险人或者受益人因此受到的损失。

5. 损余处理

一般来说,在财产保险中,受损的财产会有一定的残值。如果保险人按全部损失赔偿,其残值应归保险人所有,或是从赔偿金额中扣除残值部分,如果按部门损失赔偿,保险人可将损余财产折价给被保险人以充抵赔偿金额。

6. 代位追偿

在财产保险中,由于第三者责任导致发生保险事故造成保险标的的损失,保险人按照合同的约定履行保险赔偿义务后,依法取得对保险标的的所有权或对第三者的追偿权,代位(代被保险人)向第三者追偿。

四、我国的保险公司

保险公司是专门经营风险的企业,它是通过承保大量的同质风险,通过自身防灾防损等管理活动,力求降低赔付率,从而获得预期的利润。作为经营风险的企业,拥有并运用风险管理技术为被保险人提供高水平的风险管理服务。保险公司还通过自身的经营活动和多种形式的宣传,培养国民的风险意识,提高社会的防灾水平。保险公司的风险管理职能,更多的是通过承保其他风险管理手段所无法处置的巨大风险,来为社会提供风险管理服务的。所以,保险是风险管理的一支主力军。

1949 年新中国诞生之后的第一家保险公司"中国人民保险公司"成立,开辟了中国保险业的新纪元。但 1958 年由于各种原因保险公司被迫停办,改组成为中国人民银行总行的一个处,负责办理涉外保险业务。改革开放后的 1980 年,国内保险业务开始恢复,中国人民保险公司在全国各地都恢复了分支机构,并于 1984 年正式从中国人民银行中分离出来。1988 年中国平安保险公司成立,1991 年中国太平洋保险公司成立,1992 年美国友邦保险公司在上海浦东设立分公司。此后又有多家中资、外资以及中外合资保险公司被获准营业。

按照我国《保险法》规定,同一保险人不得同时兼营财产保险业务和人身保险业务。即保险业务的两大基本类别必须分开经营。因为财产保险和人身保险的保险对象不同,使得这两种保险业务各有特点。在承保手续、订立保险合同的要求、保险责任、保险计费的基础、保险金的赔付、保险基金的管理方式以及公司的解散、清算等方面都是有区别的,因此,保险公司有必要进行分业经营。保险公司分业经营,有利于实现保险业规范化管理,有利于提高保险业水平,同时有利于保证保险公司有相应的赔付能力,维护保户的合法权益。

改革开放以来,特别是中国加入世界贸易组织以后,我国保险公司的数量及其业务均呈迅猛增长之势。这一方面是因为保险市场对内对外开放,促进了中外资保险企业的进入和业务拓展。更重要的是因为中国保险市场潜力巨大、前景广阔。随着保险业的全面对外开放,保险业发展将进一步加快,保险业竞争进一步加剧。

第二节 信托实务

一、信托概述

1. 信托的概念

信托,顾名思义是信任和委托之意,是指财产的所有者为了某种目的,把财产权转移给自己信任的人,由其代为管理和处理的行为。可以看出,信托是一种以信任为基础,以财产为中心,以委托为方式的财产管理制度。"信"是"托"的基础和前提条件,"托"是"信"的表现形式和具体内容。

信托是一种特殊的财产管理制度,也是一种特殊的法律行为。我国《信托法》所称的信托,是指"委托人基于对受托人的信任,将其财产权委托给受托人,由受托人按委托人的意愿以自己的名义,为受益人的利益或特定目的,进行管理和处分的行为。"

简单地说,信托就是"得人之信,受人之托,代人理财,履人遗嘱。"

2. 信托的要素条件(内容)

(1) 信托行为

信托行为是以设定信托为目的而发生的一种法律行为,即信托当事人在签订信托时,为使信托具有法律效力而履行的一种手续。

其表现形式有书面合同、个人遗嘱、法院的裁决命令书。

(2) 信托关系人

信托关系中主要的关系人包括有:①委托人:设立信托时的财产所有者,即利用信托方式达到特定目的的人。要求必须是财产的合法所有者、必须是具有完全民事行为能力的自然人或法人。委托人将财产转移给受托人后,不再享有对此财产的处置权。②受托人:接受委托人委托,并按委托人的指示对信托财产进行管理和处理的人。要求必须具有民事行为能力。③受益人:在信托关系中享受信托财产收益的人。要求:受益人由委托人指定,除法律规定禁止享受某些财产权利的人之外,不论有无民事行为能力的人,均可为受益人。

3. 信托的职能

(1) 财务管理职能:是信托基本职能,即受托人接受委托人委托,为之管理信托财产的职能。该职能具有广泛性、多样性和适应性三个特点。

(2) 融通资金的职能:即信托具有筹措资金,融通资金的职能,这项职能以财务管理职能为基础,具有长期金融的特点,并将融资和融物相结合。

(3) 社会投资职能:通过各种业务参与社会投资,扩大了社会投资规模。如通过有价证券进行投资及以各种方式直接向企业投资。

(4) 社会福利职能:受托人通过信托业务,参与各种社会福利事务,完善了社会保障体系,对社会安全、人民幸福具有重要意义。

二、信托的业务种类

(一) 以信托关系成立的方式为标准划分

1. 任意信托

任意信托指信托的成立完全以各方当事人的自由意思表示为依据,不受外力干预。故又称"自由信托",又因其意思表示订定在文件上亦称为"明示信托"。这类信托中的意思表示以委托人的意思表示为最重要的依据。但是,也必须是受托人同意受托,受益人乐于受益。这类信托是信托中最为普遍的一种。此种信托又可分为两种:凡信托形成时意思表示已经完备的称"完整的任意信托"(Executed express trust);凡信托形成后尚须信托设定者用某种行为加以补充的,称"将来有效的任意信托"(Executory express trust)。

2. 法定信托

法定信托,根据文字的含义,指此种信托是依法律的规定来推测当事人的意思所发生的一种信托。即由司法机关确定其法律上信托的效力。这种信托的成立缺少信托关系形成的明白表示。须经司法机关根据该项关系的内容,考查有关文件资料来确定当事人的信托意思表示,以便测定确要成立信托的真正意思表示。然后断定各当事人之间是一种真正的信托关系。这种法定信托是英美法律上的一种特有现象。

(二) 以信托财产的性质为标准划分

1. 资金信托

资金信托指委托人基于对信托投资公司的信任,将自己的资金委托给信托投资公司,由信托投资公司按委托人的意愿,以自己的名义,为受益人的利益或特定目的管理、运用资金的行为,又叫金钱信托,是各国信托业务中运用比较普遍的一种信托形式。可划分为:①特定金钱信托:是指在该项信托中金钱的运用方式和用途由委托人特别具体指定,受托人只能根据委托人指定的用途运用信托财产。②指定金钱信托:委托人只指定金钱运用的主要方向,其运用的具体方式则由受托人决定。③非指定金钱信托:委托人对金钱的运用方式、运用范围不作任何限定,而是由受托人决定。

2. 动产信托

动产信托是指在动产的买卖过程中,在买方资金不足或卖方对买方信用不够了解的情况下,将财产所有权转移给信托机构,从信托机构获得融资或信用担保,最终实现动产的买卖。

3. 不动产信托

委托人把各种不动产,如房屋、土地等转移给受托人,由其代为管理和运用。

4. 有价证券信托

有价证券信托是指信托机构受托经营有价证券业务。信托机构开办此项信托,只按规定收取手续费,其收益全部归委托人所有。此项业务包括有价证券的登记发行、买卖、保管、转让、过户、出租、抵押、还本、领息及领取红利等。有价证券一般包括公债、公司债、股票和不记名式的信托受益证券等。

(三) 以信托目的为标准划分

1. 担保信托

以确保信托财产的安全,保护受益人的合法权益为目的而设立的信托。例如附担保公司债信托。

2. 管理信托

以保护信托财产的完整,保持信托财产的现状为目的而设立的信托。在此项信托中,信托财产不具有物上代位性。

3. 处理信托

改变信托财产的性质、原状以实现财产增值的信托业务。

4. 管理和处理信托

通常是由受托人先管理财产,最后再处理财产。

(四) 以信托事项的法律立场为标准划分

1. 民事信托

信托事项所涉及的法律依据在民事法律范围之内的信托。

2. 商事信托

商事信托是指信托事项所涉及的法律依据在商法规定的范围之内的信托。

(五) 从委托人的角度对信托的划分

1. 个人信托

个人信托形式种类繁多,既可以以信托目的划分,也可以以信托财产的形式划分,还可以以个人的生存期限划分。即个人信托最常用的分类形式是生前信托与身后信托。这是个人信托所特有的划分方式。

(1) 生前信托。生前信托是委托人与受托人签订信托契约，委托受托人办理委托人在世时的各项事务。形式：货币资金信托、债权信托、权利信托、实物财产信托等。

(2) 身后信托。身后信托是受托人受托办理委托人去世后的各项事务，身后信托主要以遗嘱形式设立。身后信托有三种确定形式：个人遗嘱、信托契约、法院裁定命令。

(3) 管理遗产信托。管理遗产信托是指信托机构作为受托人对遗嘱人的遗产进行管理。分为两种情况：一是遗产继承未定时的遗产管理信托。二是遗产"继承已定"时的遗产管理信托

(4) 监护信托。财产监护信托业务是信托机构接受委托为无行为能力者的财产担任监护人或管理人的信托业务。这里指的无行为能力者主要是未成年人或禁治产人，故这种业务又称为未成年人或禁治产人财产监护信托。

(5) 人寿保险信托。是人寿保险的投保人，在生前以保险信托契约或遗嘱形式委托信托机构带领保险金并交给受益人，或对保险金进行管理、运用，在定期支付给受益人的信托。

2. 法人信托

法人信托又称"公司信托""团体信托"，它是以法人作为委托人的信托业务。法人信托业务的产生和发展是建立在多种法人机构，即各种从事经营以盈利为目的的企业公司有了较大发展的基础之上。法人信托业务是对法人财产事务进行管理和处理的业务。法人信托业务在整个信托业务中占相当大的比重。

法人信托的范围：针对公司债的信托；关于公司创设、改组、合并、撤销和清算的信托；关于有形财产的信托；关于权利的信托。

3. 个人与法人通用信托

通用信托业务指那些既可以由个人作委托人，也可以由法人作委托人的信托业务。通用信托包括：投资信托（投资基金）、不动产信托、公益信托、管理破产企业的信托和处理债务信托。

(六) 以受托人承办信托业务的目的为标准划分

(1) 营业信托。

(2) 非营业信托。非营业信托是指受托人不以收取报酬为目的而承办的信托。

(七) 按照收益对象划分

1. 私益信托

委托人为自己、亲属、朋友或者其他特定个人的利益而设立的信托是私益信托。私益信托可以是自益信托，也可以是他益信托。私益信托是信托业务中的主要部分，信托投资公司通过运用信托手段为受益人谋取信托收益。

2. 公益信托

公益信托是指委托人为了社会公共利益的目的而设立的信托。为了下列公共利益目的之一而设立的信托，属于公益信托：救济贫困；救助灾民；扶助残疾人；发展教育、科技、

文化、艺术、体育事业;发展医疗卫生事业;发展环境保护事业,维护生态环境;发展其他社会公益事业等。

公益信托又可分为①公众信托。委托人为一定范围内的公众的利益而设立的信托。②公共机构信托。为促进公共机构的管理发展而设立的信托。可以提高公共机构的运行效率。

（八）以信托涉及的地理区域为标准划分

1. 国际信托

国际信托是指信托业务所涉及的事项已超出了一国的范围,引起了信托财产在国与国之间的运用。

2. 国内信托

国内信托是指信托业务所涉及的范围限于一国境内,或者说信托财产的运用只限于一国的范围之内。

三、信托投资公司

信托投资公司是经营信托投资业务的专业金融机构。1979年,作为改革开放、吸引外资的窗口,我国第一家信托投资机构"中国国际信托投资公司"成立。信托业为我国改革开放、引进外资以及市场经济的发展做出了非常重要的贡献。此后,从中央银行到各专业银行及行业主管部门、地方政府纷纷办起各种形式的信托投资公司,到20世纪80年代末达到最高峰时共有一千多家。为扭转业务范围混乱不清的历史,转向以"受人之托、代人理财"为主营业务,以收取手续费、佣金和分享信托收益为主要收入来源的金融机构,信托投资公司历经几次清理整顿,截至2003年12月底,全国完成重新登记的信托公司共有57家。2001年10月1日起正式施行的《中华人民共和国信托法》使我国信托业务的经营有法可依、有章可循。

目前,我国信托投资公司可以申请经营下列部分或者全部本外币业务:①受托经营资金信托业务,即委托人将自己合法拥有的资金,委托信托投资公司按照约定的条件和目的,进行管理、运用和处分;②受托经营动产、不动产及其他财产的信托业务,即委托人将自己的动产、不动产以及知识产权等财产、财产权,委托信托投资公司按照约定的条件和目的,进行管理、运用和处分;③受托经营法律、行政法规允许从事的投资基金业务,作为投资基金或者基金管理公司的发起人从事投资基金业务;④经营企业资产的重组、购并及项目融资、公司理财、财务顾问等中介业务;⑤受托经营国务院有关部门批准的国债、政策性银行债券、企业债券等债券的承销业务;⑥代理财产的管理、运用和处分;⑦代保管业务;⑧信用见证、资信调查及经济咨询业务;⑨以固有财产为他人提供担保;⑩中国人民银行批准的其他业务。

第三节 租赁实务

一、租赁概述

(一) 租赁的概念

租赁是指出租人与承租人以让渡财产的使用权为前提,通过契约,明确双方的权利与义务的经济行为。租赁是一种信用形式,具有信用的基本特征,是物品的所有者以收取报酬为条件,让渡使用价值的一种方式。它主要有以下特点:①所有权与使用权相分离。在租赁合同有效期内,设备的所有权属于出租人,但由承租人使用,并交付租金。②以契约关系为依据。出租人对承租人的这种使用权的让渡,以及双方权利与义务关系的确定,都以合同为依据。③融资与融物相结合。金融租赁与一般的借钱借物不同,出租人在将设备出租时,相应地解决了承租人增加设备的资金需要,具有典型的信用与贸易的两重性。

(二) 租赁的基本要素

(1) 租赁当事人:包括出租人和承租人。出租人指出租物件的所有者,拥有租赁物件的所有权,将物品租给他人使用,收取报酬。承租人指出租物件的使用者,租用出租人物品,向出租人支付一定的费用。

(2) 租赁标的:指用于租赁的物件。

(3) 租赁期限:即租期,指出租人出让物件给承租人使用的期限。

(4) 租赁费用:即租金,是承租人在租期内获得租赁物品的使用权而支付的代价。

(三) 现代租赁的含义

现代租赁也称金融租赁或者叫融资租赁,是以融资为目的而进行的一种租赁活动。①从租赁目的上看,承租人是为了进行设备投资而进行租赁的,而不仅是为了获得设备的使用价值。②租赁期满设备的处置方式是既可以停租、续租,也有留购选择权。租赁物件性质一般是专用设备而非通用设备。③融资租赁期限较长,不中断,承租人必须按期交付租金,并不得中途解除合同。

现代租赁在现代经济中发挥独特作用:①减少企业固定资本支出,提高资金利润率。传统做法下企业占有生产设备须增加大量资金,并必须形成在报表上反映的固定资产,而融资租赁则不用资产负债表上反映固定资产,提高了资金利润率。②减少了通货膨胀给企业造成的损失。设备折旧积累过程中,租金成本是随通胀率上升而下降的。③为企业提供融资的便利。银行借款审查严格,而租赁设备不构成企业负债,企业容易借到银行贷款。④降低了企业的融资成本。租赁可获税收优惠及加速折旧优惠。⑤避免设备陈旧过时的风险。企业可以根据对设备技术更新周期来确定租赁期,从而可以避免设备陈旧过时的风险。⑥可以扩大产品销售,有利于新技术新产品的推广。主要是从租赁公司以融资租赁形式帮助产品生产厂商推销新产品。

知识扩展:我国租赁发展新趋势

2018年,我国租赁经济市场交易额超过了63 000亿元,参与租赁经济服务提供者人数将过亿人。共享经济从风口跌落后,租赁经济走向了市场。

租赁方式从收取押金的共享经济转化到以信用主要参考依据并取代押金的房屋租赁、汽车租赁、衣服租赁、手机租赁、玩具租赁等方式蔓延,极大地方便了人们生活。

二、租赁的分类

租赁的业务形式多种多样,按照不同标准,可有不同的划分:

(一) 以租赁目的和投资回收方式为标准划分

1. 融资性租赁

融资性租赁又称金融租赁。指租赁的当事人约定,由出租人根据承租人的决定,向承租人选定的第三者(供货人)购买承租人选定的设备,以承租人支付租金为条件,将该物件的使用权转让给承租人,并在一个不间断的长期租赁期间内,通过收取租金的方式,收回全部或大部分投资。

融资租赁一般涉及三方当事人即:出租人、承租人和供货商,要签订两个或两个以上的合同(即租赁合同、购买合同和贷款合同),租赁物件和供货人是由承租人选定的,出租人可在一项租期内完全收回投资并盈利,融资租赁的标的物是特定设备,承租人也是特定的。一般情况下不得中途解约,租赁期满后,承租人一般对设备有留购、续租和退租三种选择。

2. 经营性租赁

经营性租赁是指一种短期租赁形式,是指出租人向承租人短期出租设备,并提供设备保养维修服务,租赁合同可中途解约,出租人须向不同承租人反复出租才可收回对租赁设备的投资。

经营性租赁的租赁关系简单,只有两个当事人,签订一个租赁合同,租赁目的主要是为了短期使用某种设备,租金的支付具有不完全支付性,租赁物件一般是通用设备,或技术含量很高、更新速度较快的设备,租赁物件的选择是由出租人决定的,租赁物件的使用有一定的限制条件,租赁期限比较短。

(二) 从征税的角度对租赁种类的划分

1. 节税租赁

可以享受税收优惠的租赁称之为节税租赁,也叫真实租赁。如出租人有资格获得加速折旧及投资减税等优惠,出租人可以降低租金向承租人转让部分税收优惠。承租人可以将其租金,从应纳税所得中扣除,从而减少应税金额。

2. 非节税租赁

不能享受税收优惠的租赁叫非节税租赁,也叫做销售式租赁或租购。租金中有部分金额是承租人为获得资产所有权而专门支出的,在支付一定数额的租金后,资产所有权即自动转移给承租人。承租人在短期内交付的租金,相当于购买这项设备所需要的大部分金额。一部分租金支出实际上是利息或被认为相当于利息。按名义价格留购一项资产。租金和留购价的总和按近购买设备的买价加运费。承租人承担出租人投资损失的风险。租期实质上等于租赁资产的全部有效寿命。

(三) 以租赁中出资比例为标准划分

1. 单一投资租赁

单一投资租赁是指出租人负责承担购买租赁设备的全部投资金额的租赁,这是一种传统的租赁方式。

2. 杠杆租赁

杠杆租赁是一种融资性节税租赁。出租人一般只需提供全部设备金额的20%~40%的投资即可获得设备所有权,享受百分之百的设备投资优惠。设备成本从60%~80%的资金可以以设备为抵押向银行和其他金融机构贷款。贷款可以设备本身和租赁费为保证,同时需出租人以设备第一抵押权,租赁合同及收取租金的受让权为该贷款的担保。杠杆租赁主要用于资本密集型设备的长期租赁。

杠杆租赁的出租人可获设备所有权及税收优惠。对贷款负有限责任,即仅限于出租物价值。承租人可获税收优惠。贷款人的贷款有保障。因此,杠杆租赁对当事人有诸多好处。

(四) 从租赁交易业务规范的角度对租赁的分类

1. 直接租赁

简称"直租"。是由出租人从金融市场筹措的资金向供货厂商购买设备,然后直接租给承租人,设备所付款项由出租人自行筹措。

2. 转租赁

转租赁是由出租人先从别的租赁公司租进设备,然后再租给承租人。

3. 回租

回租也叫售后租赁,指设备物主将自己拥有的资产卖给租赁公司,然后再从该公司租回使用。回租是指出卖人和承租人是同一人的融资租赁。在回租中,金融租赁公司以买受人的身份同作为出卖人的用户企业订立以用户企业的自有固定资产为标的物的买卖合同或所有权转让协议。同时,金融租赁公司又以出租人的身份同作为承租人的该用户企业订立融资租赁合同。

(五) 按租赁所涉及区域划分

1. 国内租赁

国内租赁是指租赁交易只涉及国内区域,即租赁交易中涉及的当事人同属一国居民。

2. 国际租赁

国际租赁是指租赁交易范围扩展到国外,即租赁交易涉及的当事人分属不同国家。

(六) 按财产性质划分

1. 不动产租赁

不动产租赁是指以房屋、土地等不动产为对象进行的租赁。

2. 动产租赁

动产租赁指以各种动产为对象进行的租赁,也叫设备租赁。

三、租金

租金是指出租人转让某种资产的使用权给承租人而按约定条件定期分次向承租人收取的"报酬",也就是出租人定期获得的收入。

租金是租赁交换关系中的交换价格。出租人要收回投资成本、银行贷款利息及营业费用和必要的利润;承租人要核算租金成本以及利润,所以要在租赁交换关系中支付或收取租金。

影响租金的主要因素有:①利率:在租赁设备总成本一定的情况下,利率是影响租金总额的最重要因素。固定利率条件下,利率越小,租金总额越大;浮动利率条件下,以Libor(即伦敦同业拆借利率)加利差作为当期租金利率。②租赁期限:租期长短直接影响租金总额大小。③付租间隔期:是上期付租日与当期付租日的时间间隔,间隔期越长租金总额越大。④计息频率:在复利条件下,计息频率越大,支付利息越多。⑤付租方式:期初付租,租金总额较少,期末付租租金总额较多。⑥保证金支付数量和方式。保证金是承租人在签订租赁合同时向出租人缴纳的履约保证资金,保证金越多,租金总额越少。⑥支付币种:利率高、汇率高的支付币种,租金就高些。⑦起租日与计息日。起租日指租赁合同法定正式生效日。计息日指出租人为租赁项目的各类开支开始计息之日。可能先计息后起租,也可以相反,两者间隔有长有短,影响利息累计,进而影响租金。

在实际计算租金时,有附加率法、年金法、成本回收法。①附加率法指在租赁资产的设备货价或概算成本上再加上一个特定的比率来计算租金的方法。特定比率由营业费用和预期利润来确定。②年金法是以年金现值理论为基础的租金计算方法。即将一项租赁资产在未来各租赁期内的租金按一定的利率换算成现值,使其现值总和等于租赁资产的概算成本的租金计算方法。③成本回收法指由租赁双方在签订租赁合同时商定,各期按照一定的规律收回本金,再加上应收的利息即为各期租金。

四、金融租赁公司

金融租赁公司(Financial leasing companies)是专门经营租赁业务的公司,是租赁设备的物主,通过提供租赁设备而定期向承租人收取租金。

金融租赁公司开展业务的流程是:租赁公司根据企业的要求,筹措资金,提供以"融物"代替"融资"的设备租赁。在租期内,作为承租人的企业只有使用租赁物件的权利,没有所有权,并要按租赁合同规定,定期向租赁公司交付租金。租期届满时,承租人向租赁公司交付少量的租赁物件的名义贷价(即象征性的租赁物件残值),双方即可办理租赁物件的产权转移手续。至此,租赁物件即正式归承租人所有,称为"留购",或者办理续租手续,继续租赁。

租赁公司面向大众,服务对象包括个人、企业(含私营、民营、国营等各类型企业)、事业、机关团体等的服务运营商、生产加工商、设备制造商及高科技中小企业。我国的金融租赁公司可经营下列本外币业务:直接租赁、回租、转租赁、委托租赁等融资性租赁业务;经营性租赁业务;接受法人或机构委托租赁资金;接受有关租赁当事人的租赁保证金;向承租人提供租赁项下的流动资金贷款;有价证券投资、金融机构股权投资;经中国人民银行批准发行金融债券;向金融机构借款;外汇借款;同业拆借业务;租赁物品残值变卖及处理业务;经济咨询和担保;中国人民银行批准的其他业务。

我国自1981年7月成立的首家由中资组成的非银行金融机构"中国租赁有限公司"到1997年经原中国人民银行批准的金融租赁公司共16家。但因各种原因,金融租赁公司普遍存在着经营范围较为混乱,在高风险领域投资规模过多过大又疏于风险控制与资产管理,导致了一些金融租赁公司面临着资产质量恶化,出现严重的支付困难,正常的业务经营已难以为继的状况。1997年后,海南国际租赁有限公司、广东国际租赁有限公司、武汉国际租赁公司和中国华阳金融租赁有限公司(2000年关闭)先后退出市场。随着中国市场经济体制的不断完善,中国资本市场的进一步发育完善,法律、监督、会计准则和税收环境对租赁业的支持力度越来越大,根据十届全国人大常委会立法规划要求,十届全国人大财经委员会组织商务部、中国银监会等部门在充分调查研究、广泛听取各方意见,形成了《中华人民共和国融资租赁法(草案)》(二次征求意见稿)。融资租赁立法将推进融资租赁业市场化进程,盘活固定资产、优化资源配置,满足企业技术改造的要求,提高企业技术水平,促进中小企业发展,引导消费,增加行业等方面发挥积极作用,在加快折旧、呆帐准备,流转税缴纳、关税缴纳、外汇结算资金来源等方面给予了重大政策扶持,宏观政治环境十分有利于中国租赁业的发展。金融租赁在发达国家已经成为设备投资中仅次于银行信贷的第二大融资方式,从长远来看,金融租赁公司在中国同样有着广阔前景。

总之,保险、信托和租赁机构等非银行金融机构是随着金融资产多元化、金融业务专业化而产生的。1681年英国成立了世界上第一家保险公司。1818年,美国产生了信托投资机构。到1980年底,美国信托财产总计达5712亿美元。20世纪初,证券业务和租赁业务迅速发展,产生了一大批非银行性的金融机构。70年代以来,金融创新活动不断涌现,非银行金融机构起了主要作用,它有力地推动了金融业务的多元化、目标化和证券化,使得各类金融机构的业务日益综合化。我国经济发展的历史证明,没有非银行金融机构的大发展、没有金融工具的不断创新,我国的市场经济运行机制就无法形成,经济就无法快速、持续、健康发展。

本 章 小 结

保险、信托和租赁机构等非银行金融机构是非银行金融机构的重要组成。

风险的客观存在是保险产生和存在的自然前提;风险的发展是保险发展的客观依据;保险经营效益受风险管理技术的制约。

保险,是指投保人根据合同约定,向保险人支付保险费,保险人对于合同约定的可能发生的事故因其发生所造成的财产损失承担赔偿保险金责任,或者当被保险人死亡、伤残、疾病或者达到合同约定的年龄、期限时承担给付保险金责任的商业保险行为。

保险经营包括四个环节:投保、承保、防灾和理赔。

信托,是指财产的所有者为了某种目的,把财产权转移给自己信任的人,由其去管理和处理的行为。

租赁是指出租人与承租人以让渡财产的使用权为前提,通过契约,明确双方的权利与义务的经济行为。租赁是一种信用形式,具有信用的基本特征,是物品的所有者以收取报酬为条件,让渡使用价值的一种方式。

保险、信托、租赁按照不同标准划分有多种业务种类。

复习思考题

一、单选题

1. 依据保险的经营性质可以将保险分为(　　)。
   A. 原保险与再保险　　　　B. 盈利保险与非盈利保险
   C. 公营保险与民营保险　　D. 商业保险与社会保险
2. 信托行为设立的基础是(　　)。
   A. 委托　　B. 金钱　　C. 股权　　D. 信任
3. 《中华人民共和国信托法》于(　　)正式实施。
   A. 2001 年 1 月 1 日　　　B. 2001 年 1 月 10 日
   C. 2001 年 10 月 1 日　　 D. 2001 年 7 月 1 日
4. 承租人将设备卖给租赁公司后再行租用的方式,称为(　　)。
   A. 现代租赁　B. 回租租赁　C. 经营租赁　D. 融资租赁

二、多项选择题

1. 以信托关系成立的方式为标准,信托基本可分为(　　)。
   A. 任意信托　B. 金钱信托　C. 法定信托　D. 动产信托
2. 租赁中以出资者的出资比例为标准可划分为(　　)。
   A. 单一租赁　B. 杠杆租赁　C. 直接租赁　D. 转租赁

三、论述题

1. 保险和风险的关系如何?
2. 按保险标的、保障范围的不同,保险可以分为哪些种类?
3. 以租赁目的和投资回收方式为标准,租赁可以分为哪些种类?
4. 影响租金的主要因素有哪些?
5. 以信托财产的性质为标准划分,信托可以分为哪些种类?

实 训 安 排

1. 设计信托项目和租赁项目

任务一:根据本章所学知识,以小组为单位设计一款具有适用性质的信托产品,并模拟将其出售给其他组同学,或者先进行市场调查,针对某一类信托需求设置一款信托产品。

任务二:对本学校内的同学进行调查,提炼同学的需求,充分考虑其资金缺乏的情况下,设计两款租赁产品,一是需要交纳押金,另一是根据同学的信用状况免交押金,适用时交纳租金(考虑如何收集信息,评估同学们的信用状况)。

2. 案例分析:分小组调查并讨论

据统计,2020 年 1~7 月,信托行业共发生 200 多起违约事件,涉及的违约项目金额超过 1100 亿元。8 月 11 日内蒙古西水创业股份有限公司(简称"西水创业")在《关于上海证券交易所监管工作函回复的公告》中称,其子公司天安财险认购新时代信托发行的信托产品 284.44 亿元,其中 60.40 亿元信托产品于 2020 年 6 月到期,逾期未收回。到 8 月 11 日,持有的新时代信托作为受托人发行的"新时代信托蓝海信托计划"中共有 11 笔信托产品到期且未收到本金及投资收益,逾期本金增至到 126.5 亿元。

当信托产品出现违约风险时,通常的处理方式有:信托公司动用自有资金先行偿还、通过处置抵押地产偿还、由提供担保的第三方偿还、发行新的信托产品筹集资金进行偿还、通过司法程序偿还等。

任务一:根据上述资料分析我国信托产品的投资领域有哪些?

任务二:调查当地的信托公司,了解其如何应对信托产品预期违约现象。

任务三:分析讨论哪类信托产品容易出现违约现象。

参 考 文 献

[1] 黄达. 金融学[M]. 北京:中国人民大学出版社,2008.

[2] 王广谦. 中央银行学[M]. 北京:高等教育出版社,2011.

[3] 张亦春等. 金融市场学[M]. 北京:高等教育出版社,2013.

[4] 弗雷德里克·米什金. 货币金融学[M]. 北京:清华大学出版社,2009.

[5] 魏华林,林宝清. 保险学[M]. 北京:高等教育出版社,2017.

[6] 钟明. 保险学[M]. 上海:上海财经大学出版社,2015.

[7] 施天涛,余文然. 信托法[M]. 北京:人民法院出版社,1999.

[8] 弗雷德里克·米什金. 金融市场与金融机构[M]. 北京:机械工业出版社,2008.

[9] 中国人民银行官网:http://www.pbc.gov.cn

[10] 中国银行保险监督管理委员会:http://www.cbirc.gov.cn/cn/list/9103/910303/1.html

第IV部分

宏观金融

第九章 货币需求、供给与失衡

学习目标

1. 掌握货币供给与货币需求的概念。
2. 掌握基础货币和货币乘数的定义及其影响因素。
3. 熟悉影响货币供给的主要因素和机理;理解货币供给与需求的非均衡下的通货膨胀与通货紧缩现象。

案例导入

通货紧缩困扰日本

早在20世纪90年代初经济泡沫破灭后不久,在日本经济运行与发展中就开始出现一系列通货紧缩性征象。日本的物价下跌具有全面性和持续性的特点。即:一方面表现为几乎全部或绝大部分商品的价格都同时呈现下跌态势;另一方面还表现为物价下跌已成为日本经济运行与发展中的一种长期态势。

日本通货紧缩的一个突出特点:它是在日本政府长期推行力度强大、规模空前的扩张性财政和货币政策的背景下形成的。20世纪90年代初,日本连续推出以减税和增加公共事业投资为主要内容的扩张性财政政策,涉及财政收支规模达130万亿日元之巨。其后果是财政赤字和政府债务规模急剧扩大,财政危机空前恶化。另一方面,日本银行也不断推出以降低官定利率为中心的扩张性货币政策。官定利率处于历史超低水平。

通货紧缩对日本经济的运行与发展造成多层面的消极影响:恶化企业经营环境、加剧消费需求低迷、加重财政赤字危机。

第一节 货币需求

一、货币需求与货币需求量的含义

货币需求是指在一定时期、一定条件下经济主体(如个人、企事业单位、政府等)在其既定的收入或财富范围内,能够并且愿意以货币形式持有的数量。把所有家庭、企业、政府的货币需求加总起来,就是全社会的货币需求。

正确理解货币需求的含义,必须从以下几个方面来把握:

(1) 不能将货币需求仅仅理解为一种主观的、纯心理的占有欲望。经济学中的货币需求是一种能力与愿望的统一,否则,需求就是无限的。货币需求是客观的货币需求,必须以收入或财富的存在为前提。

(2) 人们对货币的需求在于货币所具有的职能。人们需要以货币方式取得收入,以货币作为交换手段和支付手段,并进行财富的贮藏,由此对货币产生了一定数量的客观需求。

(3) 货币需求是与货币供给直接相对应的一个范畴,研究货币供给不能超越货币需求这一范畴。

(4) 货币需求的实质是市场需求,是市场体系的重要构成要素。无论是货币市场还是资本市场,都包括货币需求和货币供给两个方面。货币需求的机理与市场经济运行的机理相适应。

二、货币需求理论

(一) 马克思货币需求理论

马克思的货币需求理论集中反映在货币必要量理论中。为了分析方便,马克思以完全的金币流通为假设条件。他的论证过程是:①商品价格取决于商品的价值和黄金的价值,而价值取决于生产过程,所以商品是带着价格进入流通的;②商品价格有多大,就需要有多少金币来实现它,比如价值5克黄金的商品就需要5克黄金来购买;③商品与货币交换后,商品退出流通,黄金却留在流通之中,可以使其他的商品得以出售,从而一定数量的金币流通几次,就可以使相应倍数价格的商品出售。因此,马克思的货币必要量公式为:

$$M = \frac{PQ}{V} \qquad 9.1$$

公式表明:货币必要量取决于价格水平、进入流通的商品数量和货币的流通速度这三个因素。这三个因素按不同方向和不同比例变化,流通货币量则可能有多种多样的组合:

第一,在商品价格不变时,由于流通商品量增加或货币流通速度下降,或者这两种情况同时发生,则流通货币量就会增加,反之则减少。

第二,在商品价格普遍提高时,如果流通商品量的减少同商品价格的上涨保持相同的比例,或流通的商品量不变而货币流通速度的加快同商品价格的上涨一样迅速,则流通货币量均不变。如果商品量的减少或货币流通速度的加快比价格的上涨更迅速,则流通中货币量还会减少。

第三,在商品价格普遍下降时,如果商品量的增加或货币流通速度的降低比商品价格的跌落更迅速,则流通货币量就会增加。

马克思还分析了纸币流通条件下货币量与价格之间的关系。他认为纸币是由金属货币衍生而来的。纸币本身没有价值,只有处于流通时,才能作为商品价值和金币的代表。因此,纸币一旦进入流通成为商品价值凝结的表现形式后,就不会再退出流通。在金本位制条件下,流通中可以吸收的金币量是由商品流通的客观需要所决定的,而流通中的纸币只能代表商品流通客观需求的金币量。即在金币流通制度下,单位纸币所代表的金属货币量等于流通中所需要的金属货币量除以流通中的纸币总额。

马克思的货币必要量理论指出了货币流通规律的实质就是货币与商品流通必须相适应,从而货币流通必须要符合经济发展的需要。但是马克思是以金币流通为研究对象提出的货币量的公式,而现在的实际经济生活中,他的假设条件不一定成立,因此还应考虑现实情况的变化来分析货币需求。

(二) 费雪的现金交易说

美国经济学家费雪在1911年出版的《货币的购买力》一书中,对古典数量论作了阐述。他考察了一定时期内流通中货币的平均数量 M 与经济体内所生产出来的最终产品和劳务的支出总量 PT 之间的联系。即 P 代表各类商品价格的加权水平数,T 代表各类商品和劳务的交易数量,V 被称为货币流通速度,即货币周转率,代表 M 和 PT 之间的关系,也就是1年中1美元用来购买经济体最终产品和劳务总量的平均次数。费雪提出了著名的"交易方程式",即

$$MV = PT \text{ 或者 } P = MV/T \qquad 9.2$$

上式也被称为费雪方程式。费雪认为,货币数量乘以在给定年份中货币被使用的次数等于名义收入,即该年度花费在商品和劳务上的名义总量。这是现金交易数量说的核心内容。

费雪还认为,①货币流通速度 V 是由社会惯例、个人习惯、技术发展状况以及人口密度等因素决定的。由于这些因素在短期内是稳定的,在长期内变动也极慢,因此,V 在短期内是稳定的,可视为不变的常数。②在充分就业条件下,商品和劳务的交易量 T 变动极小,也可视为常数。③一般物价水平 P 完全是被动的,其变化由其他因素决定,而 P 对其他因素没有影响。

所以,在等式两端同除以 V,那么费雪方程式就可写成:$M = (1/V) \times PT$

根据费雪的货币数量论可以得到的结论是:货币数量 M 的变动将导致物价 P 的同比例同方向的变动。当货币市场均衡时,人们持有的货币数量 M 就等于货币需求量 Md,因此用 Md 代替等式中的 M,K 代表等式中的 $1/V$,则方程式又可改写为:$Md = K \times PT$

费雪的货币数量论表明:货币需求仅为收入的函数,利率对货币需求没有影响。货币需求主要取决于两个主要因素:一是名义收入水平 PT 所支持的交易规模;二是受制度因素影响的货币流通速度,进而决定 K。

(三) 剑桥学派的现金余额说

现金余额说是着眼于人们当作备用购买力所持有的现金余额来研究币值和物价波动的货币理论,由英国剑桥大学的教授、剑桥学派的代表人马歇尔和庇古提出。他们在研究货币需求问题时,强调探讨什么是决定个人希望保有货币的因素。也就是说,要研究处于经济体系中的个人对货币的需求。这实质是研究微观经济主体选择以何种方式保持自己资产的问题。

在剑桥学派的货币需求理论中,个人持有货币"嗜好"的主要决定因素是货币具有便利性,在商品和劳务的交换中是被普遍接受的。个人必须进行的交易越多,他想要持有的现金就越多,这在一定程度上和费雪的理论相似。然而,它强调的是想要持有(收入既定时)而不是必须持有,这是两种理论的基本区别。

剑桥学派认为,人们的财富主要用在三种用途上:一是投资以取得利息;二是消费以取得满足;三是持有在手中以获得便利和安全。人们以货币形式把财富保持在手中,即把财富用于第三种用途,就形成了现金余额,这是现金余额说的核心内容。

剑桥学派提出了货币需求函数,即剑桥方程式:$Md = K \times P \times Y$ 9.3

其中,Md 代表货币需求数量,即现金余额;Y 代表人们的全部财富,也可以代表实际收入;P 代表一般物价水平;K 代表人们持有的现金余额占全部财富的比率。

将费雪方程式与剑桥方程式相比较,很容易产生两者大体相同的看法,而实际上两个方程式存在着显著的差异:

一是对货币需求分析的侧重点不同。费雪方程式强调货币作为交易手段的职能,而剑桥方程式则把分析重点放在货币作为一种资产上。

二是对货币需求分析的角度不同。费雪方程式把货币需求与支出流量联系在一起,重视货币支出的数量和程度,而剑桥方程式则是从货币形式保有资产存量的角度考虑货币需求,重视这个存量占收入的比例。

三是两个方程式所强调的货币需求的决定因素有所不同。费雪方程式用货币数量的变动来解释价格,反过来,在交易商品量一定和价格水平一定时,也能在既定的货币流通速度下得出一定的货币需求结论。而剑桥方程式则是从微观角度进行分析的产物。剑桥方程式中的系数 K 是由人们的选择行为决定的,受到多种因素的影响,因此可能上下波动。而 K 的变动取决于人们拥有的财富的选择,财富可投资于实物形态进行生产,也可直接消费,还可保持在货币形态上。微观主体在权衡比较中决定对货币的需要。若选择在货币形态上保存,必将增加现金余额,而现金余额的增加又会使 K 增大。显然,剑桥方程式中的货币需求决定因素多于费雪方程式,强调人们保有的现金余额的作用,特别是利率的作用已成为不容忽视的因素之一。这为后来的经济学家的研究奠定了基础,凯恩斯的流动性偏好理论正是在剑桥学派的现金余额说的基础上发展起来的。

(四) 凯恩斯的货币需求理论

1936 年凯恩斯出版了《就业、利息和货币通论》,以 20 世纪 30 年代的经济危机为背景,提出了一整套全新的经济理论,被称为"凯恩斯革命"。他是现代西方最著名的经济学家之一。在《就业、利息和货币通论》中,他放弃了古典学派将货币流通速度视为常量的观点,提出了一种强调利率重要性的货币需求理论,即流动性偏好理论。

1. 货币需求的三大动机

凯恩斯对货币需求的突出贡献在于对货币需求动机的分析,他认为,人们的货币需求有三种动机:交易动机、预防动机和投机动机。

(1) 交易动机。交易动机是指企业或个人为了应付日常交易而愿意持有货币的愿望。这是由于货币的交易媒介职能所导致的一种货币需求。交易动机可分为个人交易动机和企业营业动机。个人和企业的收入与支出之间往往存在着一定的时间间隔,为了保证日常正常的交易和再生产,他们就需要经常保留一定的货币余额。凯恩斯把这种个人和企业为进行日常购买而产生的货币需求称为交易动机的货币需求。交易动机的货币需求主要取决于收入的多少、收支间隔时间的长短及其规律性、企业的产量以及这一产量经过多少程序才能到达消费者手中等诸多因素。如果人们的收入多而且收支间隔较短,则交易动机的货币需求就小;反之,如果人们的收支间隔较长,则交易动机的货币需求就大。因此,交易性货币需求是收入的递增函数,即与收入正相关,同方向变动。

(2) 预防动机。又称谨慎动机,是指人们为了应付突然发生意外支出而需要持有一部分货币的动机。比如,为了防止疾病、失业等意外情况出现,企业为了抓住未能预见的有利时机进货,避免原材料涨价等意外事件,因此除了日常交易所需要的货币之外,人们还必须再保留一定量的货币余额。这类货币需求称为预防动机的货币需求。预防动机的货币需求与收入正相关,呈同方向变动,也是收入的递增函数。

(3) 投机动机。投机动机是指人们为了在未来某一恰当的时机进行投机活动,而持有一部分货币的愿望。凯恩斯认为,除了交易动机、预防动机的货币需求以外,人们持有货币还有财富储藏的功能。

为了便于分析,凯恩斯假定用于贮藏财富的资产只有两大类:货币和债券。人们只能在这两种资产当中选择其财富的持有形式。假如持有货币的预期回报率大于持有债券的预期回报率,则人们就愿意持有货币。假定货币的预期回报率为零,则对于债券来说,其预期收益来自两部分:利息收入和预期资本利得。由于债券价格与利率反方向变动,利率上升,则债券价格下降;当利率大幅上升到一定程度,资本损失超过利息收入,则债券的预期回报率为负值,低于货币的预期回报率,那么此时人们更愿意用货币来储藏财富。

反过来,人们预期未来利率会下降,债券价格趋于上升,可以获得资本利得。此时人们更愿意持有债券,从而超过持有货币的预期回报,减少手持货币。

凯恩斯把这种心理偏好称为"流动性偏好"。所谓流动性偏好,是指人们宁愿持有流动性高但不能生利的货币,也不愿持有其他虽能生利但较难变现的资产,其实质就是人们对货币的需求。

2. 凯恩斯对货币需求的划分

凯恩斯将交易动机、预防动机这两种动机引起的货币需求归入一个范围之内,因为这两个动机的货币需求都与收入水平之间存在着稳定的关系,都是收入的递增函数。而用于满足投机动机的货币需求,与利率呈反方向变动,是利率的递减函数。凯恩斯将货币需求的三种动机综合起来建立货币需求函数。以 M_1 表示满足交易动机和预防动机的货币需求,Y 表示收入,L_1 表示 Y 与 M_1 之间的函数关系。以 M_2 表示满足投机动机的货币需求,r 表示利率,L_2 表示 r 与 M_2 之间的函数关系。

用函数公式表示为:$M_1 = L_1(Y), M_2 = L_2(r)$。

$$M = M_1 + M_2 = L_1(Y) + L_2(r) = L(Y, r) \qquad 9.4$$

3. 流动性陷阱

所谓流动性陷阱,是指当一定时期的利率水平降至非常低时,货币需求就会变得无限大,没有人再愿意持有债券,只愿意持有货币。因为此时利率已降至很低的水平,人们都预期利率将升高,如果持有债券,就会遭受债券跌价所带来的损失。此时"流动性偏好"变成绝对性,使货币需求弹性变得无限大,即无论增加多少货币供给,都会被人们以货币形式持有,失去了利率弹性,这一现象被称为"流动性陷阱"。这一现象的出现,导致货币政策失去了有效性。

因此,凯恩斯主张在经济衰退时,政府应运用财政政策而不是货币政策。他认为发生流动性陷阱时,再宽松的货币政策也无法改变市场利率,使得货币政策失效。在流动性陷阱下,人们在低利率水平时仍然选择储蓄,而不愿投资和消费。当利率为零时,即使中央银行增加多少货币供应量,利率也不能降为负数,如果货币和债券利率都为零时,由于持有货币比持有债券更便于交易,人们也是更愿意持有货币而不愿持有债券。在这种情况下,靠增加货币供应量不再能影响利率或收入,货币政策处于对经济无效的状态。

(五) 弗里德曼的货币需求理论

进入20世纪50年代末期后,大规模的经济萧条已不再是西方经济的主要问题,取而代之的则是通货膨胀问题。20世纪70年代以来,单纯的通货膨胀又为更复杂的"滞胀"问题所代替,即高通货膨胀率与经济停滞、高失业率并存。在这样的历史背景下,以美国芝加哥大学学者弗里德曼为首的货币主义经济学家及时抓住通货膨胀这个主题趁机而起,在传统货币数量论的基础上,提出了现代货币数量论,试图对新的经济问题作出理论上的解说,并提出新的政策主张。

1956年,弗里德曼发表了题为《货币数量论———一种新表述》的论文,这标志着货币数量论的重新复活。弗里德曼认为,现代货币数量论并不像传统货币数量论那样,假定充分就业条件下的产量不变,并把货币流通速度也作为固定的常数,然后研究货币数量同物价的关系。而是认为,物价水平或名义收入(货币收入)是货币需求同货币供应共同作用的结果,决定货币供应的是货币制度,即法律和货币当局的政策,而货币需求的决定则是货币数量论所要研究的问题。这样,弗里德曼便认为,由于货币供给是一种外生变量,考察货币需求是由何种因素决定的理论极为重要。因此,弗里德曼对货币数量论的重新表述就从货币需求入手。

弗里德曼将货币看做是资产(财富)的一种形式,也就是说货币同债券、股票、耐用消费品、房屋及机器一样都是资产。因此,人们在考虑如何保有自己的财富时,就要选择:持有的资产是用货币形式,还是用其他形式。这样,弗里德曼运用消费者需求和选择理论,来分析人们对货币的需求。

消费者选择理论认为,消费者在选择消费品时,需考虑三类因素:①收入,这构成预算约束;②商品价格以及替代品和互补品的价格;③消费者的偏好。

同理,影响人们货币需求的第一类因素是预算约束,也就是说,以个人所能持有的货币以及总财富量(各种财产形式的总和)为限。由于在实证研究中,很难获得总财富的估计数,因此,弗里德曼便用收入作为财富的代表。但是,可以表示财富状况的当期收入又常常增减变动,无一定的规律,故不适于代表总财富,因此,弗里德曼就采用较稳定的"恒久性收入"作为总财富的代表。所谓"恒久性收入"指的是过去、现在和将来的收入的平均数,即长期收入的平均数。总财富包括人力财富和非人力财富两类。人力财富是指个人获得收入的能力,非人力财富即物质财富。由于人力财富不能像非人力财富那样可随时在市场上买卖以转换成收入或其他资产,因此,人们须要经常持有一定数量的货币。例如,当对劳动力的需求很小,即出现失业时,就很难把人力财富变成物质财富。因此,当总财富中人力财富所占比例较大时,人们为了对人力财富的需求不足做好准备,以备失业时维持生活,也为了应付紧急须要,就会持有较多的货币;反之,则只需要持有较少的货币。基于这些考虑,弗里德曼便将非人力财富占总财富的比率,作为影响人们货币需求的一个重要变量。

影响货币需求的第二类因素是货币及其他各种资产的预期收益率。这有些类似于消费理论中的商品与其替代品和互补品之间的价格关系。货币能否产生收益,决定于货币类型。货币的名义收益率可以为零(现金),也可以为正(定期存款的利息)或为负(活期存款的各项费用)。债券和股票的名义收益率则由两部分构成:一是现期支付的收益,如利息、股息;二是这些资产的名义价格变动所导致的资本利得或资本损失。实物资产的名义收益率是物价水平的变动率,因为物价水平变动,会使实物资产的名义收益率发生变动。这些资产(除货币外)的名义收益率就是人们持有货币的机会成本。因此,它们自然会影响人们的货币需求。

影响货币需求的第三类因素是财富持有者的偏好。此类因素是指除收入外影响货币效用的其他因素或变量。

根据以上分析,可得到最终财富持有者个人的货币需求函数。由于各种资产的实际收益取决于物价水平,货币需求函数又可区分为名义货币需求函数和实际货币需求函数两种。实际货币需求函数可表达为:$M/P = f(y, w; rm, rb, re; 1dp/Pdt; u)$

其中:M = 财富持有者个人所持有的货币量

P = 一般物价水平

M/P = 实际货币需求,即持有货币所能支配的实物量

w = 非人力财富所占总财富的比率

rm = 货币的预期名义收益

rb = 债券的预期名义收益率,包括债券价格的变动

re = 股票的预期名义收益率,包括股票价格的变动

$1dp/Pdt$ = 预期物价变动率,也是实物资产的预期名义收益率

u = 主观偏好以及其他影响货币服务效用的非收入变量

弗里德曼的货币需求理论采用了与凯恩斯和更早些的剑桥学派经济学家相类似的方法,但对持有货币的动机未作深入地分析。同时,弗里德曼通过运用理论表明,货币需求是恒久性收入和货币相对于其他可替代资产的预期回报率的函数。弗里德曼的理论和凯恩斯的理论存在两个差异。弗里德曼认为,利率的变动对货币的影响相对于其对其他资产的预期回报率影响甚微。与凯恩斯不同的是,他认为货币需求对利率不敏感。此外,他还强调,由于货币需求函数不会发生大幅度的位移,因而是稳定的,这一点与凯恩斯也不相同。

第二节 货币供给

在现代信用货币制度下,流通中的货币都是由银行体系创造和提供的,信用货币已完全取代了金属货币,货币供给机制也变得更加复杂。货币供给的变动会影响利率乃至整体经济的健康运行,对经济生活影响深远。因此,理解货币供给的原理机制非常重要。

一、货币供给与货币层次

(一) 货币供给的含义

货币供给是指一定时期内一国经济主体把所创造的货币投入流通的过程。货币供给首先是一个经济过程,即银行系统向经济生活中注入货币的过程;其次,货币供给必然形成一定的货币量,一般称之为货币供给量。

关于货币供给的定义,需要说明几点:

首先,货币供给有狭义和广义之分。狭义的货币供给一般是指用于交易的货币,即在银行体系之外存在的硬币、纸币,再加上存入银行的活期存款。广义的货币供给是指货币资产的各种不同形式,主要形式包括:银行存款、商业票据、政府债券等。

其次,货币供给在量上是一个存量概念,通常是指一国经济中在某一时点上的货币存量。在不兑现的信用流通条件下,货币供给量是指被个人、企事业单位和政府部门持有的,由银行系统供应的现金发行量和存款量。银行是供给和改变货币存量大小的重要机构。

再者,货币供给量既是外生变量又是内生变量。因为中央银行能够运用货币政策工具对社会的货币量进行扩张和收缩,所以货币供给量的大小在很大程度上为政策左右,它是个外生变量。但同时,货币供给量的变化又受制于非政策性因素,受制于社会中除央行外的其他经济主体的货币收付行为影响,它还是个内生变量。由此,央行对货币供给量的调控十分困难。

(二) 货币层次的划分

目前大多数经济学家都根据金融资产的流动性来确定货币供应量的范围,划分货币的层次。所谓金融资产的流动性,是指一种金融资产能迅速转换成现金而对持有人不造成损失的能力。转换能力包含两方面:一是能否快速、方便、自由地转换;二是转换过程中的受损程度。转换自由顺畅、损失最小的货币才是流动性强的货币。人们根据金融资产的流动性强弱把货币分为若干层次。

各国公布的货币供应量指标各不相同,通常定义如下:

M_0 = 流通中的现金

$M_1 = M_0 +$ 银行体系的活期存款

$M_2 = M_1 +$ 商业银行的定期存款和储蓄存款

$M_3 = M_2 +$ 其他金融机构的储蓄存款和定期存款

$M_4 = M_3 +$ 其他短期流动资产（如短期国库券、商业票据等）

中国人民银行目前关于货币层次的划分如下：

M_0：流通中现金，即狭义货币

$M_1 = M_0 +$ 银行的活期存款

$M_2 = M_1 +$ 定期存款+储蓄存款+其他存款，即广义货币。

按流动性的强弱对不同形式、不同特性的货币划分不同的层次，是科学计量货币数量、客观分析货币流通状况、制定货币政策、有效进行宏观调控的必要措施。随着金融市场发展和金融工具创新，各国对货币供应量统计口径还会进行修订和完善。

二、货币供给

货币供给量是存在于流通领域之中被各经济单位所持有的货币存量。现实生活中的货币都出自银行，而财政、企业、机关团体和个人等只是货币的运用者，不得发行货币，货币只能由银行发行，又不断回归银行，所以银行是整个货币供给的决定部门。

（一）现金运行机制（如图9.1所示）

我国现金——人民币是由中国人民银行发行，具体是由中国人民银行设置的发行基金保管库（简称发行库）来办理的。在运行过程中，可将其表述为：中央银行将现金从发行库调至商业银行的业务库，从而进入流通程序。单位或个人从银行提取现金后，进行购买或支付，然后商品的售出者或款项的收受人再将收取的现金存入商业银行。最后，现金由商业银行的业务库回笼到中央银行（发行库）。

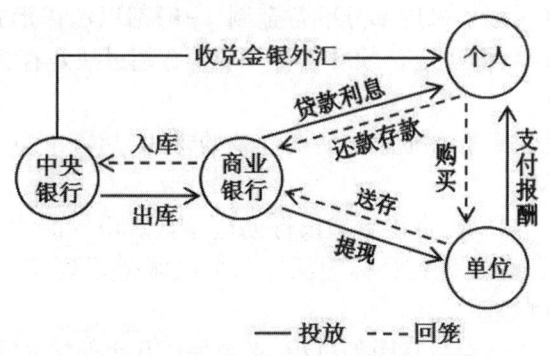

图9.1 现金运行机制

纵观现金运行机制，它有如下三大特点：①现金主要在银行之外流通，进入银行体系之后或走出银行体系之前，现金都不是流通中的，尽管它仍然以现金形态存在。②如果银行体系既不增加现金投入，也不组织现金回笼，那么，无论现金如何流通，它只会发生持有人结构的变化，而不会有数量上的增减。③现金流通一般主要对应于小宗商品即消费品的交易。

（二）存款运行机制

现代转账结算制度下,客户在取得银行贷款后,往往并不立即提取或全部提取现金,而是将其转入客户在商业银行的活期存款账户中。这样,一方面,商业银行增加了贷款,另一方面又增加了活期存款。这就产生了原始存款与派生存款的概念。

1. 原始存款与派生存款

所谓原始存款指银行吸收的现金存款。这部分存款不会引起货币供给总量的变化,仅仅是流通中的现金变成了银行的活期存款,存款的增加正好抵销了流通中现金的减少。

所谓派生存款是相对原始存款而言的,是指经过不同的商业银行的资产运用而创造出来的,由商业银行以原始存款为基础发放贷款而引申出来的超过最初部分存款的存款,它是原始存款的派生和扩大。具体可以从以下三方面来理解：

（1）派生存款必须以一定量的原始存款为基础。派生存款作为商品经济条件下银行信用活动必须产生的普遍现象,作为银行经济活动提供的信用流通工具的一种机能,必须具有派生的基础,即有一定量的原始存款为保证。在一定时期内,如果存款派生系数相对稳定,银行的原始存款数量越大,创造派生存款的能力就越大;反之,如果原始存款数量越小,创造派生存款的能力就越小。

（2）派生存款是在商业银行内部直接形成的。在现实的银行信用活动中,在实行转账结算的条件下,凡是在银行具有创造信用流通工具能力的货币,都具有创造派生存款的能力。

（3）存款经过派生形成的存款数量要远远超出原始存款。派生存款形成后又会被银行贷出,同样派生出另一笔存款。这样的存贷、贷存的反复进行,自然会派生出大量的存款来增加流通中的货币供应。

2. 存款货币创造过程

现代各国银行制度一般均采用部分准备金制,一般都以法律形式规定商业银行必须保留的最低数额的准备金,即法定存款准备金。准备金超过法定存款准备金的部分,称为超额准备金。

法定存款准备金是法定准备金率与活期存款的乘积,超额准备金则是银行实际准备金与法定准备金的差。

法定存款准备金率的高低,直接影响银行创造存款货币的能力。存款货币创造机制所决定的存款货币的最大扩张倍数,称为派生倍数或派生系数、派生存款乘数。一般来说,它是法定准备金的倒数。

为了说明商业银行创造存款货币的过程,必须先作几个假定：①每家银行只保留法定准备金,其余部分全部贷出,超额准备金等于零。②客户收入的一切款项均存入银行,而不提取现金。③法定存款准备率为 20%。

现假设 A 企业将 10 000 元存入第一家银行,该行增加原始存款 10 000 元,按 20% 提留 2000 元法定准备金后,将其余 8000 元全部贷给 B 企业,B 企业用来支付 C 企业货款,C 企业将款项存入第二家银行,使其存款额增加 8000 元。该行提留 1600 元法定准备金后,又将6400元贷给D企业,D企业又用来向E企业支付货款,E企业将款项存入第三家银行,该行又继续贷款……如此循环下去,存款派生过程见表9.1。

表9.1　商业银行创造派生存款过程　　　　　　　　　　　　　　单位:美元

银行名称	存款增加数	按20%提留存款准备金额	放款增加数
第一家银行	10 000.00	2000.00	8000.00
第二家银行	8000.00	1600.00	6400.00
第三家银行	6400.00	1280.00	5120.00
第四家银行	5120.00	1024.00	4096.00
第五家银行	4096.00	819.20	3276.80
第六家银行	3276.80	655.36	2621.44
第七家银行	2621.44	524.29	2097.15
第八家银行	2097.15	419.43	1677.72
第九家银行	1677.72	335.54	1342.18
第十家银行	1342.18	268.44	1073.74
合计	44 631.29	8926.26	35 705.03
其他银行	5368.71	1073.74	4294.97
总计	50 000.00	10 000.00	40 000.00

由上表可知,在部分准备金制度下,10 000美元的原始存单,可使银行共发放贷款40 000美元,并可使活期存款总额增至50 000美元。活期存款总额超过原始存款的数额,便是该笔原始存款所派生的存款总额。商业银行的这种扩张信用的能力决定于两大因素:一是原始存款,即例中第一笔存款1万美元。原始存款越大,则往下派生数额也越大,两者成正比。二是上交中央银行的法定存款准备率,本例中为20%。如果存款准备率高,往下派生数额相对减少;反之,派生数额相对增加,两者成反比。用公式表示如下:

$$存款金额 = \frac{原始存款}{存款准备金率} = 原始存款 \times \frac{1}{存款准备金率} \qquad 9.5$$

如以上例假设数据代入,可得:

$$存款总额 = \frac{10\ 000}{20\%} = 5000(美元)$$

派生存款总额 = 存款总额 − 原始存款额 = 50 000 − 10 000 = 40 000(美元)

需要补充说明的是,在现实经济生活中,存在以下若干事实:①在银行存款中,客户会提取部分现金,出现现金漏损。②商业银行上交存款准备金外,为了随时应付支付的须要,往往还须保留部分存款备付金,即所谓超额准备。如果考虑到这两个事实,当现金漏损率提高,银行本身超额准备率提高,则银行可发放贷款的资金要相应减少,派生存款能力减弱;反之,则派生能力相应增大。因此,现金漏损率与超额准备率类似法定存款准备率,与商业银行存款派生能力成反比。将这个因素补充加入上式,则可得下列式:

$$存款总额 = 原始存款 \times \frac{1}{存款准备率 + 现金漏损率 + 超额准备率} \qquad 9.6$$

根据上式可推算出存款派生倍数,即

$$存款派生倍数 = \frac{存款总额}{原始存款} = \frac{1}{存款准备率 + 现金漏损率 + 超额准备率} \qquad 9.7$$

由上可知,商业银行吸收一笔原始存款能够创造多少存款货币,要受到法定存款准备率、现金漏损率、超额准备率等许多因素的影响。分母的数值越大,则派生倍数的数值越小,商业银行创造货币的能力也越小。

三、货币供给的决定机制

(一) 基础货币的定义及特征

基础货币,又称"高能货币"或"强力货币",是商业银行存于中央银行的存款准备金和流通于银行体系之外的现金通货的总和。由此可以看出,基础货币由两个部分构成:一是商业银行的存款准备金,包括商业银行持有的库存现金、在中央银行的法定存款准备金和超额准备金;二是流通于银行体系之外的社会公众所持有的现金,即通常所说的通货。用公式表示:

$$基础货币 = 商业银行存款准备金 + 流通中通货 \qquad 9.8$$

作为基础货币,它既有质的规定性,又有量的规定性。

基础货币质的规定性主要表现在以下几个方面:一是基础货币是中央银行的负债,即由中央银行投放并能直接控制的那部分货币,它只是整个货币供给量的一部分。中央银行通过调节基础货币的数量,数倍地扩张或收缩货币供应量,由此构成了货币供应量的基础。二是基础货币流动性很强,是所有货币中最活跃的部分。三是基础货币具有派生性,它具有多倍的伸缩功能。四是基础货币具有相关性,它与货币供给量有较高的相关性。五是基础货币具有可控性,是中央银行直接控制的金融变量。

基础货币量的规定性主要表现在:基础货币量的构成包括商业银行在中央银行的法定准备金、超额准备金以及流通于银行体系之外的现金通货。如果用 R 表示商业银行在中央银行的准备金,C 表示流通于银行体系之外的现金通货,B 表示基础货币,则基础货币量的构成公式表示为:$B = R + C$。

(二) 影响基础货币变化的因素

1. 存款准备金比率

如果央行提高存款准备金比率,商业银行上缴的存款准备金则多,基础货币量增加;反之,央行降低存款准备金比率,商业银行上缴的存款准备金则少,基础货币量就减少。

2. 政府的财政收支状况

当政府的财政收支恶化,出现赤字时,弥补的方法有:增加税收、发行新的公债、增发通货或直接向中央银行透支。政府在征收税收或发行公债时,基础货币会暂时减小。这是因为假设政府将这些收入存入银行,通过清算,政府在央行的存款增加了,存款机构的准备金就减少相同数额。

增发通货或直接向中央银行透支会直接扩大基础货币供应。直接向中央银行透支会扩大基础货币,可能引发通货膨胀,因此许多国家明令禁止这种做法。通过征税和发行新的债券来筹集开支,从一定意义上说并不会影响基础货币。例如,当公众支付税收或购买政府债券时,基础货币会暂时减少,但是当政府偿还这些债务时,货币又回到流通中,使基础货币恢复到原来水平。另外,当财政收支出现赤字时,财政部持有的现金和在中央银行的存款倾向于减少,这也会扩大基础货币。相反,当政府财政收支出现盈余时,财政因偿还部分政府债务会减少财政在外通货量或减少政府债券持有量,这样又会倾向于减少基础货币供应。

3. 黄金存量变化和国际收支状况

当市场黄金存量增加时,中央银行在收购黄金的同时,投放了等值的通货,这就增加了基础货币投放;当国际收支出现持续顺差或中央银行为了调控汇率,在外汇市场购入外汇时,效果和收购黄金相同,即增加基础货币投放。

4. 中央银行的行为

中央银行可以通过公开市场操作直接调节基础货币总量。当中央银行为维持本币汇率稳定,被迫在外汇市场买入外汇扩大基础货币供应量时,通过在公开市场卖出等额证券,基础货币又会恢复到原来水平,这种操作方法称为冲销干预。

中央银行通过对商业银行贷款或再贴现率的松紧,可以影响到商业银行的上缴存款准备金数量,进而影响到基础货币。例如当央行作为最后贷款人,扩大对商业银行的放款和贴现,就会使商业银行在央行的存款准备金能够增加。

5. 技术和制度性因素

结算中的票据实际上是中央银行为结算而向存款机构提供的短期信贷。存款机构将收到的支票送交中央银行进行清算,由于传递耽搁等原因,会出现一方面收款机构已经贷记了该支票,另一方面出票机构尚未进行借记,于是总的准备金就会暂时增加。当支票最终清算时,准备金的暂时增加会消失。但是对于整个银行系统来说,这种在途结算中的票据始终存在。随着计算机网络和卫星通信形式的结算中心的建立,在途结算中的票据数额会大大缩小,银行清算效率大大提高,因此产生的基础货币也会减少。

(三) 影响货币乘数变动的因素

在基础货币一定的条件下,货币乘数决定了货币供给的总量。货币乘数越大,则货币供给量越多;反之,货币乘数越小,则货币供给量越少。货币乘数是货币供给的扩张系数,或者说是一定量的基础货币发挥作用的倍数,是货币供给量与基础货币的比值。

设 Ms 为货币供给量,m 为货币乘数,B 为基础货币,则货币供给量模型为:$Ms=m \cdot B$
那么,货币乘数模型为:$m=Ms/B$。

以货币层次 M_1 为例,则货币乘数可以表示为::$m=M_1/B=(c+d)/(c+r)$。

货币乘数是决定货币供给量的重要因素,那么影响货币乘数的因素主要有以下几个:

1. 法定准备金率

按规定,各家商业银行必须按法定存款准备金率将其存款的一部分转存于中央银行,往往当一国经济过热、货币供应过多时,中央银行会通过提高法定存款准备金率来限制商业银行创造存款的能力。法定准备金率越高,货币乘数越小,两者负相关。

例如当法定存款准备金率为20%时,商业银行如果拥有100万元的活期存款,则至少要缴纳20万元的法定存款准备金,剩余的80万元才可以用于放款。而如果法定存款准备金率降低到10%时,商业银行如果拥有100万元的活期存款,则要缴纳10万元的法定存款准备金,剩余的90万元才可以用于放款。很显然,法定存款准备金率的高低和商业银行创造存款的倍数、信用扩张的能力、货币乘数的大小成反比。

根据以上分析,则可得 $m=(1+c)/rd$,其中 rd 代表法定存款准备金率。由此可知,货币乘数是法定存款准备金率的倒数。

2. 现金漏损率

现金漏损率是指社会公众持有的现金对商业银行活期存款的比率,其变动主要取决于社会公众的资产选择行为。现实中往往客户会提取部分现金,则现金会流出银行系统,出现现金漏损,其与存款额之间的比率称为现金漏损率(c)。现金漏损率越高,说明现金外流越严重,银行可以用于下一步放款的资金就会减少,派生存款的能力下降。因此,当把现金漏损率考虑进去,货币乘数可修正为: $m=(1+c)/(rd+c+e)$

3. 超额准备金率

商业银行的实有准备金往往不是恰好等于法定准备金,而会有一定数额的超额准备金,超额准备金与存款额之比称为超额准备金率(e)。超额准备金率也影响了银行存款的创造,同法定准备金率的影响原理一样,如果超额准备金率大,银行信用扩张的能力就会缩小。反之,如果超额准备金率小,银行信用扩张的能力就会提高。因此,当把现金漏损率考虑进去,派生乘数可修正为: $K=1/(rd+c+e)$

4. 定期存款比率

定期存款比率是指商业银行的定期存款对活期存款的比率。定期存款比率与货币乘数负相关。一个企业不会只有活期存款账户,总会把一些暂时不用的资金从活期存款账户转入定期存款账户。在前面各因素的分析中,由于现金漏损和超额准备金完全脱离存款的创造过程,我们可以将 c 和 e 直接简单地加入分母,但是定期存款比率则不行。这是因为定期存款也参与存款创造,只是它要交法定准备金,比率低于活期存款。若活期存款转定期存款的比率为 t ,定期存款的法定准备金率为 rt ,则货币乘数修正为: $m=(1+c)/(rd+c+e+t \cdot rt)$

上面几种情况,是用抽象的方法分别说明 r、c、e、$t \cdot rt$ 等因素对基于 M_1 层次的货币乘数 m 的影响,同样可以依据此思路推导出基于 M_2 等不同货币层次的货币乘数表达式。理论上认为,货币乘数主要受四个因素的影响,即现金比率、法定存款准备金率、超额准备金率、定期存款比率。但就实际情况而言,存款货币的派生扩张倍数、货币乘数的大小还要根据整个国民经济情况、所处的经济发展阶段而定。

第三节 货币供求均衡与失衡

一、货币供求均衡

货币供求均衡,是指货币供给与货币需求基本相适应的一种经济状态。在现代经济条件下,货币供求均衡,也可以说是由货币收支活动与它们所反映的国民收入及社会产品运动之间的相互协调一致。如果用 Ms 表示货币供给,用 Md 表示货币需求,货币均衡用公式表示为:$Ms = Md$。

在开放经济条件下,货币供求均衡有如下特征:

(1)货币均衡是一种状态,是货币供给与货币需求的基本适应,而不是指货币供给与货币需求在数量上的完全相等。

(2)货币均衡是一个动态过程。它并不要求在某一个时点上货币的供给与货币的需求完全适应,它承认短期内货币供求的不一致状态,但长期内货币供求之间应大体相互适应。

(3)货币均衡在一定程度上反映了国民经济的平衡状况。货币不仅是商品交换的媒介,而且是国民经济发展的内在要素,一定时期内的国民经济状况必然要通过货币的均衡状况反映出来。

二、货币供求均衡与社会总供求

(一)货币供给与社会总需求的联系

社会总需求是指一定时期内社会货币购买力总额,相应提出对商品和劳务的需求,也可分为消费需求和投资需求。社会总需求的变动,一般来说,首先是来源于货币供给量的变动,如果没有货币供给,有效需求就无从产生。因此,货币供给决定并制约社会总需求。货币供给增加,社会需求增大,反之则减少。货币供给过多导致通胀,供给过少导致经济萎缩。

但是货币供给量变动以后,能在多大程度上引起社会总需求的相应变动,取决于货币持有者的资产偏好和行为,即货币持有者的资产选择行为。当货币供给量增加后,人们所持有的货币量增加,假如人们不是把这些增加的货币用于消费或投资,而是全部用于窖藏,则对社会总需求不会产生影响。假如货币供给量增加后,人们没有将增加的货币用于窖藏,而是用于增加对投资品的购买,从而增加了社会总需求中的投资支出,就会直接影响到投资品市场的供求状况。

(二)货币供给量与社会总需求的区别

货币供给量与社会总需求量二者在质上是不同的。货币供给量是一个存量的概念,是一个时点的货币量,而社会总需求量是一个流量的概念,是一定时期内的货币流通量。在货币供给量中,既含有潜在货币,也含有流动性货币,而真正构成社会总需求的只能是流通性的货币。

货币供给量变动与社会总需求量的变动,在量上也是不一致的。社会总需求量是由流通性货币及其流通速度两部分决定的,而货币供给量则是由流通性货币与潜在性货币两部分构成的。一定量的货币供给增加后是否引起社会总需求的增加、增幅多大,主要取决于两个因素:其一是货币供给量中潜在性货币与流通性货币的比例;其二是货币流通速度的变化情况。一般来说,流通性货币所占的比重大,流通速度加快,社会总需求量增加。所以,货币供给量的变动与社会总需求量的变动,在量上往往是不相同的。

(三) 货币供给与货币需求

在研究货币供求关系问题上,货币需求的数量在现实中并不能直接地表现出来,也就是说,客观上需要多少货币,这是很难界定的。这是因为,其一,社会经济本身是一个不断发展变化的过程,客观经济过程对货币的需求受多种因素的制约,且这种需求也是随客观经济形势变化而不断变化的。其二,在纸币流通条件下,再多的货币都会被流通所吸收,因此,不管社会的货币需求状况如何,货币供给量与货币需求量始终都是相等的。也就是说,在货币供给量一定的条件下,不管社会的货币需求状况如何,全社会所持有的货币的名义数量既不可能超过现在的货币供应量,也不可能少于这个量,二者名义上始终是相等的。但是,这种名义上的货币供求均衡关系,并不一定就是实际的货币供求均衡的实现。因为,从社会的角度看,名义货币总量并不一定就代表了社会经济过程所要求的货币需要量。名义货币量可以反映出三种动态趋势,即:

(1) $Ms=Md$,即价格稳定,预期的短缺趋于稳定,国民收入增加。

(2) $Ms<Md$,即物价上涨,预期的短缺增加,名义国民收入增加,而实际国民收入增加受阻,或增幅下降。

(3) $Ms>Md$,即物价下跌或趋于稳定,预期的短缺消失,企业库存增加,商品销售不畅,国民收入下降,经济处于停滞状态。

因此,分析货币供求均衡与否,仅从名义的货币供求状况是难作出判断的,必须深入分析实际的经济过程,才能弄清问题的实质。

(四) 货币供求均衡和社会总供求均衡

社会总供求平衡是商品市场和货币市场的统一平衡。如果把总供求平衡放在市场的角度研究,它包括了商品市场的平衡和货币市场的平衡,也就是说,社会总供求平衡是商品市场和货币市场的统一平衡。商品供求与货币供求之间的关系,可用图9.2来简要描述。

图9.2中包括了几层含义:一是商品的供给决定了一定时期的货币需求。因为,在商品货币经济条件下,任何商品都需要货币来表现或衡量其价值量的大小,并通过与货币的交换实现其价值。

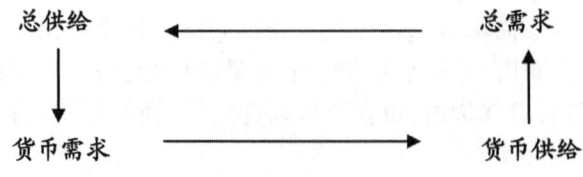

图9.2 货币供求与社会总供求的关系

因此,有多少商品供给,必然就需要相应货币量与之对应。二是货币的需求决定了货币的供给。就货币的供求关系而言,客观经济过程的货币需求是基本的前提条件,货币的供给必须以货币的需求为基础,中央银行控制货币供应量的目的,就是要使货币供应与货币需求相适应,以维持货币的均衡。三是货币的供给形成对商品的需求,因为任何需求都是有货币支付能力的需求,只有通过货币的支付,需求才得以实现,因此在货币周转速度不变的情况下,一定时期的货币供给水平,实际上就决定了当期的社会需求水平。四是商品的需求必须与商品的供应保持平衡,这是宏观经济平衡的出发点和复归点。

三、货币供求失衡下的解决方案

一般而言,货币供求状况可能有几种情况:

一是货币供给不足,客观的货币需求得不到满足,整个经济处于萎缩或萧条状态,资源大量闲置,企业开工不足,社会经济的发展因需求不足而受阻。这种情况下,中央银行就应采取一种扩张性的货币政策,增加货币供应,降低市场利率,刺激社会总需求的增加,从而促进生产的恢复和发展,促使货币的供求保持其均衡。

二是货币供给量过多,超过货币需求量,整个经济必然会处于过度膨胀的状态,生产发展很快,各种投资急剧增加,市场商品物资供应不足,大多的货币追逐太少的商品,物价上涨。这时中央银行就应采取一种紧缩的政策,缩减货币供应量,提高市场利率,抑制社会总需求的增加,从而使物价趋于稳定,社会的货币供应与货币需求趋于均衡。

三是货币供给与货币需求在结构构成上不相适应。一些经济部门由于需求不足,商品积压,一些商品不能顺利实现其价值和使用价值,生产停滞。而另一些经济部门则需求过度,商品供不应求,价格上涨,生产发展速度很慢。这表明整个经济结构失调,发展畸形。这时,中央银行的货币政策应有松有紧,松紧搭配,通过调整货币供给的构成和流向,改变这种供求结构不相适应的状况,促使供求结构趋于协调,以促进整个经济的协调发展。

第四节 通货膨胀与通货紧缩

一、通货膨胀的定义

通货膨胀是一个被广泛使用的经济学范畴,但到目前为止,经济学家们对通货膨胀的定义并没有达成一致的意见。现代货币主义的代表人物弗里德曼的定义是:"通货膨胀在任何时空条件下都是一种货币现象。"他认为,所有的通货膨胀都源自货币供应的高增长率。新自由主义经济学者哈耶克认为:"通货膨胀是指货币数量的过多增长,这种增长会合乎规律导致物价上涨,即仅限于因货币数量过多引起的物价上涨。"新古典综合学派的代表人物萨缪尔森认为:"通货膨胀是物品和生产要素的价格普遍上升时期。"新剑桥学派的罗宾逊夫人认为:"广义来说,通货膨胀指物价总水平的持续上升,或者说由于经济活动中的工资报酬率的日益增长引起物价的直升变动。"美国著名经济学家莱德勒和帕金的定义是:"通货膨胀是一个价格持续上升的过程,或者说是一个货币价值持续贬值的过程。"

在很多著作中一般定义为:"在信用货币制度下,流通中的货币数量超过经济实际需要而引起的货币贬值和物价水平全面而持续的上涨。纸币、含金量低的铸币、信用货币等,过度发行都会导致通货膨胀。"

对于通货膨胀的认识,需要注意:

(1) 通货膨胀不是指价格总水平一次性或短期的的上升,而是一个持续的上升。只有当价格持续地上涨作为趋势不可逆转时,才可称为通货膨胀。应该持续多长时间,对于这一点并没有定论。

(2) 通货膨胀不是指个别商品和劳务价格的上涨,而是指价格总水平的上涨,普遍的物价水平的上涨,局部性的或地区性的价格上涨不是通货膨胀。

(3) 通货膨胀是价格总水平的明显上升。物价总水平上涨多少,对于这一点没有一个统一的共识,有些经济学家主张规定一个限度,还有的经济学家主张用"明显的"这样比较模糊的概念。

(4) 强调把商品和劳务作为考查的对象,目的在于与股票、债券以及其他金融资产的价格相区别。

(5) 通货膨胀不只指公开形式的物价上涨,在存在隐蔽性通货膨胀的条件下,消费品供不应求的矛盾主要是以非价格的方式表现出来的。在政府对物价进行管制的情况下,它表现为供应短缺、黑市活跃和配给制等。

(6) 通货膨胀存在于现代信用货币制度下。纸币条件下之所以会产生通货膨胀,是由纸币的性质决定。因为纸币本身没有价值,发行多少也不会自动退出流通,往往发行数量越多,单位货币所代表的价值越少,人们就会产生进一步贬值的预期,从而更多抛出手中的货币,使流通中货币的数量更多,从而发生通货膨胀。

对于通货膨胀的理解,还需要注意:

(1) 在通货膨胀引起的价格总水平持续上升期间,也有个别物价水平是有下降可能的。

(2) 判断是否出现通货膨胀,一定程度上取决于人们对通货膨胀水平的承受能力。不同国家对通货膨胀能接受的程度也不太一样。

二、通货膨胀的类型

通货膨胀从不同的角度可以划分为不同的分类,具体可以按以下几种方式划分:

(一) 按通货膨胀的程度不同划分

1. 爬行式通货膨胀

爬行式通货膨胀指价格总水平的年上涨率不超过2%~3%,并且在经济生活中没有形成通货膨胀的预期,这属于正常的物价上升。在20世纪50年代,美国、英国和日本的物价水平的年上涨率大都保持在1%~3%的幅度内,就属于典型的爬行式通货膨胀。

2. 温和式通货膨胀

温和式通货膨胀指价格总水平上涨比爬行式高,一般物价年上涨率在3%以上但未达到两位数的通货膨胀。这种情况的通货膨胀一般不会对社会经济生活造成重大影响,一些乐观的经济学家认为温和式通货膨胀在一定程度上还可激励经济的扩张与发展,大多数国家都经历过这种通货膨胀。

3. 奔腾式通货膨胀

奔腾式通货膨胀指物价上涨率在2位数以上,且有较快的发展速度。这一程度的通货膨胀已经对经济和社会产生重大影响,甚至出现挤提银行存款、抢购商品等引发市场动荡的现象,但还不足以导致货币体系和经济生活的崩溃。如果不坚决控制,就会导致物价进一步大幅上升,酿成恶性通货膨胀的后果。

4. 恶性通货膨胀

恶性通货膨胀亦称超级通货膨胀,指物价上涨特别猛烈且呈加速趋势,通货膨胀率在100%以上。这一程度的通货膨胀已经严重破坏了正常的经济生活秩序,货币购买力急剧下降,开始动摇社会安定的基础,最后容易导致整个货币信用制度的崩溃。这一程度的通货膨胀多发生在战争、社会变革、政治动荡时期的国家和地区,比如,第一次世界大战后的德国、奥地利,二战后的匈牙利以及20世纪80年代的巴西都出现过类似的情况。

(二)按表现形式不同划分

1. 公开型通货膨胀

公开型通货膨胀是指价格总水平明显地、直接地上涨。这是市场经济条件下通货膨胀的一般表现形式。由于市场经济发达的国家价格很少受限制,当货币供应超过需求,社会总需求大于社会总供给时,就直接地、明显地表现为物价的上升。

2. 隐蔽型通货膨胀

隐蔽型通货膨胀是指货币工资没有下降,物价总水平也未提高,但居民实际消费水准却下降的趋势。此时,商品供不应求的现实通过准价格形式表现出来,如黑市、排队、凭证购买、有价无货、价格不变但质量下降。主要是因为当经济中已经积累了难以消除的总需求大于总供给的压力,但是政府依然采取管理和冻结物价,对商品销售进行价格补贴,对购买行为进行限量控制等措施,使通货膨胀的压力不能通过物价上涨释放出来。在排斥市场经济、实行单一行政计划管理体制时期的苏联及东欧各国,以及在实施改革开放政策以前和改革初期实行"价格双轨制"时的中国,都不同程度地存在过隐蔽型的通货膨胀。

(三)按通货膨胀的成因不同划分

通货膨胀是个复杂的经济现象,各国在不同时期出现通货膨胀的主要原因也是不同的。不论何种类型的通货膨胀,其直接原因只有一个,即货币的失衡,也就是货币供应过多,用过多的货币与既定的商品和劳务量相对应,必然导致货币贬值、物价上涨,出现通货膨胀。导致货币供应量过多的深层原因主要有:需求拉上、成本推动、结构因素、供给不足、预期不当以及体制制约等。这里主要讨论以下几种:

1. 需求拉上型通货膨胀

社会总需求超过社会总供给,从而导致物价上涨,并直接引起商品价格上涨,这种通货膨胀称为需求拉上型通货膨胀,又被通俗地表述为"过多的货币追逐过少的商品"。一般说来,总需求的增加会引起物价水平的上升和生产总量的增加,但在达到充分就业的情况下,即达到实际产量的极限之后,总需求任何一点的增加,都会引起价格水平的进一步提高,也就是通货膨胀更加明显。

需求拉上型通货膨胀又分为三种:一是凯恩斯学派的过度需求论。该理论认为,总需求包括消费需求、投资需求和政府支出需求,任何一部分的需求增加都会使得总需求增加。总需求因为非价格因素的影响拉动价格上升,从而导致通货膨胀。二是货币学派的货币数量说。该理论认为,货币数量过多导致总需求过大,信贷规模过分增加,使流通中货币过多而出现通货膨胀。三是引起价格上涨是由三方面因素导致,自发需求增长拉动通货膨胀,成本提高导致工资、收入增加诱发通货膨胀,政府的扩张性支出形成通货膨胀。特别注意的是,即使在未达到充分就业的情况下,总需求过度增加也会造成通货膨胀。

2. 成本推动型通货膨胀

成本推动型通货膨胀又称"成本通货膨胀"或"供给通货膨胀",在没有超额需求的条件下,由于供给方面成本的提高所引起的价格水平的普遍持续上涨。在一个封闭经济中,货币工资在劳动生产率和价格水平均未提高前率先自动上升,或者其他生产投入品或要素价格因市场垄断力量的存在而上升,导致因生产成本提高而价格上涨。其中,由于提高工资而引致的生产成本增加又称工资推动,由于生产要素价格垄断而导致的生产成本增加又称利润推动。

(1) 工资推动型通货膨胀论认为,由于存在强大的工会组织,使劳动力市场存在不完全竞争,即使在劳动力供过于求时,工资也不会下调。企业为维持盈利必须提高产品的价格,物价上涨又使得实际工资下降,工会又会进一步要求提高工资,从而推动物价的再次上涨,从而形成所谓的"工资-物价-工资螺旋"。工资推进的通货膨胀仅仅是在工资增长水平大大超过劳动生产率水平时才比较明显。

(2) 利润推动型通货膨胀的前提条件是在商品服务市场中存在不完全竞争。卖方可能操纵价格,使得价格上涨大大超过成本以赚取高额利润,比如垄断性企业为追求利润制定的垄断价格,发达国家的反托拉斯法目的就是为了防止垄断高价的形成。

3. 供求混合型通货膨胀

在经济生活中,需求拉动的作用与成本推动的作用常常是混合在一起的,任何单方面的作用只会暂时引起物价上涨,并不能引起物价总水平的持续上涨,只有总需求与总供给互相推动,才会导致通货膨胀的发生。即"拉中有推,推中有拉"。供求混合型的通货膨胀是主要表现形式。

4. 结构型通货膨胀

在总需求和总供给处于平衡状态时,由于经济结构、部门结构方面的因素发生变化,也可能引起物价水平的上涨。这种通货膨胀就被称为结构型通货膨胀,具体又可以分为三种:

(1) 需求转移型通货膨胀:

在总需求不变的情况下,某个部门的一部分需求转移至其他部门,而劳动力及其他生产要素却不能及时转移,需求增加了的部门的工资和产品价格上涨,而需求减少了的部门的产品价格却未必相应下降,结果导致物价总水平的上升。

(2) 部门差异型通货膨胀:

部门差异型通货膨胀是指经济部门(如产业部门和服务部门)之间由于劳动生产率、价格弹性、收入弹性等方面存在差异,但货币工资增长率却趋于一致,加上价格和工资的向上刚性,从而引起的总体物价上涨。

(3) 北欧型通货膨胀:

北欧型通货膨胀是由北欧学派提出的,它以实行开放经济的小国为探讨背景。在这些国家,经济部门可以分为开放的经济部门和不开放的经济部门,由于小国一般只能在国际市场上充当价格接受者的角色,世界通货膨胀就会通过一系列机制首先传递到它们的开放经济部门,并进而带动不开放经济部门,最后导致价格总体水平上升。

三、通货膨胀的度量

通货膨胀在市场经济条件下表现为一般物价水平的持续上涨,而物价上涨幅度则通过物价指数来衡量。物价指数是指本期物价水平对基期物价水平的比率,通常将基期的物价指数设定为100,如果本期物价指数大于100,则表示本期物价水平上涨;反之,则表明物价水平下降。通货膨胀率可以表示为:

通货膨胀率=(报告期物价指数−基期物价指数)÷基期物价指数×100%

一般,衡量通货膨胀程度的指标有消费物价指数、批发物价指数和国民生产总值物价平减指数、生活费用指数、生产物价指数。本书主要介绍前三种。

(一) 消费物价指数(CPI)

消费物价指数,是一个反映居民家庭一般所购买的消费商品和服务价格水平变动情况的宏观经济指标。它是度量一组代表性消费商品及服务项目的价格水平随时间而变动的相对数,它反映消费者为购买消费品而付出的价格的变动情况。居民消费价格统计调查的是社会产品和服务项目的最终价格,它是进行经济分析和决策、价格总水平监测和调控及国民经济核算的重要指标,其变动率在一定程度上反映了通货膨胀或紧缩的程度。

由于消费物价指数能够灵活地反映居民日常生活成本的变化,资料获取方便,公布次数频繁,在衡量通货膨胀时被多数国家采用。但该指数无法考虑商品质量的改进、新产品对消费者福利的增进,只泛泛包括了消费品和劳务,而不能反映资本品及进口品的价格变动趋势,所以需要结合其他指标一起使用。

(二) 批发物价指数(WPI)

根据商品批发价格变动资料所编制,反映不同时期生产资料和消费品批发价格的变动趋势与幅度的相对数。批发物价指数既可按全部商品综合编制,也可按不同部门或各类商品分别编制,但不包括劳务价格。批发物价指数的优点在于对商品流通比较敏感,其缺陷在于统计范围狭窄。这个指标的变动规律同消费物价指数的变动规律有显著的区别:在一般情况下,即使存在过度需求,其波动幅度也常常小于零售商品的价格波动幅度,在使用它来判断总供给与总需求的关系时,可能会导致不正确的结论。美国劳工统计局编制的批发物价指数包括2400多种商品批发价格变动状况,其中有机器、金属、木材、皮革、纸张、轮胎、燃料、服装、化学制品和农产品等。

(三) 国民生产总值平减指数(GNP deflator)

国民生产总值平减指数是按当年价格计算的国民生产总值与按不变价格计算的国民生产总值的比率。它可以反映全部生产资料、消费品和劳务费用的价格的变动,是衡量一国经济在不同时期内所生产和提供的最终产品与劳务的价格总水平变化程度的经济指标。

国民生产总值平减指数 = 报告期价格计算的国民生产总值/不变价格计算的国民生产总值 * 100%

国民生产总值平减指数的优点是其包括的范围广,除了消费品和劳务外,还包括有资本品和进出口商品,所以它能较全面地反映一般物价水平的变动趋势,能度量各种商品价格变动对价格总水平的影响。其缺点是编制国民生产总值平减指数须要收集大量的资料,而且需要投入大量的时间,很难及时更新和公布,在时效上无法满足经济决策的须要。

上述指数各有优缺点,因为反映的内容不同,数字上往往不一致。所以很多国家为了克服片面性,同时编制和公布上述三项指数,供大家参考。

四、通货膨胀的社会经济效应

(一) 产出效应

产出效应一直是经济学界研究通货膨胀的焦点,大体可分为三类,即促进论、促退论和中性论。

所谓促进论,就是认为通货膨胀具有正的产出效应,有利于经济增长。持这一观点的认为,资本主义经济长期处于有效需求不足,实际经济增长率低于潜在经济增长率的状态。因此,政府可以实施通货膨胀政策,用增加赤字预算、扩张投资支出、提高货币增长率等手段来刺激有效需求,促进经济增长。

不少经济学家认为,对发展中国家来说,通货膨胀促进经济增长的效应尤为明显。①发展中国家政府收入来源有限,财政向中央银行借款,会增加流通中的货币供给。只要政府将这种借款用于增加实际投资,同时采取一定的措施保证私人部门的投资不因政府投资增加而相应减少,那么,这种膨胀性的财政和货币政策就会由于增加实际投资而促进经济增长。②一般情况下,通货膨胀有利于富裕阶层的收入再分配。因此,通货膨胀会通过提高储蓄率而促进经济增长。③通货膨胀出现后公众预期的调整有一个时滞过程。物价上涨了,名义工资未发生变化,企业利润率则会相应提高,从而刺激私人投资积极性,达到促进经济增长的目的。

所谓促退论,与促进论观点正好相反。这种理论假说认为,虽然通货膨胀初期对经济具有一定的刺激作用,但长期的通货膨胀会对经济带来严重的消极影响,降低经济体系的运行效率,阻碍经济的正常持续发展。具体来说:①通货膨胀会降低借款成本,从而诱发过度的资金需求,迫使金融机构加强信贷配额管理,降低金融体系的效率。②较长时期的通货膨胀会增加生产性投资的风险和经营成本,使生产性投资下降。③通货膨胀持续一定时间后,在公众舆论的压力下,政府可能采取全面价格管制的办法,削弱经济的活力。④它会打乱正常的资金分配流向,使资金流向非生产部门,不利于经济的长期增长。当发生严重的通货膨胀时,人们会放弃货币而改用实物作为交易媒介,交易成本提高,从而导致经济效率受损。⑤通货膨胀会使纸币贬值,妨碍货币职能的正常发挥。由于货币购买力下降,人们不愿储蓄或持有现金,影响正常的资本积累。同时币值不稳定会影响货币价值尺度职能的发挥,引起市场价格信号紊乱,从而导致整个市场机制功能失效,严重时还会影响到货币支付手段和流通手段的发挥。

所谓中性论,是一种认为通货膨胀对产出、对经济成长既无正效应也无负效应的理论。这种理论认为,由于公众预期,在一段时间内他们会对物价上涨作出合理的行为调整,因此,通货膨胀各种效应的作用就会相互抵消,从而对经济增长不产生作用。但是在实际生活中,公众对通货膨胀的预期与通货膨胀的实际发展情况往往并不一致,很难相互抵消,所以通货膨胀的中性论难以说服现实。

(二) 强制储蓄效应

这里所说的储蓄,不同于一般意义上的银行储蓄,而是指用于投资的货币积累。这种积累的来源主要有三个:一是家庭,二是企业,三是政府。在正常情况下,家庭部门的储蓄由收入剔除消费支出构成,企业储蓄由用于扩张生产的利润和折旧基金构成,政府储蓄从来源上说则比较特殊。如果政府用增加税收的办法来筹资进行生产性投资,这部分储蓄是从其他部门的储蓄中挤出的,因而全社会的储蓄总量并不增加。如若政府向中央银行借债,从而造成直接或间接增发货币,这种筹措建设资金的办法就会强制增加全社会的储蓄总量,结果将是物价上涨。在公众名义收入不变的条件下,按原来的模式和数量进行的消费和储蓄,两者的实际额均减少,而其减少部分大体相当于政府运用通货膨胀强制储蓄的部分。

强制储蓄引发通货膨胀降低了家庭和企业所持有的实际货币余额,失去的这部分货币价值实际上转移到发行货币的政府部门,形成了所谓的"通货膨胀税"。政府通过增发货币引起通货膨胀获得了超额收入,从而增加了政府投资。

(三) 收入效应

在通货膨胀时期,人们的名义货币收入与实际货币收入之间会产生差距,只有剔除物价的影响,才能看出人们实际收入的变化。由于社会各阶层收入来源各不相同,在物价总水平上涨时,有些人的收入水平会下降,有些人的收入水平却反而会提高。这种由物价上涨造成的收入再分配,就是通货膨胀的收入分配效应。

一般来说,依靠固定薪金维持生活的职员,由于薪金的调整总是慢于物价的上升,因此是主要的受害者;工人和雇员也是受害者,其受害的程度跟他们所在的行业和企业在通货膨胀中的利润变动有关,处在产品价格大幅上升的企业的工人或雇员,名义工资可能增加的较快,通货膨胀的损失得到的补偿也就快些,受害的程度也就小一些。作为雇主,一般都会让工资上涨的幅度小于物价上涨的幅度,以谋求最大的盈利,因此从事商业活动的雇主会是通货膨胀的受益者。其中,最大的受益者是那些经营垄断性商品、从事囤积居奇的专门的投机商和不法经营者。在债权、债务关系中,那些以一定的利率借得货币的债务人,由于通货膨胀降低了实际利率等因素,使得他们的债务减轻,属于受益者,而那些以获得一定的利息为报酬的债权人,则是受损者。

(四) 资产结构调整效应

资产结构调整效应也称财富分配效应。一个家庭的财富或资产由两部分构成:实物资产和金融资产。许多家庭同时还有负债,如借有汽车抵押贷款、房屋抵押贷款和银行消费贷款,等等。因此,一个家庭的财产净值是它的资产价值与债务价值之差。

在通货膨胀环境下,实物资产的货币大体随通货膨胀率的变动而相应升降。同一种实物资产,在不同条件下,其货币值的升降,较之通货膨胀率也有时高时低的情况。金融资产则比较复杂。货币债权债务的各种金融资产,其共同特征是确定的货币金额,这样的名义货币金额并不会随通货膨胀是否存在而变化。显然,物价上涨,实际的货币额减少;物价下跌,实际的货币额增多。防止通货膨胀损失的方法,通常是提高利息率或采用浮动利率。但在严重的通货膨胀下,这样的措施往往难于弥补损失。所以一般说来,通货膨胀有利于债务人而不利于债权人。

在居民、企业和政府三者当中,居民一般是债权人,在通货膨胀中属于受害者;企业和政府一般是债务人,在通货膨胀中属于受益者。

(五) 社会经济危机效应

以上分析的通货膨胀效应,都是以它的严重程度保持在一定限度内为假定前提的。当物价总水平的持续上涨超过一定界限从而形成恶性通货膨胀时,就有可能引发社会经济危机。

恶性通货膨胀会使正常的生产经营难以进行。物价涨到一定程度时,产品销售收入往往不足以补进必要的原材料,而且地区之间上涨幅度不均衡是必然现象,这就会造成流通秩序的紊乱。如果利息率的调整难以弥补由物价上涨所造成的货币债权损失,正常信用关系也会极度萎缩。

恶性通货膨胀会引起突发性的抢购商品和挤兑银行的风险。它所造成的收入再分配和人民生活水准的急剧下降则会导致冲突加剧,严重的后果往往是政治的动荡。当通货膨胀非常严重时,会极度扭曲市场价格体系,引起生产和失业的剧烈调整,人们丧失对货币的信心,经济状况出现异常不稳定甚至崩溃的局面。

恶性通货膨胀还会败坏社会风气,激化社会矛盾。劳动者的工资所得赶不上投机活动的利润所得,会导致劳动积极性的下降,助长投机倒把、不劳而获的恶习,而通货膨胀导致不公平的收入和财富再分配,更有可能激化社会矛盾,引起社会各阶层的对立冲突。国家公务人员可能因为工资滞后于物价水平增长,会导致某些以权谋私、贪污受贿的情况产生,政府形象受损,甚至会导致严重的政治危机和社会动乱。

最严重的恶性通货膨胀会危及货币流通本身,比如纸币流通制度不能维持,金银贵金属会重新成为流通、支付的手段,经济不发达则会迅速向经济的实物化倒退。

五、通货膨胀的治理

通货膨胀对经济的影响是复杂的,但总体而言弊大于利。因此,治理通货膨胀成为政策制定者的一个重要研究课题。

(一) 紧缩性的货币政策

紧缩性货币政策是政府在经济过热、出现通货膨胀时对宏观经济进行调控,使经济过热势头得到控制的经济措施之一,紧缩货币政策的核心是减少宏观的货币供给。但这种减少不是货币存量的绝对减少,而是减缓货币供给量的增长速度,以遏制总需求的急剧膨胀。具体措施如下:

(1) 公开市场操作业务,即出售政府债券,回笼流通中的货币。通过公开市场向社会出售政府债券进而回笼部分货币,还可以通过发行央行票据的方式回笼货币。

(2) 提高再贴现率和贷款利率。中央银行通过提高对商业银行贷款利率来提高商业银行借款成本,进而降低商业银行信贷规模,减少流通中货币数量。当中央银行提高再贴现率时也会促使商业银行提高贴现率,从而影响到整个社会的信贷成本和规模。但这一政策也有缺陷,其政策效果受商业银行行为的影响。

(3) 提高法定准备金率。可减少商业银行可支配的资金数量,从而达到减少货币供给的目的。

(4) 在政府对市场控制严格的情况下,也可以采取直接控制信贷计划或规模,同时提高存贷款利率的办法减少货币供给量。存款利率的提高会减少流通中货币,增加储蓄,贷款利率提高会直接限制信贷规模。

(二) 紧缩的财政政策

紧缩性财政政策是指通过增加财政收入或减少财政支出以抑制社会总需求增长的政策,主要是通过减少政府支出和增加税收的办法降低总需求,抑制通货膨胀。具体来说,通过减少财政支出、增加税收、抑制总需求、缩减政府开支、压缩投资规模等手段,稳定物价,给经济"降温"。减少财政支出的内容包括生产性支出和非生产性支出。生产性支出主要是国家基本建设和投资支出,非生产性支出主要是政府各部门的经费支出、国防支出、债息支出和社会福利支出等。在财政收入一定的条件下,减少财政支出可相应减少财政赤字,从而减少货币发行量,同时减少总需求,对于抑制财政赤字和需求拉动引起的通货膨胀效果显著。2008年,我国经济增长速度偏快,固定资产投资增长持续高位运行,物价面临较大的上涨压力,国家通过适当减少中央财政赤字和长期建设国债发行规模,进一步调整中央政府投资结构,以防止经济增长由偏快转为过热,防止价格由结构性上涨演变为明显的通货膨胀,避免经济出现大的起落。

(三) 从严的收入政策

收入政策应被称为"工资-价格政策"。收入政策主要针对成本推动型通货膨胀,通过对工资和物价上涨进行直接干预来降低通货膨胀。从发达国家的经验来看,收入政策主要采取了以下几种措施:

(1) 确定工资-物价指导线。政府根据长期劳动生产率的平均增长率来确定工资和物价的增长标准,并要求各部门将工资-物价的增长控制在这一标准之内,只有这样才能使整个经济中单位产品的劳动成本稳定不变,使工资水平不对物价提高产生任何刺激。但政府原则上只能道义规劝、建议和指导,不能直接干预,在实际生活中效果往往不是很理想。

(2) 以税收为基础的收入政策,征收工资税。政府规定一个恰当的物价和工资增长率,然后运用税收的方式来罚物价和工资超过恰当增长度的企业和个人。这可使得企业可拒绝工会过高的工资要求,从而有可能与工会达成工资协议,降低工资增长率。

(3) 工资-价格管制及冻结。管制的目的是为了降低商品成本,减轻通货膨胀压力,这是在严重通货膨胀时采取的手段。政府颁布法令强行规定工资、物价的上涨幅度,甚至在某些时候暂时将工资和物价加以冻结。这种措施对经济影响较大,通常只能在通货膨胀严重恶化时采用。

(4) 利润管制。政府通过强制手段限制企业任意提高商品价格来获取垄断利润,从而抑制通货膨胀。利润管制的办法有:①管制利润率。即政府对以成本加成方法定价的产品规定一个比率适当的利润率,或对企业规定其经营商品的进销差价;②对超额利润率征收较高的所得税。将企业不合理的利润纳入国家所有,从而限制企业追求过高的超额利润。当然,此种政策在一定程度上会抑制企业生产的积极性。

(四) 汇率政策

出现通货膨胀时,通过汇率政策让本国货币贬值,使国外游资大量调离本国,从而达到减轻通货膨胀的压力。

(五) 积极的供给政策

通货膨胀通常表现为物价上涨,也就是与货币购买力相比的商品供给不足。因此,在抑制总需求的同时,可以积极运用刺激生产的方法增加供给来治理通货膨胀。倡导这种政策的学派被称为供给学派,其主要措施有减税、削减社会福利开支、适当增加货币供给发展生产和精简规章制度。供给学派认为,政府税率偏高是总供给减少、菲利普斯曲线右移的主要原因。过高的税率降低了就业者的税后收入和企业的投资积极性,甚至助长了逃税和资源浪费,阻碍社会生产力的提高和总供给的增长。因此,治理通货膨胀应该首先降低税率,提高劳动积极性和劳动生产率,增加储蓄和企业投资以及资金的运用效率,促使经济发展。

(六) 收入指数化

鉴于通货膨胀现象的普遍性,而遏制通货膨胀又是如此困难,弗里德曼等许多经济学家提出了一种旨在与通货膨胀"和平共处"的适应性政策——收入指数化政策。收入指数化政策是指将工资、利息等各种名义收入部分地或全部地与物价指数相联系,使其自动随物价指数的升降而升降。显然,收入指数化政策只能减轻通货膨胀给收入阶层带来的损失,但不能消除通货膨胀本身。

自20世纪70年代以来,多数发达国家都较为普遍地采用了收入指数化政策,尤其是工资指数化政策。实行这种政策的好处在于:第一,指数化政策可以缓解通货膨胀造成的收入再分配不公平的现象,从而消除许多不必要的扭曲;第二,指数化条款加重了作为净债务人的政府的还本付息负担,从而减少了政府从通货膨胀中获得的好处。由此可见,政府实行通货膨胀性政策的动机并不强烈;第三,当政府的紧缩性政策使得实际通货膨胀率低于签订劳动合同时的预期通货膨胀率时,指数化条款会使名义工资相应地下降,从而避免因实际工资上升而造成的失业增加。但是全面实行收入指数化政策在技术上存在很大的难度,也会增加一些金融机构经营上的困难,极有可能造成工资-物价的螺旋上升,反而加剧成本推进型的通货膨胀,因此收入指数化政策仅被当作一种适应性的反通货膨胀措施,不能从根本上抑制通货膨胀。

(七) 币制改革

为治理通货膨胀而进行的币制改革,是指政府下令废除旧币,发行新币,变更钞票面值,对货币流通秩序采取一系列强硬的保障性措施等。它一般是针对恶性通货膨胀而采取的。

总而言之,治理通货膨胀是一个复杂的研究课题,因为通货膨胀的形成原因和机理不同,不可能存在一个万能的治理对策。我们要结合国情,既要从宏观经济整体出发,又要适度控制货币供给量和总需求,防止经济过热引发的通货膨胀持续升温。

六、通货紧缩的定义、效应和治理

(一) 通货紧缩的定义

通货紧缩是与通货膨胀相对应的一个概念,在现实社会生活中由于通货膨胀发生的更为频繁,所以很多人的关注点在通货膨胀,而对通货紧缩相对关注的较少,但决不能因此而忽视通货紧缩的存在及其影响。

一般来说,通货紧缩是指由于货币供给量相对于经济增长和劳动生产率增长等要素的减少而引致的有效需求不足,一般物价水平持续下降,货币供给量持续下降和经济衰退等现象。

对这一概念的理解,应该掌握以下要点:

(1) 从本质上说通货紧缩是一种货币现象。物价水平的变动是判断通货紧缩的重要标志,但不能简单看物价现象,科技进步、劳动生产率提高均可导致价格在成本下降的基础上下降,只有市场物价总水平下降是由货币供应量过少,与市场商品流通量的需要量严重脱节所引起,才与通货紧缩有直接关系。

(2) 通货紧缩表现为物价水平的持续、普遍的下降。排除那些偶然的、暂时的或短期的物价水平下降,也可以防止对通货紧缩的迟判,避免贻误宏观调控的时机。

(3) 通货紧缩也是一种实体经济现象。它与经济衰退相伴,表现在有利可图的投资机会减少,企业的投资边际收益下降,生产性投资减少,非自愿失业增加,市场经济普遍低迷。

在实际经济中,判断某国经济是否出现了通货紧缩,一是看通货膨胀率是否由正转负,而是这种下降程度是否超过了一定的时间期限。所以具体到每个国家,制定的标准并不一样。

(二) 通货紧缩的社会经济效应

1. 财富收缩效应

通货紧缩时期,就全社会的财富总量而言,财富"缩水"即全社会财富的减少。在宏观经济分析中,社会财富一般为居民财富、企业财富和政府财富的加总。

(1) 居民财富的缩水。在通货紧缩的条件下,失业人口增多,劳动力市场供过于求,工资随之降低。考虑到工资本身的刚性或粘性特征,即便工资没有降低或小有上升,但因为下岗失业者的收入绝对减少,居民整体的收入很难达到正常的增长水平,实际上已经呈缩水态势。

居民本身所拥有的资产也将缩水。因为居民所拥有的资产,大多为消费用的资产。在通货紧缩情况下,消费者资产的价格实际上是大幅降低的。

(2) 企业财富的缩水。企业是社会的生产者,其财富主要以企业资产的形式体现。因此,企业财富的缩水表现为企业资产价格的下降。在通货紧缩情况下,企业资产价格一般来说都是下降的。通货紧缩使得全社会物价水平普遍下降,包括企业产品价格的下跌。产品价格下跌使得企业盈利减少,而市场对企业资产的定价一般是以它的盈利能力为标准来制定,因此盈利能力降低,其资产价格就要相应降低。

企业的负债率上升是通货紧缩使企业资产价格下降的另一个原因。在通货紧缩情况下,企业大多利润降低且产品销售不畅,企业的债务率上升。在物价的下降程度高于名义利率下降时,实际上使企业的债务负担加重,而加重的债务负担一方面直接削减了企业的净资产,另一方面又使企业陷入重重的债务危机。正如美国经济学家埃尔温·费雪所说的:在通货紧缩的条件下,"负债人越是还债,他们的债就越多。"

(3) 政府财富的缩水。政府的财富,可以分为存量和流量两个部分。其存量部分,如属消费性资产,则可视同居民的消费品,其价值随消费品价格的降低而缩水;如属生产性的资产,可视同前面所分析的企业资产,在通货紧缩的情况下是收缩的。其流量部分,为政府的收入与支出。政府赤字是集中反映政府收支状况的一个重要指标。自1998年出现明显的通货紧缩以来,我国的财政赤字增加,即意味着政府对社会负债的增加,同时也是政府财富的缩水。

2. 经济衰退效应

通货紧缩一般被称为经济衰退的加速器,通货紧缩的经济衰退效应可以理解为物价的持续与普遍下跌对于经济的促退作用。这是因为:

物价的持续普遍下跌使得生产者所生产的产品价格降低,从而使其利润减少甚至亏损,投资减缓,严重打击了生产者的积极性,这将使生产者减少生产或停产,进而使经济增长速度受到抑制。

物价持续与普遍下跌将使实际利率提高,加重了债务人的负担。因为债务人在向债权人偿还债务的时候,偿还同样的货币,实际上包含了更多的价值,不利于信贷规模的扩大。社会上债务人大多是生产者和投资者,债务负担加重,使得他们的生产与投资活动受到影响,从而对经济增长也带来了负面影响。

物价持续与普遍下跌使生产者的利润减少,生产积极性降低,这又将影响到居民的收入水平和就业状况。居民收入水平的降低意味着消费需求减少,加重了社会总需求不足。而自愿失业增多,导致社会远未达到充分就业状态,实际经济增长低于自然增长。

物价持续与普遍下跌使货币购买力提高,人们预期物价还会进一步下跌,会导致持币待购,增加了当期社会储蓄,个人消费支出锐减,阻碍经济增长。

3. 失业效应

通货紧缩意味着投资机会的锐减,企业减产或停产使就业下降,失业增加。失业增多又使得收入减少,进一步使经济偏离充分就业状态,社会总产出进一步下降。我国人口众多,劳动力资源十分丰富,在通货紧缩使投资与消费需求普遍不振的条件下,劳动力供求失衡的矛盾表现得十分尖锐。

4. 分配和再分配效应

通货紧缩的分配和再分配效应可以从两个方面来考察,即社会财富在债务人与债权人之间的分配以及社会财富在政府与企业、居民之间的分配。在通货紧缩情况下,实物资产的价值会随价格水平下降而降低。从总体而言,经济中的债务人一般为企业,而债权人一般为居民,因此社会财富在债权人与债务人之间的分配也就是在居民与企业之间的分配。与通货膨胀相对应,通货紧缩有利于债权人,不利于债务人。

(三) 通货紧缩的治理

由于通货紧缩形成的原因比较复杂,并非由单一的某个方面的原因引起,而是由多种因素共同作用形成的混合性通货紧缩,因此治理的难度甚至比通货膨胀还要大,必须根据不同国家不同时期的具体情况进行认真研究,才能找到有针对性的治理措施。

治理通货紧缩的一般措施主要有:

1. 实行扩张性的财政政策

要治理通货紧缩,必须实行积极的财政政策,增加政府公共支出,调整政府收支结构。对有极大增长潜力的高新技术产业,实行税收优惠,尽可能地减少对企业的亏损补贴以及各种形式的价格补贴。总之,实行积极的财政政策,就是要在加大支出力度的基础上,优化财政收支结构,既要刺激消费和投资需求,又要增加有效供给。政府治理通货紧缩,扩张财政支出时,应同时降低税率,以避免财政政策产生的"挤出效应",实现财政政策的最大发挥。

2. 实行扩张性的货币政策

通货紧缩既然是一种货币现象,所以可以采取扩张性的货币政策,增加货币供给,以满足社会对货币的需求。增加货币供给的方式从基础货币和货币乘数两个方面着手。作为中央银行可以充分利用自己掌握的货币政策工具,影响和引导商业银行及社会公众的预期和行为。在通货紧缩情况下,降低中央银行的再贴现率和法定存款准备金率,从社会主体手中买进政府债券,鼓励商业银行扩张信用,从而增加货币供给。财政政策与货币政策的配合运用,是治理通货紧缩和通货膨胀的主要政策措施,但由于货币政策具有滞后性的特点,而且在通货紧缩时期,利率弹性较小,因此财政政策的效果一般比货币政策更直接有效。

3. 鼓励消费

通货紧缩从根本上说,是由于消费需求不足产生。提高消费需求,充分利用各种政策组合,创造消费条件,引导社会消费的稳定增长,增强居民对未来收入的预期和信心,从而达到增加消费、缓解通货紧缩的目的。

本 章 小 结

货币供给是指一定时期内一国经济主体把所创造的货币投入流通的过程。货币供给的定义有广义和狭义之分。货币供给必然形成一定的货币量,一般称之为货币供给量。

基础货币是商业银行存于中央银行的存款准备金和流通于银行体系之外的现金通货的综合。

货币乘数是货币供给的扩张系数,是货币供给量与基础货币的比值。法定存款准备金率、超额存款准备金率、现金漏损率、定期存款比率等是影响货币乘数的基本因素。

货币需求是指在一定时期内,在一定条件下社会各阶层在其既定的收入或财富范围内,能够并且愿意以货币形式持有其所拥有的财产的一种需要。

货币需求理论主要有马克思货币需求理论、费雪现金交易说、剑桥学派现金余额说、凯恩斯流动性偏好理论、费里德曼货币需求理论。

货币供求均衡,是指货币供给与货币需求基本相适应的一种经济状态。在现代经济条件下,货币供求均衡,也可以说是由货币收支活动与它们所反映的国民收入及社会产品运动之间的相互协调一致。

通货膨胀在很多著作中一般定义为:在信用货币制度下,流通中的货币数量超过经济实际需要而引起的货币贬值和物价水平全面而持续的上涨。纸币、含金量低的铸币、信用货币等,过度发行都会导致通货膨胀。

衡量通货膨胀程度的指标有消费物价指数、批发物价指数和国民生产总值物价平减指数。这三种指数各有优缺点,因为反映的内容不同,数字上往往不一致。所以很多国家为了克服片面性,同时编制和公布上述三项指数,供大家参考。

通货膨胀的社会经济效应包括产出效应、强制储蓄效应、收入效应、资产结构调整效应和社会危机效应。

通货紧缩是指由于货币供给量相对于经济增长和劳动生产率增长等要素的减少而引致的有效需求不足,一般物价水平持续下降,货币供给量持续下降和经济衰退等现象。

通货紧缩与通货膨胀一样,会对经济发展造成严重危害。治理通货紧缩也是一个重要的研究课题。

复习思考题

1. 如何认识货币供给?
2. 试述基础货币的含义及其影响因素。
3. 试述货币乘数的含义及其影响因素。
4. 试述商业银行存款派生原理。
5. 比较分析费雪方程式和剑桥方程式。
6. 论述凯恩斯的货币需求理论。
7. 简述弗里德曼的货币需求理论。
8. 货币供求失衡的原因有哪些?央行如何应对供求货币失衡?
9. 原始存款为1万元,法定准备金率为10%,商业银行的超额准备金率为5%,现金漏损率为5%,则可创造出的存款货币总额是多少?

答案:派生倍数 = 1/(10%+5%+5%) = 5倍,存款总额 = 1万元×5 = 5万元。

10. 通货膨胀按不同的角度可以划分为哪些类别?

实 训 安 排

分组查阅我国 CPI 指数情况。

任务一:了解 CPI 指数的计算和采样方法。

任务二:根据国家统计局等来源查询我国近20年,尤其是最近一年的 CPI 指数的走势变动。

任务三:如何运用 CPI 指数。

参 考 文 献

[1] 黄达. 货币银行学[M]. 北京:中国人民大学出版社,2018.
[2] 胡庆康. 货币银行学教程[M]. 上海:复旦大学出版社,2018.
[3] 蒋先玲. 货币银行学[M]. 北京:对外经济贸易大学出版社,2015.

第十章 货币政策

学习目标

1. 掌握货币政策的含义,理解货币政策的目标及它们之间的关系。
2. 掌握货币政策的主要工具。
3. 理解货币政策的传导机制;理解货币政策的效应。
4. 理解货币政策与财政政策的配合。

案例导入

2019 年,面对内外部风险挑战增多等诸多不确定性影响,中国人民银行实施稳健的货币政策,综合运用公开市场操作、中期借贷便利、存款准备金率、再贷款、再贴现、常备借贷便利等多种货币政策工具,加强逆周期调节,保持流动性合理充裕,引导货币市场利率稳定运行。2019 年部分货币政策:

1月4日,中国人民银行宣布下调金融机构存款准备金率 1 个百分点,其中,1 月 15 日和 1 月 25 日分别下调 0.5 个百分点。

4月24日,中国人民银行开展了定向中期借贷便利(TMLF)操作,操作金额为 2674 亿元。

8月9日,中国人民银行面向公开市场业务一级交易商开展了 2019 年第三期央行票据互换(CBS)操作,费率为 0.10%,操作量为 50 亿元,期限 3 个月。这是中国人民银行首次开展 3 个月期央行票据互换(CBS)操作。

9月6日,中国人民银行宣布于 9 月 16 日全面下调金融机构存款准备金率 0.5 个百分点(不含财务公司.金融租赁公司和汽车金融公司)。同时,再额外对仅在省级行政区域内经营的城市商业银行定向下调存款准备金率 1 个百分点,于 10 月 15 日和 11 月 15 日分两次实施到位,每次下调 0.5 个百分点。

12月16日,中国人民银行开展了中期借贷便利(MLF)操作,操作金额为 3000 亿元,利率为 3.25%

资料来源:《中国人民银行 2019 年货币政策执行报告》

当前运用适当的货币政策来调控经济在现实中非常常见,本章我们就来学习货币政策的相关内容。

第一节 货币政策概述

每当我们的经济运行遇到一些问题的时候,如房价上涨过快、物价上涨过快、经济增长受阻,我们总会见到一些货币政策的实施,并逐渐感受到货币政策实施的效果。在其他国家也基本如此,包括"标准市场经济"的美、英等西方国家。在次贷危机中,美国美联储运用力度强大的货币政策工具使美国经济在相对较短时间内恢复正常,可以说,货币政策在经济发展中起到了重要的作用。目前货币政策已经成为许多国家货币当局宏观调控的重要和常规手段,在保障国民经济的正常运行中具有非常重要的作用。货币政策主要涉及货币政策的目标、货币政策工具、货币政策的传导机制、货币政策效果等相关内容,下面我们分别进行介绍。

中央银行作为一个国家或地区的金融管理部门,它的主要职责是根据其设立的宏观经济政策目标,适时采取调控措施以达到既定目标。这涉及中央银行的货币政策目标、货币政策调控工具及货币政策的传导机制。

一、货币政策的初步认知

货币政策是指一国的货币当局(一般是中央银行)为实现如物价稳定、经济增长等其特定的经济目标而采用的各种控制和调节货币供应量和其他金融变量的方针、政策和措施的总称。这个关于货币政策的界定在理论上并没有一个统一的说法,但是众多解释包含的主要内容都是一致的。货币政策的实质是国家对货币的供应根据不同时期的经济发展情况而采取"紧""松"或"适度"等不同的政策趋向。为进一步加深对货币政策的认识,我们还须要明确以下几个方面:

(一) 货币政策的实施主体一般都是各国的中央银行

中央银行在国家法律授权范围内或者在中央政府领导下相对独立地制定和实施货币政策。我国《中国人民银行法》明确规定,中国人民银行在国务院领导下依法独立执行货币政策,履行职责,开展业务,不受地方政府、各级政府部门、社会团体和个人的干涉。中国人民银行就年度货币供应量、利率、汇率和国务院规定的其他重要事项作出的决定,报国务院批准后执行。而通常认为美国的美联储一直保持着较高的独立性,正如刻在美联储华盛顿总部的话:"中央银行的管理必须完全脱离政治和私人利益。"但是在实践中,还是会受到美国总统等政治方面的影响。

(二) 货币政策是一种宏观经济管理政策

从货币政策实现的目标来说,经济增长、物价稳定等针对的是整个宏观经济,而不是某个企业等微观主体。从货币政策影响的变量来看,不管是货币供给量,还是利率、汇率等指标,影响的是企业整体、消费者整体等宏观经济总量问题,不是影响某一个具体的企业和消费者等微观主体。从货币政策调控的对象来看,调控的是投资需求、消费需求等总需求问题,而不是具体某个微观主体的投资需求和消费需求。因此,货币政策的制定和实行解决的是宏观经济运行遇到的问题,而不是一个企业、一个行业等局部存在的问题。也正因为如此,且由于不同区域、行业具有差异性,所以统一的货币政策就会存在区域、行业等非对称型效应,影响了货币政策的效果。

(三) 货币政策是调节社会总需求的政策

按照宏观经济理论创始人和运用宏观经济政策调控经济的创始人凯恩斯的说法,宏观经济失衡的问题就是总需求与总供给失衡的问题,主要在于有效需求不足,所以应该运用宏观经济政策调节总需求。因此,运用货币政策调控经济自诞生起就是一个调节总需求的政策。现实中我们看到一旦一个国家的经济增长遇到问题,中央银行便会通过实行货币政策来降低利率,从而刺激投资需求和消费需求,进而解决经济增长的问题。

(四) 货币政策主要是间接调控政策

所谓间接调控,主要是说运用货币政策调控总需求并不是直接作用于微观主体的需求,而是通过货币政策影响货币供给量、利率等因素,进而刺激微观主体改变需求。间接调控并不具有强制性,主要通过经济利益来引导企业、个人的行为,因而具有比较温和,容易被接受,对市场的冲击比较小等优点,一般我们称之为经济手段。但是它也存在诸如政策效果时间比较长、政策效果受到影响因素多等不足之处。因而,一些国家仍然存在如信贷控制、利率控制等直接调控的货币政策。

二、我国的货币政策认识

运用货币政策调控宏观经济一般认为理论源于凯恩斯的《通论》,而实践源于1929年大萧条后的"罗斯福新政"。之后虽然围绕货币政策的效果、传导机制、使用规则等方面不断争论,但是多数国家延续至今仍然在使用货币政策进行宏观经济管理。从我国来讲,我们使用货币政策进行宏观调控的历史却非常短,及至目前我们仍然在不断地进行完善。根据现代货币政策理论,货币政策的实行需要健全的市场经济体制、独立的中央银行、金融市场等基础,在我国的计划经济时期这些基础都不存在,因此也就不存在现代的货币政策,即使在20世纪60年代也存在紧缩信贷这种实质货币政策的操作。直到改革开放后,尤其随着1984年中央银行、商业银行等二级银行体制建立后,且随着我国物价上涨不断加剧,货币政策才登上了历史舞台,中央银行采取了强有力的紧缩性货币政策来控制物价,取得了明显效果。之后随着我国社会主义市场经济体制改革目标的明确确立,货币政策也明确地列入了宏观调控体系之中。1993年《中共中央关于建立社会主义市场经济体制若干问题的决定》明确提出:运用货币政策和财政政策,调节社会总需求与总供给的基本平衡。随着我国社会主义市场经济体制的不断完善,货币政策在宏观调控体系中的作用和地位不断增强,我国的货币政策理论和实践也不断完善,逐渐形成了有着自己特色的货币政策体系。目前,货币政策在我国已经成为经常性、连续性的政策操作,促进了我国经济的健康发展。

知识链接:2020 年第一季度我国实行的主要货币政策

1月6日,中国人民银行下调金融机构存款准备金率0.5个百分点(不含财务公司、金融租赁公司和汽车金融公司)。

1月6日,中国人民银行与老挝人民民主共和国银行签署双边本币合作协议,允许在两国已经放开的所有经常和资本项下交易中直接使用双方本币结算。

1月15日,中国人民银行开展了中期借贷便利(MLF)操作,操作金额为3000亿元,利率为3.25%。

1月20日,中国人民银行面向公开市场业务一级交易商开展了2020年第一期央行票据互换(CBS)操作,费率为0.10%,操作量为60亿元,期限3个月。

1月20日,中国人民银行授权全国银行间同业拆借中心公布贷款市场报价利率(LPR),1年期LPR为4.15%,5年期以上LPR为4.8%。

1月23日,中国人民银行开展了定向中期借贷便利(TMLF)操作,操作金额为2405亿元,利率为3.15%。

1月31日,中国人民银行发布《关于发放专项再贷款支持防控新型冠状病毒感染的肺炎疫情有关事项的通知》(银发〔2020〕28号),向主要全国性银行和湖北等10个重点省(市)的部分地方法人银行提供总计3000亿元低成本专项再贷款资金,支持抗疫保供。

2月13日,中国人民银行在香港成功发行300亿元人民币央行票据,其中3个月期央行票据200亿元,1年期央行票据100亿元,中标利率分别为2.55%和2.60%。

2月17日,中国人民银行开展了中期借贷便利(MLF)操作,操作金额为2000亿元,利率为3.15%,较上期下降10BP。

2月20日,中国人民银行授权全国银行间同业拆借中心公布贷款市场报价利率(LPR),1年期LPR为4.05%,5年期以上LPR为4.75%。

2月26日,中国人民银行发布《关于加大再贷款、再贴现支持力度促进有序复工复产的通知》(银发〔2020〕53号),增加再贷款再贴现专用额度5000亿元,同时,下调支农、支小再贷款利率25BP至2.5%,为企业有序复工复产提供低成本、普惠性的资金支持。

2月28日,中国人民银行发布《关于运用支农再贷款专用额度支持扩大生猪养殖信贷投放的通知》(银发〔2020〕56号),安排支农再贷款专用额度200亿元,支持扩大生猪养殖信贷投放。

2月28日,中国人民银行面向公开市场业务一级交易商开展了2020年第二期央行票据互换(CBS)操作,费率为0.10%,操作量为50亿元,期限3个月。

3月16日,中国人民银行开展了中期借贷便利(MLF)操作,操作金额为1000亿元,利率为3.15%。

3月16日,中国人民银行实施普惠金融定向降准,对普惠金融领域贷款占比考核达标银行给予0.5或1.5个百分点的存款准备金率优惠,并对此次考核中得到0.5个百分点存款准备金率优惠的股份制商业银行额外降准1个百分点。

3月20日,中国人民银行授权全国银行间同业拆借中心公布贷款市场报价利率

(LPR),1年期LPR为4.05%,5年期以上LPR为4.75%。

3月25日,中国人民银行面向公开市场业务一级交易商开展了2020年第三期央行票据互换(CBS)操作,费率为0.10%,操作量为50亿元,期限3个月。

3月26日,中国人民银行在香港成功发行100亿元人民币央行票据,期限为6个月,中标利率为2.19%

资料来自于中国人民银行网站

(三) 货币政策的目标

货币政策的目标就是货币政策要达到的目的。由于货币政策从制定到实施再到货币政策出现效果需要的时间很长,为更好地实现最终的目标,货币当局还设定了中介目标。因此,货币政策目标可以分为中介目标和最终目标。

1. 最终目标

根据已有的货币政策实践我们发现,不同国家、不同时期货币政策的最终目标存在着一定的差异。迄今为止,从已有的货币政策的最终目标来看主要包括以下几个:

(1) 物价稳定。物价稳定即是币值稳定,现实中中央银行将其定义为低而稳定的通货膨胀。为了实现物价稳定的目标,需要有一个能反映物价水平的具体指标,各国央行一般将CPI(居民消费物价指数)作为反映物价水平的具体指标,同时设定该指标的具体波动幅度以维持物价的稳定。如我国中国人民银行确定我国年CPI的上涨幅度不超过3%,欧洲央行、英国央行和美国央行确定的物价上涨目标为2%。

(2) 高就业率。中央银行所追求的高就业率主要是指在存在自然失业率前提下的充分就业。现实中一般选取失业率作为替代指标,失业率越低,就业率就越高。失业率的具体目标是多少,不同国家所处的经济阶段不同,设定的也不尽相同。例如美国央行确定的自然失业率为4.5%~6%。我国由于历史的原因并没有设定具体失业率目标,央行和政府追求的目标是创造尽可能多的就业机会和岗位。

(3) 经济增长。经济增长的目标是维持一定的经济增长水平,经济增长的衡量一般采用GDP的年增长率指标。通常经济增长和高就业是紧密联系在一起的,高经济增长往往伴随高就业率。一般西方发达国家设定的经济增长率较低,发展中国家设定的经济增长率则相对要高些。我国之前的很长一段时间将经济增长目标设定为不低于6%,但近几年我国追求经济的高质量增长,已不设定经济增长目标了。

(4) 国际收支平衡。国际收支平衡主要是维持一国与其他国家的贸易与资本往来过程中流入与流出大体平衡,以避免汇率的大幅波动及给一国带来的债权债务问题。现实中我们知道要经常保持国际收支平衡是非常困难的,因此,一般我们希望国际收支略有顺差或者逆差即行。长时间以来,我国一直保持着国际收支顺差,虽然顺差相比逆差要好,但是也造成我们国家外汇储备较大,造成人民币对外升值的压力,而且因购买外汇而增发大量人民币,导致国内人民币币值贬值的风险。

相关知识:2005年人民币汇率改革

进入2000年以来,我国经常项目、资本项目"双顺差"呈扩大的趋势,2004年尤其明显。由此我国外汇储备增长极其迅速,仅2004年就增长了2067亿美元,增幅达到近

50%,至 2005 年 6 月底,我国外汇储备已高达 7110 亿美元。外汇储备的高速增长造成了我国货币投放的过快增加,带来了通货膨胀的压力。另外,我国国际收支项目中不断扩大的"双顺差",加剧了我国跟其他国家的贸易摩擦,2005 年前后,美国、欧盟、日本等西方发达国家纷纷要求中国改变人民币汇率制度或者强迫人民币升值。在种种因素影响下,我国在 2005 年 7 月 21 日出台了人民币汇率形成机制改革。其中包括人民币对美元升值 2%,即 1 美元=8.11 元人民币,同时扩大人民币汇率的浮动范围。此后,人民币对美元开始了升值之路,至 2008 年 4 月 10 日人民币对美元汇率变为 1 美元=6.99 元。持续的人民币升值不仅对我国出口企业带来了一定的压力,而且国际热钱不断涌入,对我国金融市场的稳定带来了较大的风险。

(5) 金融体系稳定。当前,各国的货币当局都非常重视金融体系的稳定。金融体系稳定目前还没有一个统一的定义,它是一个动态、不断发展的概念,其标准和内涵会随着经济金融的发展而发生相应的改变。目前金融体系稳定一般的理解是金融体系,包括金融机构、金融市场等运行良好,能够抵御各种冲击,不会放大负面冲击而产生大的动荡,从而有效发挥金融体系的功能。金融体系稳定是金融安全的基础,金融安全又是经济安全的核心,一个稳定的金融体系可以在一定程度上有效地防范和化解金融风险,减少金融危机和经济危机的发生。金融体系稳定的关键是金融机构保持稳定。

除了上述这些常见的目标,还存在一些别的表述,包括将来还会增加新的目标。上述这些目标之间既有统一性的一面,也有矛盾的一面。例如经济增长与高就业是一致的,但是与物价稳定就存在着一定的矛盾。因此,货币当局一般不会全部都选。如果货币当局明确突出 1 个目标,我们称之为单目标。如果货币当局明确几个目标作为最终目标,且这些目标存在一定的优先顺序,我们称之为多目标。这些选定的目标种类和顺序并不是一成不变的,会随着经济形势的变化而改变。例如,我们当前货币政策的最终目标是保持币值稳定,并以此促进经济增长(自 1995 年《中国人民银行法》明确后直至现在没有变化)。美联储目前的政策目标是实现就业最大化、物价稳定和金融体系稳定,而 2008 年金融危机之后的政策目标是减少失业、维护金融系统稳定。

2. 中介目标

前面我们讲过,货币当局从运用货币政策工具时到货币政策最终目标的实现须要经历一个相当长的作用过程。在这个过程中,货币当局有必要了解货币政策工具运用是否合适,力度是否适中,效果如何。这就需要借助相关的指标来观察。这些指标就称为中介目标。中介目标是货币政策作用过程中一个非常重要的环节,它对最终目标的实现起着非常重要的作用。因此,中介目标不是随便设定的,它必须符合一定的标准。常见的标准如下:

可控性。可控性是指选取的该指标能否为货币当局所控制,即货币当局能否对其直接加以影响。

可测性。可测性是指货币当局能否及时获取选取的这些指标的现实准确数据,并进行观察、分析和监测。

相关性。相关性是指选取的该指标与货币当局的最终目标之间的关联度是否密切,实现了中介目标是否即可实现最终目标。

抗干扰性。抗干扰性是指所选取的该指标是否除了货币当局货币政策工具对其产生影响之外,其他经济或金融变量对它的影响非常小。

适应性。与经济体制、金融体制有较好的适应性是指所选取的指标适合当前的经济体制和金融体制。

根据上述几个原则,结合已有的实践,基础货币、超额存款准备金、利率和货币供应量、联邦基金利率、汇率等指标就曾经成为货币当局所选中的中介目标。随着货币政策实践的进行,相信还会有新的指标出现。有些教材将中介目标进一步分为近期目标(近期目标有的称为操作目标)和远期目标。近期目标指的是货币当局控制力较强,但是距离最终目标较远,如基础货币、超额准备金等。远期目标指的是货币当局控制力较弱,距离最终目标较近。如利率、货币供给量等。我们这里不做过细的划分。

长期以来,我国一直以货币供给量作为中介目标,一方面由于我国使用货币政策调控的实践较短,另一方面由于我国的利率市场化等相关市场机制改革过程较长。而美联储在不同时期分别以利率、联邦基金利率、货币供给量作为中介目标,当前是采用联邦基金利率作为中介目标。

第二节 货币政策工具

当现实经济中的物价涨幅、经济增速、失业率、国际收支状况等目标的表现与中央银行预定的目标值产生偏差或预期会产生偏差时,货币当局就会采取一些措施进行调整,以使上述经济变量回归目标值之内。货币当局所采取的措施就称为货币政策工具,也称为操作工具。因此所谓货币政策工具即为中央银行为实现预期的目标而采取的相应措施与手段。

前面说过,货币当局在实现最终货币政策目标时,它首先采用政策工具基础货币、超额准备金、利率和货币供应量等中介目标,通过中介目标的改变来影响最终目标。随着各国对货币政策理论和实践的不断探索,货币政策工具的种类也日益丰富。整体来看,目前货币当局进行调控时主要采取的货币政策工具有三大类:一是一般性货币政策工具,即从收缩和放松货币两个方向来改变整个经济体的货币供应量和利率等相关金融指标,并最终实现货币政策目标;二是选择性货币政策工具,即针对经济体或金融体系中局部出现的脱离正常运行范围的现象进行干预,有目的的调整出现异常领域的货币信贷供应量,从而引起货币结构变化;三是其他货币政策工具,即除了上述两类的政策工具,其他还使用的政策工具。

一、一般性政策工具

一般性货币政策工具就是传统的三大货币政策工具,即"三大法宝"。包括公开市场操作、再贴现政策和法定存款准备金制度。

（一）公开市场操作

也称公开市场业务,是指货币当局在金融市场上出售或购入政府或政府机构的证券,特别是短期国库券,用以影响基础货币的行为。

根据货币当局进行公开市场操作的目的不同,可将其分为能动性的公开市场操作和防御性的公开市场操作。前者是指货币当局为了改变准备金水平和基础货币规模,而在公开的金融市场买卖有价证券;后者是指当其他金融变量发生改变影响到了准备金水平和基础货币规模,但货币当局并不希望这两个变量发生变化,货币当局就必须被动进行相反的公开市场操作以消除这一影响。

接下来我们以中央银行的典型公开市场操作来考察对基础货币规模和准备金水平的影响。中央银行的公开市场操作分为买入和卖出,其交易的对手方在现实中一般是金融机构,基本上不与居民家庭和企业进行交易。

首先考察央行公开市场购买行为对基础货币和准备金水平的影响。为了更直观地观察变化,让我们假设某日中央银行用 10 000 元人民币支票从某银行手中购买了价值 10 000 元的债券。这一交易使得中央银行手中的资产方——债券增加了 10 000 元,某商业银行拥有资产——债券价值减少了 10 000 元。若某商业银行将支票兑现取出现金,该银行的库存现金增加 10 000 元;若该商业银行将支票存入其在中央银行开立的存款账户上,则存款准备金增加 10 000 元。无论是库存现金还是存款准备金,都是准备金的一部分,因此都可以归为准备金增加了 10 000 元。准备金对中央银行来说是其负债一部分,对商业银行来说是资产一部分。这一交易就意味着中央银行负债——准备金增加 10 000 元;商业银行资产——准备金增加 10 000 元。

我们利用会计学中所学的 T 型账户展示这一交易过程对中央银行和整个商业银行体系的资产与负债的影响。(见图 10.1)

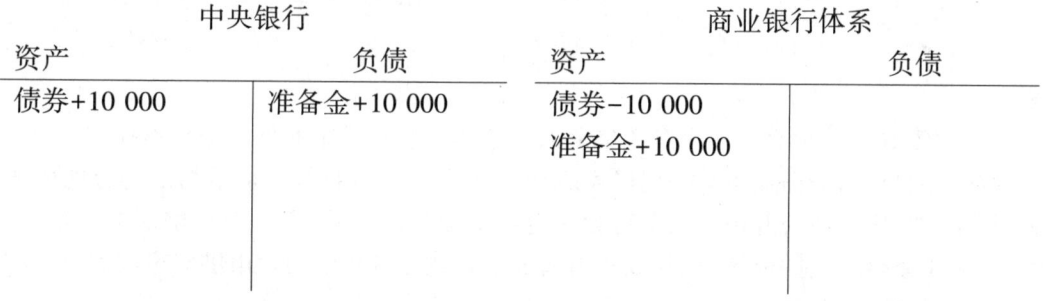

图 10.1 公开市场购买对准备金和基础货币的影响

若中央银行用支票向居民家庭购买证券 10 000 元人民币,形成的影响将与上述交易不同。居民家庭拿到支票后可以有两种选择:一是 10 000 元留在自己手中时,造成流通中现金增加,基础货币增加,准备金不变。这一交易影响也可以通过 T 型账户(图 10.2)加以反映。

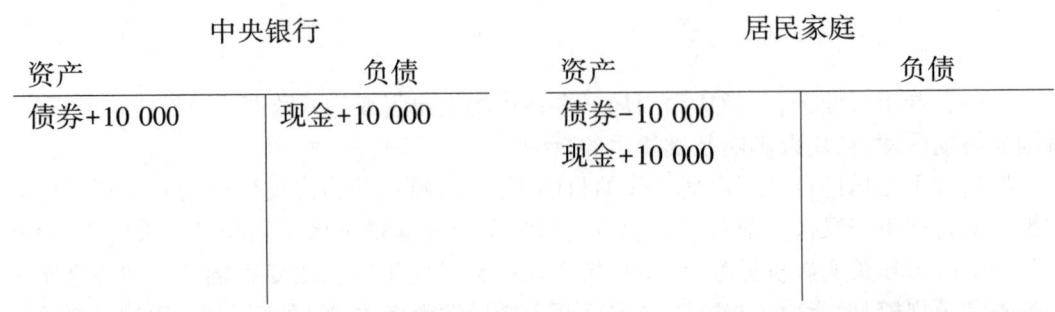

图 10.2 中央银行向居民家庭购买债券对基础货币及准备金的影响

二是居民家庭将 10 000 元存入银行,这将造成准备金增加,流通中现金不变,基础货币增加的结果。并且会涉及居民家庭、中央银行和商业银行的资产负债方的变化。T 型账户(见图 10.3)表示为:

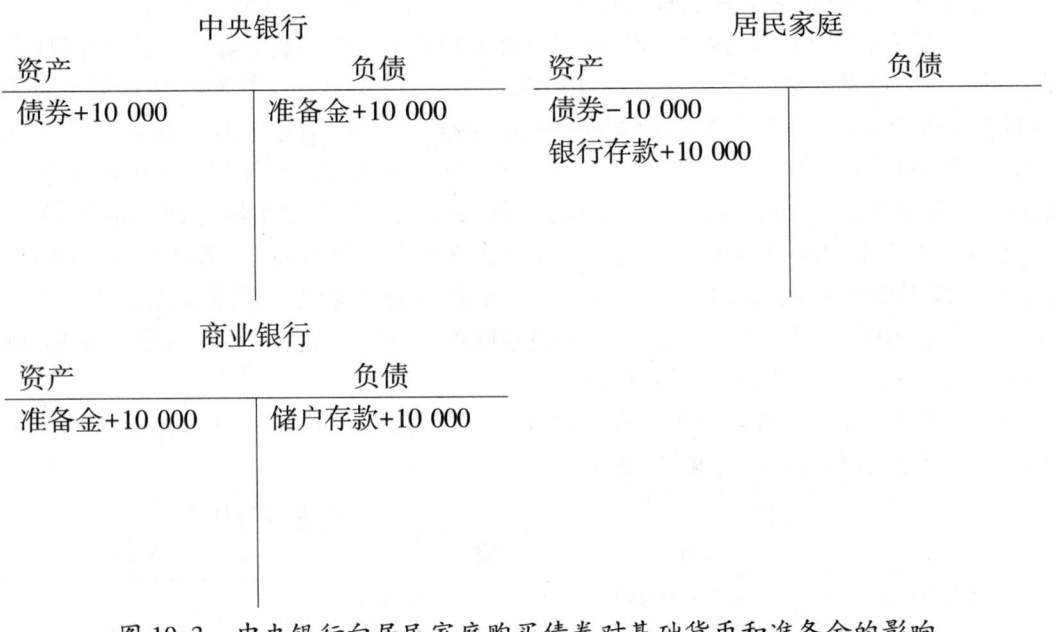

图 10.3 中央银行向居民家庭购买债券对基础货币和准备金的影响

综合中央银行向商业银行和居民家庭购买债券的行为对基础货币与准备金的影响,可以得出中央银行的公开市场购买行为一定会增加基础货币,不一定会增加准备金的结论。在其他条件不变的前提下,基础货币增加会导致经济体中的货币供应量增加,市场利率下降。

接下来,来考察中央银行出售债券对基础货币与准备金的影响,同样的分为中央银行向商业银行出售与向居民家庭出售两种。

当中央银行向商业银行出售债券时,商业银行动用自己的库存资金或在中央银行的存款购买中央银行所持有的债券。这一交易行为会使得中央银行的资产方——债券减少,同时负债方——准备金减少;商业银行的资产方——债券增加,准备金减少。

当中央银行向居民家庭出售债券时,居民家庭可以动用手中的现金或提取其在商业银行的存款来购买债券。若居民家庭运用手中现金购买债券会导致其资产方——债券增加,现金减少;中央银行的资产方——债券减少,负债方——现金即发行货币减少。如果采取提取存款来购买债券将涉及三方的资产负债变动:央行的资产方——债券减少,负债方——准备金减少;居民家庭资产方——债券增加,银行存款减少;商业银行体系的资产方——准备金减少,负债方——储户存款减少。

由此可以看出中央银行公开市场出售一定会减少基础货币,不一定会减少准备金。在其他条件不变的前提下,基础货币的减少会导致货币供应量减少,市场利率上升。

与其他货币调控工具比较起来,公开市场操作由于具有一些其他货币工具无法比拟的优点而成为中央银行优选的调控工具。目前,世界上几乎所有的货币当局(中央银行)都在运用这一工具来调节市场,我们国家也不例外。通过以上的模拟不难发现,公开市场操作的主要优点如下:

(1) 央行完全掌握主动权,其操作规模大小完全受其控制。
(2) 操作灵活且精确,可以准确地把握其规模。
(3) 可以连续性的操作,并可以进行逆向操作。如果中央银行某次公开市场购买规模过大,央行可立即进行反向操作。
(4) 可以迅速操作,且经过环节少、起效快。

当然,公开市场操作也存在一定的局限性,最突出的一点是它需要较为发达的金融市场为前提,如果金融市场欠发达,那么就会存在可用于交易的证券种类数量少、交易规模和对象少等问题,公开市场操作就很难开展或者难以达到预定效果。这也是我国早期较少采用该政策工具的原因。

(二) 再贴现政策

再贴现政策是指中央银行通过改变再贴现率等措施,影响商业银行等金融机构从中央银行获取再贴现贷款数量和持有超额准备的成本,达到增加或减少货币供给量、利率等中介目标,进而实现货币政策最终目标的政策工具。再贴现政策是中央银行很古老的一种业务,主要用于解决商业银行等金融机构的临时资金短缺问题。当中央银行开始运用货币政策调控经济时,它就成为一种货币政策工具。中央银行在运用这一工具时主要采取两种手段:一是改变再贴现利率,借以影响商业银行等金融机构的借贷资金数量和成本;二是通过设置条件拒绝或同意向商业银行等金融机构发放再贴现贷款,以影响其流动性。

如果中央银行在向商业银行发放贴现贷款时选择提高再贴现利率,就意味着商业银行通过这一渠道获取的资金成本会提高,商业银行在对融资渠道进行对比之后,可能会转而选择资金成本低的融资方式,放弃通过再贴现的方式获取资金。中央银行的这一举动对商业银行起到一个告示作用:不鼓励商业银行向中央银行申请贴现贷款,同时希望商业银行运用资金时能谨慎些。反过来,若中央银行降低再贴现率,预示着中央银行希望商业银行从其手中获得资金,并将资金运用到实体经济中去。正常情况下,中央银行不鼓励商业银行向其申请贷款,因此,再贴现利率会比同业拆借的利率、银行存款利率要高一些。

另一方面,中央银行通过向商业银行发放再贴现贷款来影响基础货币与准备金。
假设中央银行向某一商业银行发放了一笔再贴现贷款,贷款数额为10万元人民币。

中央银行通过转账的方式,将资金转到商业银行所开立的账户上。这一行为对双方的资产和负债影响分别为:中央银行的资产方——再贴现贷款增加10万元人民币,负债方——准备金增加10万元人民币;商业银行的资产方——准备金增加10万元人民币,负债方——央行贴现贷款增加10万元人民币(见图10.4)。由此可以看出,中央银行发放对商业银行的贴现贷款将会直接增加准备金和基础货币,进而会增加货币供应量并降低利率。

中央银行		商业银行体系	
资产	负债	资产	负债
再贴现贷款+10万	准备金+10万	准备金+10万	再贴现贷款+10万

图10.4 中央银行向商业银行发放贴现贷款对基础货币及准备金的影响

若再贴现贷款到期,中央银行选择收回该笔贷款额为10万元人民币的款项,商业银行需要动用库存现金或在央行的存款来偿还这笔贷款,商业银行可用资金都会减少,而无论是库存现金还是在央行的存款都属于准备金。因此,中央银行的这一操作对双方的资产负债方影响为:央行的资产——再贴现贷款减少10万元,负债——准备金减少10万元;商业银行体系的资产——准备金减少10万元,负债——再贴现贷款减少10万元(见图10.5)。从中可以看出,中央银行收回再贴现贷款的操作会减少准备金,并同时减少基础货币,在其他条件不变的情况下,会减少货币供应量,提高利率。

中央银行		商业银行体系	
资产	负债	资产	负债
再贴现贷款-10万	准备金-10万	准备金-10万 再贴现贷款-10万	

图10.5 中央银行收回到期的再贴现贷款对基础货币及准备金的影响

作为中央银行的一般选择性工具之一的再贴现政策也具有自身的优缺点。该政策工具最大的优点是它既可以调节货币供给总量,也可以调节信贷结构。另外,再贴现利率可以较好地体现中央银行货币政策的方向,有助于市场微观主体形成良好的预期。因而有些国家如我国也将再贴现利率作为基准利率。再贴现政策的不足之处主要存在以下几点:

(1)中央银行很大程度上处于被动地位。只有商业银行等金融机构决定向中央银行申请再贴现贷款时,中央银行才能充分发挥这种政策工具的作用,对利率和货币供给产生影响,如果商业银行等金融机构通过其他途径解决资金难题,中央银行想要通过这一政策工具来影响利率和货币供给的效果就十分有限,这点不足最为显著。

(2)再贴现率的调节缺乏弹性,且不能在短期内频繁使用。这就对中央银行的政策制定提出了较高的要求。

(3)再贴现政策只能够影响获取再贴现资格的商业银行等金融机构,而对其他金融机构则影响十分有限。当前,这些其他金融机构的数量和规模发展十分迅速,这就大大地影响了这种政策工具的效果。

当然,再贴现政策成为一种货币政策工具后,也没有丧失原有的增加商业银行等金融机构流动性的作用。当商业银行等金融机构出现资金短缺时,仍然可以使用再贴现寻求获得中央银行的资金帮助,从而发挥中央银行作为商业银行的最后贷款人的作用,以减少金融机构的风险。

(三)法定存款准备金率政策

法定存款准备金率政策是指中央银行通过改变法定准备金率来改变商业银行等金融机构缴存在中央银行存款准备金的数量,进而影响金融机构信用创造的规模,以改变货币供给量,达到实现货币政策目标的目的。同样,向中央银行缴存法定存款准备金这一做法在作为货币政策工具之前早已存在,且多数国家将这一做法纳入相关法律,直到1935年,法定存款准备金政策才成为货币政策工具而被使用。

中央银行如何通过调整法定存款准备金率来实现货币政策目标呢?结合前面我们所学的知识,以商业银行创造派生存款为例来说。当法定存款准备金率提高,商业银行的派生存款总额就会减少,进而减少货币供给规模;当法定存款准备金率降低,商业银行的派生存款总额就会增加,进而增加货币供给规模。根据货币乘数公式,假设超额存款准备金率和现金漏损率(现金存款比率)为0,原始存款为10万元,中央银行将法定存款准备金率从10%上调至12%,那么商业银行所创造的存款货币总额就从原来的10万/10%即100万,减少到10万/12%即约为83.33万元,使得货币供给规模大致减少16.67万元。

那么,法定存款准备金率政策又有什么优缺点呢?它的主要优点如下:

(1)中央银行同样掌握较大的主动权。

(2)政策作用力度大。这从上面的例子中就可以看到,法定存款准备金率小幅度的调整对于货币供应规模的影响是很大的。

(3)同一的法定存款准备金率对金融机构的影响是均等的。只要按照法律规定需要缴存法定存款准备金的金融机构都要受影响。这点有别于前两个货币政策工具。前两个货币政策工具一般金融机构有一定的主动性,因而只有参与公开业务和再贴现的金融机构才受影响,不参与的基本不受影响。

但是很多事物具有两面性,往往一件事物的优点也会往往形成它的缺点。对于法定存款准备金率来说,因为力度大,所以对金融机构和经济体的影响就大,因此中央银行使用这个政策工具就要十分谨慎和准确,且不易频繁使用。对于对金融机构影响是均等的来说,由于不同的金融机构存在着差异性,均等的影响可能会给一些金融机构带来较大的问题。因此,一些国家例如我国在使用这一政策工具时对不同机构会实行差别的法定准备金率的调整。

另外,由于该政策工具对金融机构的影响大,一些金融机构通过金融创新来规避法定存款准备金的约束。例如现实中我国的许多商业银行通过理财等方式获取资金,使得这一政策工具对这种方式获得的资金不具有约束力,那么其政策效果也会大打折扣。鉴于此,世界上一些国家如加拿大、澳大利亚和新西兰等已经取消了法定存款准备金率规定,没有取消这一制度的西方国家的中央银行也很少使用该政策工具。

中央银行通过一般性政策工具的操作来直接影响中介目标,并依靠中介目标的改变来间接影响最终目标。它们三者之间的关系见图10.6。

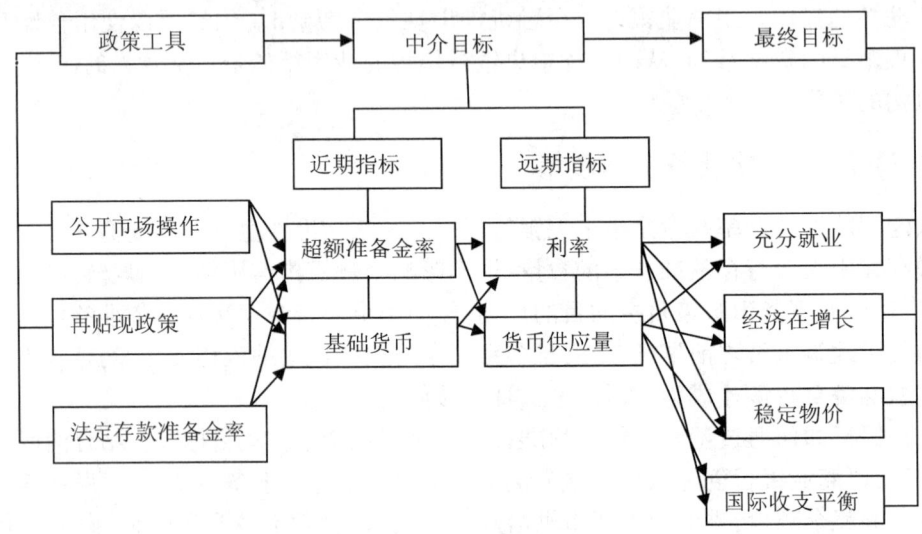

图 10.6　一般性政策工具、中介目标与货币政策最终目标之间的关系

二、选择性政策工具

选择性政策工具是指中央银行针对某些特殊的经济领域或特殊用途的信贷而采用的信用调节工具。选择性的货币政策工具对货币政策与国家经济运行的影响不是全局性的而是局部性的,但也可以作用于货币政策的总体目标。选择性的货币政策工具是指中央银行针对个别部门、个别企业或某些特定用途的信贷所采用的货币政策工具。

常见的选择性政策工具包括证券保证金比率、房地产信用控制、消费信用控制等。

(一) 证券保证金比例

证券保证金比例指中央银行通过改变证券保证金比例,来降低或扩大证券市场的融资杠杆比例,用以促进或限制证券市场投机交易规模,从而实现证券市场稳定的目的。

(二) 房地产信用控制

房地产信用控制指中央银行通过改变首付比例、贷款期限等方式来促进房地产市场的良性发展。当房地产市场投资交易氛围浓厚时,中央银行通过提高购房者的首付比例,缩短住房抵押贷款期限等方式来抑制投资需求;当房地产市场交易不活跃时,中央银行会降低首付比例,延长住房抵押贷款期限等方式来刺激投资需求。

(三) 消费信用控制

消费信用控制是指中央银行对不动产之外的各种耐用消费品的销售融资予以控制。其主要内容包括:对分期付款方式购买耐用品时的首次付款规定最低比例;规定消费信贷的最长期限;规定可用消费信贷购买的耐用品种类;对不同消费品规定不同的信贷条件。

除此之外,在特殊时期,中央银行采取行政管制的手段来规范金融市场的交易,促进金融市场的健康发展。

三、其他货币政策工具

除以上一般性、选择性货币政策工具外,中央银行还可以使用一些其他货币政策工具,对信用规模,进而对货币供给量进行控制。

(一) 信用直接控制工具

信用直接控制工具指中央银行依法对商业银行创造信用的业务进行直接干预而采取的各种措施,主要有信用分配、直接干预、流动性比率管制、利率限制、特种贷款等。

(二) 信用间接控制工具

信用间接控制工具指中央银行凭借其在金融体制中的特殊地位,通过与金融机构之间的磋商、宣传等,指导其信用活动,以控制信用,其方式主要有窗口指导、道义劝告等。

上述货币政策工具仅仅从名字上就基本可以理解,而且也可以判断出基本都是行政干预手段。即使有窗口指导、道义劝告这些相对温和的表述,但是实际使用中也不能否定其行政干预之实。虽然这些与我们之前所说的货币政策调控主要是采用经济手段,但是结合经济手段和行政手段的优缺点,多数国家并没有彻底放弃这些行政干预的货币政策手段。

四、我国的货币政策工具

前面我们说过,由于我国经济体制的问题,我国运用货币政策调控经济的实践比较短,但是我国的中央银行也根据我国的经济金融实际,在借鉴外国货币政策理论和实践的基础上不断改革和完善我国的货币政策工具。总的来说,在货币政策早期,我们主要采取信贷规模、现金计划等直接调控工具。1998年以后,取消了贷款规模控制,主要采取公开市场操作等间接货币政策工具调控工具。

按照《中国人民银行法》规定,中国人民银行为执行货币政策,可以运用下列货币政策工具:

(1) 要求银行业金融机构按照规定的比例交存存款准备金。
(2) 确定中央银行基准利率。
(3) 为在中国人民银行开立账户的银行业金融机构办理再贴现。
(4) 向商业银行提供贷款。
(5) 在公开市场上买卖国债、其他政府债券和金融债券及外汇。
(6) 国务院确定的其他货币政策工具。

1984年,我国开始建立存款准备金制度,最初建立该制度的目的是要保证集中控制必要的信贷资金,以便通过再贷款形式控制信用规模及调整信用结构。1987年和1988年,中国人民银行为适当集中资金,支持重点产业和项目的资金需求,也为了紧缩银根,抑制通货膨胀,两次上调了法定准备金率。1987年从10%上调为12%,1988年9月进一步上调为13%。这可以看作是我国央行第一次使用法定存款准备金制度进行调控。之后这一比例一直保持到1998年3月20日。从1998年3月21日起,中国人民银行对存款准备金制度进行了重大改革,之后法定存款准备金率便开始作为第一个货币政策工具被我国中央银行使用,甚至在个别年度被频繁使用,例如在2007、2008年每年使用10次。其中自2004年4月25日起,中国人民银行实行差别存款准备金率制度,金融机构适用的存款准备金率与其资本充足率、资产质量状况等指标挂钩。金融机构资本充足率越低、不良贷款比率越高,适用的存款准备金率就越高。

基准利率也是我国中央银行实现货币政策目标的重要手段之一。长时间以来,我国的中央银行规定的基准利率是中央银行对商业银行的存贷款利率和商业银行对企业和居民的存贷款利率。中央银行也常常动用利率调整这个政策工具进行宏观调控,如2007年我国央行先后6次调整存贷利率。2015年10月24日,随着中国人民银行取消存款利率浮动上限,我国利率市场化改革在形式上基本完成。目前仍在继续深化改革,以确定真实的市场利率,更好地发挥利率政策工具的作用。

我国再贴现政策的发展是建立在票据市场发展的基础上的。1994年,我国人民银行开始将再贴现政策作为货币政策的工具加以运用。1994年10月,中国人民银行第一次专门安排了100亿元再贴现资金,专项用于煤炭、电力、冶金、化工和铁道五行业以及棉花、生猪、烟叶、食糖四种农副产品已贴现票据的再贴现。1998年3月,我国人民银行开始单独发布再贴现率,使之首次成为基准利率,强化了再贴现率的货币政策信号作用。之后,随着票据市场的不断发展和再贴现业务不断地改革,再贴现政策作为货币政策工具在控制货币供应量、调整产业结构等方面越来越多地发挥着积极作用。

我国的公开市场操作政策在1994年3月才开始运作。我国的公开市场操作包括人民币操作和外汇操作两部分。1994年3月开始的公开市场操作是外汇公开操作。中国人民银行通过参与银行间外汇市场买卖,适时调节国内外汇供求,稳定人民币汇率。而人民币公开市场操作在1996年4月9日才正式开始,通过对短期国债的回购和逆回购操作来调整货币供给量。到了1999年后,公开市场操作已成为中国人民银行货币政策日常操作的重要工具。为了解决公开市场业务操作的对象问题,我国人民银行于2003年第二季度开始发行中央银行票据,这一创新型的举措使公开市场操作政策工具更加快速地发展起来。目前公开市场操作已经成为我国人民银行的重要货币政策手段。

再贷款政策是我国早期最主要的一种货币政策工具,80年代末期再贷款业务曾在我国人民银行资产总额中占75%左右。随着我国经济体制改革的深入和其他政策工具的使用,这种工具同其他直接调控手段一样使用的次数大大减少。

除了上述政策工具外,我国人民银行还不断推出新的政策工具。例如短期流动性调节工具(SLO)、常备借贷便利(SLF)、抵押补充贷款(PSL)、中期借贷便利(MLF)以及临时流动性便利(TLF)等。其中SLO和SLF都是2013年初创设的,SLO以7天期内短期回购为主,主要解决银行体系流动性出现的临时性波动,是作为公开市场常规操作的必要补充。SLF是商业银行向中央银行申请的借贷便利类工具,最长期限为3个月,利率水平根据货币调控需要、发放方式等综合确定。PSL是2014年4月创设,PSL期限相对较长,操作对象主要为政策性银行。MLF是2014年9月创设,是央行提供中期基础货币的货币政策工具,对象为符合宏观审慎管理要求的商业银行、政策性银行,采取质押方式发放,并须提供国债、央行票据、政策性金融债、高等级信用债等优质债券作为合格质押品。MLF主要是补充流动性缺口。TLF是2017年1月20日创设,主要向现金投放中占比高的几家大型商业银行提供临时性、流动性支持,以满足春节前后现金投放的集中需求。

综上所述,目前我国的货币政策工具主要有公开市场操作、法定存款准备金、再贴现、再贷款、借贷便利、抵押补充贷款、汇率政策、道义劝告和窗口指导等。

第三节 货币政策的实施和效果

一、货币政策的实施

(一) 货币政策的制定和实施机构

目前,世界上多数国家的货币政策都是由中央银行制定和实施的,我国也不例外。《中华人民共和国中国人民银行法》规定:中国人民银行是中华人民共和国的中央银行。中国人民银行在国务院领导下,制定和实施货币政策。实际上,中央银行制定和实施货币政策的时候或多或少地都会受到政府的影响,甚至最高决策权就在政府。这就是我们前面讲的中央银行的相对独立性问题。从上面我国的法律规定来看,毫无疑问,我国货币政策的决策权是在国务院,这种情况在世界上多数国家都是如此,这也并不妨碍货币政策的制定和有效执行。

中央银行货币政策的制定多数是由货币政策委员会或者类似机构负责或者提出建议的,如美联储公开市场委员会等。我国的货币政策委员会是由中国人民银行1997年7月设立的,其主要职责是,在综合分析宏观经济形势的基础上,依据国家宏观调控目标,讨论货币政策的制定和调整、一定时期内的货币政策控制目标、货币政策工具的运用、有关货币政策的重要措施、货币政策与其他宏观经济政策的协调等涉及货币政策等重大事项,并提出建议。

货币政策委员会通过全体会议履行职责,每季度召开例会。货币政策委员会在每次例会召开之前召开货币政策专家咨询会,重点研究国际国内经济金融形势和下一步货币政策措施。货币政策委员会主席或者1/3以上委员联名可以提议召开临时会议。货币政策委员会会议应当以会议纪要的形式记录各种意见。货币政策委员会委员提出的货币政策议案,经出席会议的2/3以上委员表决通过,形成货币政策委员会建议书。中国人民银行在报请国务院批准有关年度货币供给量、利率、汇率或者其他货币政策重要事项的决定方案时,应当将货币政策委员会建议书或者会议纪要一并报送。

由以上不难看出,我国在不断完善货币政策的制定和决策,相信这种完善还会不断地持续下去,这些都会对我国货币政策的实施带来积极的影响。

(二) 货币政策的操作规则

中央银行在制定和实施货币政策的时候,还需要考虑一个重要的问题就是货币政策的操作规则,也就是根据当前宏观经济形式制定和实施什么样的货币政策,例如,当前如果我国出现经济过热了,货币政策该怎么办。

最古老的货币政策规则就是相机抉择,也有的称为逆风向调节,是指中央银行依据对经济情势的判断,为达成既定的货币政策目标而采取的权衡性措施,如经济趋冷时采取扩张性货币政策,刺激经济;经济趋热时采用紧缩性货币政策,使经济保持较稳定发展。这种规则比较符合人们的认知,推出后被大家广泛接受。

与相机抉择对立的是单一规则。单一规则认为相机抉择不仅不能稳定经济发展,反而会加剧经济波动,主要原因在于货币政策有较长的时滞。当你认为需要运用货币政策调控经济时,实施的货币政策在发生作用的时候经济的问题早已经发生过了,货币政策不仅不能达到效果,反而会使经济产生新的问题。就像你有病吃药,在药真正发挥作用的时候你的病要么由于自身免疫已经快好了,要么已经恶化了。因此,单一规则主张指将货币供应量作为唯一的政策工具,公开宣布长期采用一个固定不变与经济增长率相适应的货币供应增长率,这样就可以减少由政策的波动带来的经济波动,并通过稳定的预期来减少制度性的通货膨胀。

单一规则认为自己强过相机抉择,但是也有人批评他们。批评的核心在于如果货币政策单一规则,那么人们可以提前采取一些措施来应对这个规则,那么这个规则岂不是不会发生作用了。因此,我们可以说似乎这两个对立的规则各有优缺点,在不断的争论中相关的货币政策操作规则也在不断演进、完善。现实中我们发现很多国家的货币政策操作规则既有相机抉择的特点,又借鉴了单一规则的规则。如20世纪90年代受大家比较认可的泰勒规则就是这样。泰勒规则认为实际利率能使就业率和物价均保持在由其自然法则决定的合理水平上。如果上述真实利率、经济增长率(从而就业率)和通胀率的关系遭到破坏,货币当局就应采取措施予以纠正;若通胀率高于目标值,或者失业率高于自然失业率,产出的增长率低于潜在的,那么央行就应调整名义利率,以使上述指标恢复正常值。

从我国的货币政策操作规则来看,似乎相机抉择的影子更多一些。然则近些年我们降低了货币增长率,基本完成了利率市场化改革,增加了货币政策的公开性和规则,正在逐渐探索建立一个适合我国国情的货币政策操作规则。

二、货币政策的传导机制

中央银行利用货币政策工具进行宏观调控时,需要经历一段较长的时期来观察相关变量的改变能否影响最终变量,并使经济变量最终朝向预定的方向转变。在这一过程中货币政策工具究竟怎么起作用,又如何实现预期货币政策目标呢?这就涉及货币政策的传导机制问题。所谓货币政策的传导机制是指中央银行运用货币政策工具影响中介目标,并最终实现既定政策目标的传导途径与作用机理。

回顾世界各国经济的发展历程,在不同的经济发展阶段,这一过程不大相同,理论界也没有确定的结论。概括起来主要有从利率、信贷、资产价格和汇率等四个方面来介绍货币传导机制过程。下面简单介绍几种比较著名的货币传导机制理论。

(一) 凯恩斯学派的货币传导机制

这一传导理论是由以英国经济学家凯恩斯为代表的凯恩斯学派提出的。它的核心思想是中央银行的货币政策调控工具通过影响利率来实现最终的宏观调控目标。该理论很好地解释了美国在经济大萧条时期没有陷入流动性陷阱,中央银行扩张性的货币政策有效阻止产出急剧下滑的现象。

1. 利率传导机制的基本思路

货币政策工具运用——→货币供应改变——→利率改变——→投资改变——→总支出改变——→总产出改变。

2. 货币政策的作用过程

当中央银行采取扩张性货币政策时,货币供应会增加,这将导致实际利率水平下降,实际利率水平降低会进一步降低筹资成本,进而引起企业投资支出的增加,并最终导致总需求和总产出水平上升。当央行采取紧缩性货币政策时,货币供应会减少,这将导致实际利率水平上升,实际利率水平提高会进一步提高筹资成本,进而引起投资支出的降低,并最终导致总需求和总产出水平的下降。

3. 利率传导机制的局限性

该学派解释的货币政策工具通过对利率的影响来最终实现货币政策目标,其假定的前提条件是利率的改变能对人们的消费与企业的投资产生巨大的影响。但在现实经济中,利率能否对消费和投资产生影响有待考察,因为制约消费和投资的因素有很多,很难说哪个因素起决定性的作用。

(二) 货币学派的货币传导机制

以费里德曼为代表人物的货币供给学派与凯恩斯的利率为核心的货币传导机制有很大不同,他们认为货币政策工具的使用并不能带来利率的很大改变,反而是货币供给的变化直接作用于支出,并最终影响产出以实现货币政策最终目标。

1. 货币传导机制思路

货币供应量变化──→总支出变化──→投资变化──→产出变化

该理论的关键思路是利率不变,货币供应变化直接作用于经济总量。

2. 货币政策的作用过程

当中央银行采取扩张性货币政策导致货币供应量增加时,在货币需求不变的前提下,总支出会增加,而总支出增加导致投资支出增加和资产结构调整,投资增加会进一步引起总产出的增加;当中央银行采取紧缩性货币政策导致货币供给量降低时,在货币需求不变的前提下,总支出会减少,而总支出减少导致投资支出降低,投资支出降低进一步引起总产出的减少。

3. 货币供给学派的货币传导机制的局限性

该理论完全否定了货币供给变化对利率的影响,但事实上,中央银行无论采取放松银根还是收紧银根都带来利率的变化,利率的变化或多或少会影响到投资和消费。

(三) 汇率传导机制

一些经济学家经过研究后发现,货币政策工具的运用带来利率上的变化,利率变化可以改变汇率,进而带动净出口的变化,净出口的变化影响总产出。这就是汇率传导机制。

1. 汇率传导机制的基本思路

货币供给量变化──→实际利率改变──→本币汇率变化──→净出口变化──→总产出变化。该理论的关键思路是汇率变化所带来的净出口变化,进而所带来的总产出变化。

2. 货币政策作用过程

当一国中央银行采取扩张性货币政策时,货币供应量增加导致实际利率下降。当另一国利率不变时,该国实际利率下降导致本国货币相对于外国来说贬值,本币贬值使得出口有利,进口不利,净出口增加,进而导致总产出增加。当一国中央银行采取紧缩性货币政策时,货币供应量减少导致该国实际利率上升,当他国利率保持不变时,该国货币升值,本币升值使得出口减少,进口增加,净出口降低,进而导致总产出降低。

3. 汇率传导机制理论的局限性

该理论分析是建立在进出口商品具有价格弹性的基础之上的,因为只有当两国民众对商品价格改变敏感,也就是说价格改变带来需求的很大改变时,才可能产生利率改变、汇率改变、进出口改变的结果。如果两个国家之间的贸易往来形成的是互补关系,那么该理论所述的传动机制就不成立。

(四) 托宾的 Q 理论

美国的经济学家詹姆·托宾提出该理论。他认为货币政策的改变影响企业的股票价值,企业股票价值的变化会导致其投资支出的改变,投资支出的改变影响总支出的变化。并设置了一个变量 Q 为企业资产的股票价值(市场价值)与企业资产重置价值的比例。该理论的突出特点在于将资本市场与实体经济联系起来,揭示了货币经由资本市场作用于投资的可能性。并且它很好地解释了美国大萧条时期,企业计划投资的大量减少这一经济现象。

1. 该理论的基本思路

货币政策工具使用──→货币供应量改变──→企业股票价格变化──→企业 Q 值改变──→企业投资改变──→总产出改变。该理论传导机制的关键在于货币变量的改变所带来了企业资本市场价值改变。

2. 货币政策作用过程

当中央银行采取扩张性货币政策时,货币供应量增加,公众发现手中的货币量增加,将导致公众购买股票的需求增加,在股票供给不变的前提下,股票价格上涨,股票价格上涨,导致 Q 值上升,这意味着企业通过发行较少的股票可以筹集足够的资金用于投资,因此企业的投资支出增加,进而导致社会总产出增加。当中央银行采取紧缩货币政策时,货币供应量降低,公众发现手中的货币量减少,为维持以前的生活水平,他们会选择出售手中的股票,导致股票价格下跌,企业股票价格下降会导致企业的 Q 值下降,这意味着企业要通过出售更多的股票来筹集投资资金,企业因此会减少其投资支出,企业的投资支出减少会导致社会总产出下降。

3. 托宾的 Q 理论的局限性

托宾的理论很好地解释了在美国大萧条时期,企业计划投资的减少这一经济现象。但是企业的融资渠道有很多。如果企业能通过其他途径筹集到成本低廉的资金,其投资规模受股票变化影响就会降低。也就是说如果一个经济体中,企业的间接融资比例占融资总额的比例很大,直接融资比例占融资总额的比例很小,股票价值的改变对企业投资影响会减弱。另一方面,如果随着技术进步和管理创新,企业的重置价值降低,企业的投资随着股票价值变化也会减弱。

三、货币政策效应

中央银行在进行货币政策调控时,总是希望通过自己的操作去实现既定的货币政目标。但现实总是不随人愿:中央银行在货币调控时,所达到的实际目标与预期目标总是或多或少存在差异。也就是所谓的货币政策效应。造成这一差异的主要因素以下几种:

(一) 货币政策的时滞

中央银行从制定货币政策到实施货币政策再到货币政策工具发挥作用实现主要或全部的目标所经历的时间被称为货币政策时滞。根据中央银行对这一经历时间的影响力分为内部时滞和外部时滞。两者的关系如图 10.7 所示。

1. 内部时滞

内部时滞是指从政策制定到中央银行采取行动这段时间。其长短取决于中央银行对本国经济形势发展的预先判断能力、制定政策的效率和其行动的决心。具体又包括认识时滞和行动时滞。认识时滞指的是当经济金融情况变化需要中央银行采取行动到其认识到这种变化并承认需要调整货币政策的时间间隔;行动时滞是指中央银行认识到需要采取行动到实际采取行动这段时间。

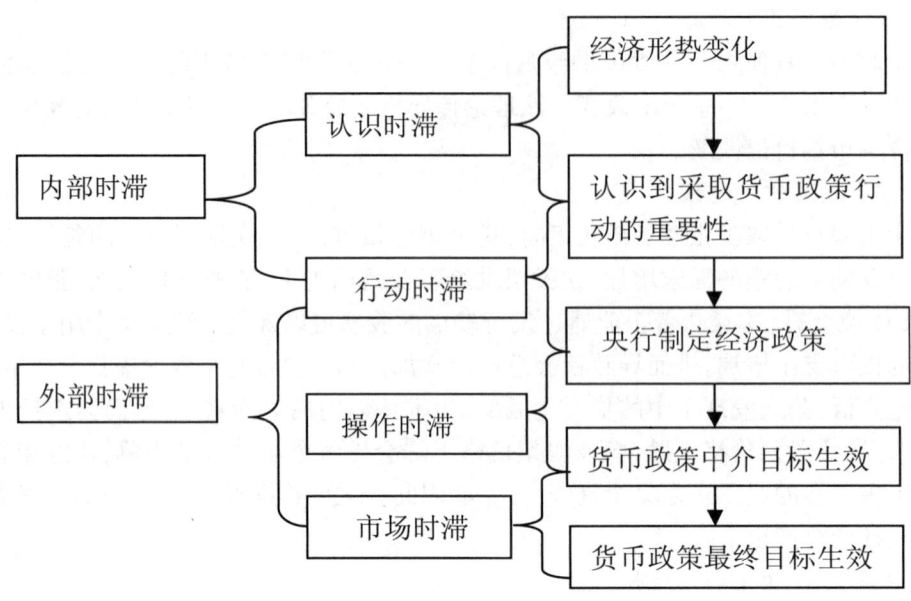

图 10.7 货币政策时滞的关系图

2. 外部时滞

外部时滞又称影响时滞,是中央银行采取行动开始到货币政策目标产生影响为止的这段过程。外部时滞分为操作时滞和市场时滞。前者是指货币政策工具调整对中介目标发挥作用的时间;后者是指中介目标发生反映到其对最终目标产生影响的时间。它的长短主要取决于客观的经济和金融条件。

一般来说,时滞短,货币政策见效快。但相对来说,时滞长短对货币政策效果的影响不是最重要的,重要的是时滞是否稳定可测:如果时滞不稳定,并难以预测,那么,即使货币政策是正确的,实施的时机也是对的,但由于时间的影响,货币政策发挥效力的时间可能是错误的,结果会适得其反。

(二) 公众预期的对消作用

市场主体的经济活动往往依赖于自己对未来的预期,而他们的预期又是建立在自己所掌握的经济信息基础之上。货币政策作为目前宏观调控的主要手段,是市场主体预期的主要经济信息。这种预期与之后货币政策实施的一致与否也影响货币政策的效应。如果预期完全一致,一般市场主体已提前做出反应,有助于货币政策效应的实现。当然,也可能市场主体做出预防措施,来降低货币政策的效应。现实中我们看到,当货币政策的实施和大家之前预测到的一致时,由于股票市场之前已经反映过了,因此货币政策出来后几乎没有什么反应。

当预期与货币政策实施不一致时,一般市场主体做出应激反应,货币政策效应就会受到冲击,形成了公众对其的对消作用。

(三) 透明度和取信于公众问题

中央银行在进行货币政策操作时,应尽可能地和公众进行沟通,使其明白央行的动机,这样公众才可能朝着中央银行预期的方向参与经济活动。另一方面,中央银行还应该通过种种举措获取公众的信任,使得公众相信中央银行有能力实现既定的货币政策目标,在出现现实经济变量与目标不一致时,人们才能有理由相信央行能解决问题,不至于采取过激的与央行背道而驰的行为。因此,目前多数国家包括我国的货币政策,都可以在官方网站和其他途径上查到很多相关的信息,如近期的货币政策方向、货币政策工具使用的详细数据和使用规则等。

(四) 货币政策的非对称性问题

已有的货币政策理论和实践证实,由于一个国家的不同地区、不同行业存在经济差异,统一的货币政策效应存在非对称性。这包括作用方向上的非对称性(同等力度的宽松型货币政策和紧缩性货币政策的效果不对称)、区域非对称性、行业非对称性等。这些非对称性影响了货币政策的效果,甚至使货币政策的效果相反。例如,我国一些经济发达地区经济偏热了,但是一些经济相对落后地区由于产业结构的问题等经济却处于正常,甚至处于上升期。如果依据过热地区的指标制定紧缩性货币政策,这对经济过热地区是正确的,但会对经济相对落后地区的经济发展带来负面影响。因此,货币政策的非对称效应也是中央银行制定和实施货币政策需要解决的问题。

第四节 货币政策与财政政策的配合

一、财政政策与货币政策的区别与联系

作为国家宏观经济调控的两大基本政策手段——财政政策和货币政策,主要是通过实施扩张或收缩的措施来调整社会总供给和总需求的关系,来实现宏观经济目标。二者各有侧重,既有区别又有一定的联系,这就决定了它们两个可以相互配合以调节经济的必要性。

(一) 财政政策与货币政策的区别

由于制定和实施财政政策和货币政策的主体不同,决定了两者具有以下几个方面的不同。

1. 两者含义不同

财政政策是由政府实施的通过对财政收入和财政支出总量的影响来调节总需求,使之与总供给相适应的经济政策。它包括财政收入政策和财政支出政策。其特点是通过政

府的直接支出影响总需求和通过税收手段影响消费与投资进而影响总供给。而货币政策是中央银行为实现一定的经济目标而采取的一系列经济手段。它的主要特点是通过影响利率、货币供应量等中介目标,来间接地影响宏观经济。

2. 政策制定者不同

财政政策一般由中央政府制定,但由于财政收入和财政支出变动涉及政策的预算,因此需要由相应的决策权力机构表决通过;货币政策一般由中央银行根据实际经济情况自由决定,往往不需要政府部门的同意,这涉及中央银行独立性的问题。

3. 政策实施的手段不同

财政政策的实施需要借助于税收、政府预算、公债、政府补贴等经济手段,在非常时期也会动用行政权力来限制经济个体的行为,以实现相应的经济目标;货币政策的实施往往借助中央银行的公开市场操作,对商业银行的再贴现政策及法定存款准备金的调整等经济手段来影响利率、货币供应量等中间变量,并最终实现经济目标。

4. 政策作用机制不同

财政政策对经济产生作用的机制体现在两个方面:

一是税收——消费、投资——总需求——总产出;二是政府支出——消费、投资——总需求——总产出。当政府对经济活动进行征税、调整税率和税种时影响了居民的可支配收入及企业的盈利水平,会影响到居民的消费与企业的投资,这会直接影响到总需求,并影响总产出;二是当政府调整财政支出时,会影响到居民的消费或企业的投资,并最终影响到社会总需求及社会总供给。货币政策对经济产生作用的机制在前面的货币政策的传导机制中已经做了详细介绍,在此不再解释。

5. 对膨胀和紧缩需求方面不同

在现实经济中,一个国家会出现需求不足,供给过剩,或需求过剩,供给不足的问题。造成这一现象有方方面面的原因,但从宏观角度出发进行分析,无非是财政与信贷分配引起的。财政与信贷对膨胀和紧缩需求方面的影响作用又是不同的。财政赤字可以引起扩张需求,财政盈余可以紧缩需求,但是财政本身并不能直接创造需求,因为有效需求是需要货币的支持的,而货币的发行权在中央银行(货币当局)手中。中央银行提供了基础货币,商业银行通过存贷款传统业务进行信贷扩张,两者共同作用提供经济体中的货币供应量,形成了对经济社会的种种需求。由此看来,财政的扩张和紧缩效应一定是通过银行信贷机制所创造出相应的货币量才能完成。如果财政扩张时,银行并没有同时扩大信贷规模,经济体系中没有对应的货币量,财政扩张效应会消失;反过来,财政紧缩,银行却进行信贷扩张,紧缩的效果也会失效。此外,银行可以独立于财政政策之外,主动决定进行信贷扩张还是信贷收缩以直接影响总需求,因此银行信贷是扩张或紧缩需求的总阀门。

(二) 财政政策与货币政策的联系

财政政策与货币政策作为调控经济的两种主要手段,除了种种不同之处外,还有方方面面的联系。

1. 政策目标一致性

货币政策的最终目标包括物价稳定、经济增长、充分就业及国际收支平衡。财政政策的目标也包括上述四个方面。当目标一致时,两者才有可能相互配合来完成共同目标。

2. 都是实现宏观调控的手段

财政政策与货币政策都是宏观经济调控的主要手段之一,它们都是通过扩张或收缩的措施,直接或间接地调整社会总供给与总需求的关系,保持经济总量的平衡,促进经济结构调整,实现经济健康发展。

3. 两者配合,效果明显

财政政策的实施,对投资的影响是即时的:当政府采取扩张政策时,投资会马上增长;当政府采取收缩政策时,投资会马上减少。这是财政政策的优越之处,但同时,它会引起过度赤字、经济过热和通货膨胀,这就决定了其只能短期采用,并且最好的运用时机应选择在较大并且持续时间长的经济衰退时期。货币政策主要是通过调节和控制货币供应量及信贷规模来干预经济,它对货币供应量及信贷规模的调节和控制是直接的、灵活的。货币政策则以微调为主,在应对经济衰退方面,政策效果较差,但在应对经济过热、抑制物价方面具有长期成效。由此,两者协调使用实现了政策长短期实效搭配,可以形成合力,效果明显,更容易实现经济目标。

4. 两者的实现手段具有交叉性

财政政策能否顺利实施需要借助货币政策提供的货币资金量予以配合。而中央政府所发行的国债则把分别由政府实施的财政政策与中央银行实施的货币政策紧密地联系在一起。中央银行公开市场操作的主要工具就是国债。

通过梳理货币政策与财政政策的区别与联系,可以发现虽然两者的最终调控目标相同,但是两者在消费需求与投资需求形成中的作用不同,因此在实践中需要两者的配合使用。如果两者各行其是,必然会造成经济冲突,削弱其政策效果,难以实现预期的调控目标。

二、财政政策与货币政策的配合

上面我们已经说过,一般在进行宏观调控时应将财政政策和货币政策配合使用,即使在目前似乎财政政策越来越少使用,货币政策越来越多使用。在政策方向上,经典的理论主张宽松与紧缩的财政和货币政策进行搭配使用,也就是我们常说的"双松双紧,一松一紧"。然则在我国的政策方向上,特别是近些年的货币政策方向上,除上述说到的宽松的和紧缩的,我们还会看到"稳健的""适度宽松""适度紧缩"等政策方向字眼。这也可以说是我们的创新,但本质上这是对货币政策在方向上和力度上的一个相对准确的描述,并没有改变宽松和紧缩两个大的方向。下面讨论在封闭经济运行状况下经典的主张关于财政政策与货币政策的配合使用。

(一)紧缩财政政策与紧缩货币政策配合

政策的这种两种配合形式又称为双紧配合,适用于经济增长过速并伴随有通货膨胀的情形。政府采取紧缩的财政政策意味着政府财政支出减少,直接导致政府购买和投资规模降低,引起居民消费和总投资规模降低,并使得经济体中的社会总需求降低。中央银行则通过采取紧缩货币政策,减少经济中货币供应量和利率,来改变居民家庭和企业可调配的资金,进而影响消费和投资,并最终影响社会总需求。通过双紧的政策搭配,可以有效地控制物价上涨。但是这种政策搭配方式带来的负面影响也是非常大的,如果过度使用会通过投资乘数效应和货币乘数效应引起经济衰退,造成经济硬着陆。

(二)紧缩财政政策与宽松货币政策配合

如上所述,紧缩财政政策旨在通过减少政府财政支出,带动社会总需求的降低。而宽松的货币政策则是通过中央银行对货币政策工具的运用,来增加货币供应量及降低利率,使得居民家庭和企业获得低成本的资金更容易些,借此鼓励居民家庭消费和企业投资需求增长。作为拉动经济增长的两驾马车,增长势必会带动经济的快速增长。这两种政策搭配的效果存在相互抵消的可能:紧缩财政政策使得社会总需求降低,而宽松的货币政策则促进社会总需求增加。之所以采用这种搭配方式,主要原因是用宽松的货币政策以弥补紧缩财政政策对社会总需求的消极影响。在政府出现较大的财政赤字及经济增长缓慢的时期适合采用。例如,当前欧盟成员国的一些成员所处政府债务规模过大,经济不景气经济阶段所采取的政策搭配正是采取该搭配方式。

(三)扩张财政政策与紧缩货币政策配合

扩张的财政政策是指政府增加购买支出提高居民家庭的可支配收入、企业的营业收入和利用增加投资支出直接影响社会总投资,借以刺激经济增长。为了抑制物价上涨,中央银行运用公开市场出售、提高再贴现率和法定存款准备金率等调控工具来减少货币供应量,这就是紧缩货币政策。这种政策配合适用于经济繁荣、社会投资不足的经济情形。

(四)扩张财政政策与扩张货币政策配合

扩张货币政策给扩张财政政策所增加的财政支出提供相应的货币供应量支持,通过投资乘数与货币乘数的正向作用来刺激经济。这种政策搭配适用于经济萧条时期,并且财政政策发挥效果比货币政策效果要好。

本 章 小 结

中央银行货币政策,涉及货币政策目标、政策工具和政策传导机制。公开市场操作、再贴现政策和法定存款准备金率是中央银行的传统货币政策工具。从中央银行进行操作到发挥效果需要经过中间变量的传导,这就是货币政策的传导机制。在研究货币政策传导机制中,不同经济学家有不同的考量。概括讲主要有凯恩斯货币政策传导机制理论、弗里德曼货币政策传导机制、汇率货币政策传导机制、托宾的 Q 理论等。

货币政策与财政政策是进行宏观经济调控的两种主要政策手段。它们之间存在着很多不同之处,但又有诸多联系,使得它们之间配合使用效果更好。

复习思考题

1. 试述货币政策的目标。
2. 试述一般性货币政策工具的优缺点。
3. 试述财政政策与货币政策的配合。

实 训 安 排

分组查阅我国货币政策实施情况。
任务一：查阅我国货币政策的使用工具情况。
任务二：查阅我国货币政策的实施方向。
任务三：查阅我国货币政策的效应。

参 考 文 献

[1] 黄达.货币银行学[M].北京：中国人民大学出版社,2018.
[2] 胡庆康.货币银行学教程[M].上海：复旦大学出版社,2018.
[3] 蒋先玲.货币银行学[M].北京：对外经济贸易大学出版社,2015.
[4] 李小丽.金融理论与实务[M].北京：北京理工大学出版社,2010.
[5] 何海霞等.金融学理论与实训[M].北京：中国财经出版传媒集团,2016.

第十一章　金融发展与金融监管

学习目标

1. 掌握金融发展的几个理论,理解金融发展理论的主要内容。
2. 掌握金融风险、金融危机的概念,理解金融风险的类型;理解金融危机的原因和预防。
3. 掌握金融监管的含义、原则和我国金融监管体制,理解我国金融监管体制的演变,了解监管内容。

案例导入

康美药业造假

2019 年,康美药业的近 300 亿财务造假案,震惊了整个中国资本市场。而在此前很长时间里,这家企业还是 A 股市场上人人追捧的大白马,被誉为中国民族医药健康产业的一面旗帜。2001 年上市之初其市值只有 8.9 亿元,2015 年时已突破千亿,是 A 股市场上首个突破千亿市值的药企,2018 年 5 月 29 日市值更是创下了 1390 亿元的新纪录。市值增长 150 多倍。2019 年 4 月 29 日,康美药业发布《关于前期会计差错更正的公告》,宣称由于财务数据出现会计差错,2017 年财报虚增货币资金 299 亿。这一公告令人震惊,股价开始暴跌,市值缩水近九成,投资者血亏。后据证监会调查结果显示:康美药业 2016 年年报虚增货币资金 225.8 亿元;2017 年年报虚增货币资金 299.4 亿元;2018 年年报虚增货币资金 361.9 亿元。康美的造假力度成为 A 股史上最大规模的财务造假案。2020 年 5 月 14 日,证监会对康美药业作出行政处罚:对康美药业责令改正,给予警告,并处以 60 万元罚款,对 21 名责任人员处以 90 万元至 10 万元不等罚款,对 6 名主要责任人采取 10 年至终身证券市场禁入措施。

我们的经济在经过几十年的快速发展后,许多地方对金融业的发展越来越重视。金融业由于自己的行业特点,虽然在提高资源配置效率等方面服务实体经济,但是在发展过程中也蕴含金融风险,甚至导致金融危机,因此就须要进行监管。本章我们就来学习这方面的内容。

第一节　金融发展的理论

改革开放后我国经济多年的快速发展让很多地方都意识到金融发展对区域经济持续

发展的重要性。因此,多地出台优惠措施大力发展金融业,并部署建设区域性金融中心。

一、对金融发展的理解

金融发展目前已经成为一个专业术语,相关的研究成果被称为金融发展理论。金融发展理论,主要研究的是金融发展与经济增长的关系,即研究如何建立有效的金融体系和金融政策组合以最大限度地促进经济增长,以及如何合理利用金融资源以实现金融的可持续发展并最终实现经济的可持续发展。那么,如何理解金融发展呢?

早期对金融发展的理解最著名的是戈德史密斯的解释,即金融发展是金融结构的变化,而金融结构是由金融工具和金融机构共同决定的,并通过定量描述如金融资产与实物资产在总量上的关系等指标来衡量金融发展。后来随着金融发展的实践和理论研究者的进一步探索,尤其近些年互联网金融的发展,金融发展的内涵越来越丰富,衡量金融发展的指标体系也越来越完善。

相关知识:戈德史密斯的金融发展衡量指标

为了对金融结构进行定量分析,戈德史密斯列出了衡量一国金融结构的8个指标:

(1) 衡量金融结构最基本的指标。金融相关比率(FIR),即金融资产市价总值与国民财富的比例,该指标主要用来衡量一国金融上层建筑与经济基础结构的关系,衡量和反映该国的金融发展状况。

(2) 衡量金融上层建筑构成状况的指标。金融结构的构成比例,通过主要类型的金融工具在金融工具总额中所占的份额,即主要金融工具的相对发行量和主要经济部门在金融资产中所占的份额。

(3) 衡量不同金融工具在经济中各个部门的渗透程度,以及各部门对不同金融工具偏好的指标。一般主要运用金融资产总额和各类金融工具余额在各个经济部门之间及其子部门之间的分布。

(4) 衡量一国金融结构中各种金融机构的发育程度及其相对重要性的指标。一般使用各种金融中介机构在所有金融机构资产总额中的比例、在金融工具总额中的比例以及在几种主要金融工具余额中的比例等。

(5) 衡量一国金融结构机构化程度的指标。金融中介率,即金融机构在金融工具存量中拥有份额的大小,是金融结构的另一个重要指标。

(6) 各种金融资产存量在金融工具种类和经济部门种类的分布。一般将金融资产存量按金融工具种类和金融部门分类组合成一个金融相关矩阵,以说明各种金融资产的发行者和持有者的关系。

(7) 对金融结构的流量分析。主要是运用金融资产的新发行额与国民生产总值之比,金融总流量在各种金融工具、各个部门之间的分布,金融机构的金融交易额在金融工具总流量和每种金融工具中所占的比重,以及各种金融工具在每个部门和子部门金融交易总额中所占的份额等。

(8) 测定各个经济部门和子部门之间资金来源与资金运用情况的指标,以掌握不同部门的内部融资与外部融资的比重,以及各部门之间的债权变化情况。

目前我们对金融发展的理解一般是金融交易规模的适度扩大和金融产业的高度化过程带来金融效率的持续提高,体现为金融交易量的适度增加、金融服务覆盖面的不断扩大、金融结构的不断改善和金融中介效率的不断提升等。之所以强调金融交易规模的适度扩大,原因在于近些年的金融发展实践证明,金融资产以及金融资产交易规模的扩大如果超出合理限度,不仅不利于金融发展和经济发展,还会破坏经济发展。金融产业的高度化也是如此,只有带来金融效率持续提高的产业结构改善才是有质量的金融发展。因此,我们对金融发展这个理解既包括对金融发展规模的理解也包含了对金融发展结构的理解。

上述的解释是从定性的角度来理解的,实践中我们评价、比较一个国家、一个地区的金融发展往往还是要通过一些数量化的指标来进行,即通过定量的指标体系衡量。为定量指标做出贡献最早的就是戈德史密斯,他从金融结构方面构建了指标体系,对后人影响极大。在此基础上,后人不断结合实践进行探索,并结合研究对象的经济背景、数据的可得性等对衡量区域金融发展的指标体系进行探索,获得了较多的成果。令人遗憾的是,这些成果并没有获得一致的认可,当然,由于研究对象的差异性来说也不可能完全一致。在这些研究成果中常见的指标主要有以下几个:

(1) 金融相关率:一般是由某一日期社会金融活动总量与经济活动总量的比值,也有以广义货币量与经济活动总量的比值来表示的。金融活动总量一般用金融资产总额表示。金融资产总量包括非金融部门发行的金融工具(股票、债券以及各种信贷凭证)。金融部门:即中央银行、存款银行、清算机构、保险组织和二级金融交易中介发行的金融工具(通货与活期存款、居民储蓄、保险单等)和国外部门的金融工具等。经济活动总量是在实际统计时,常常用国民生产总值或国内生产总值来表示。实践中常用金融相关率(FIR)去说明金融深化的程度。一般来说,这个指标在上升一段时期后会趋于稳定。

(2) 货币化率:一定经济范围内通过货币进行商品与服务交换的价值占国民生产总值的比重。通常采用货币供给量与 GDP 的比值来间接表示。货币化率可以反映一国金融发展的水平。随着商品经济的发展,使用货币作为商品与服务交换媒介的范围越来越广,这种现象可称为社会的货币化程度不断提高。由于货币是金融资产的一个重要部分,因此用货币化率反映一个社会的金融发展程度也是可以的。随着金融深化和货币化过程进展,发达国家的货币化率呈现倒 U 型,有一个峰值后再趋于平稳。我国还处于上升阶段,高货币化率并不能说明我国的金融市场发达。中国货币化率如此高的原因是各种生产要素资本化的过程扩大了基础货币的投放,并通过货币乘数的作用进一步放大了 M2。近些年,随着第三方支付的普及,我国的货币化率指标会有一些新的变化。

相关知识:电商企业的货币化率

平台类电商企业有一个运营的核心指标,叫"货币化率",指的是单位销售额下,平台能获取的收入,它对应的就是品牌在电商平台的推广费,通过广告、订阅费、应用内收费等方式变现。

(3) 证券化率:证券化率,指的是一国各类证券总市值与该国国内生产总值的比率(各类金融证券总市值与 GDP 总量的比值),实际计算中证券总市值通常用股票总市值+债券总市值+共同基金总市值等来代表。证券化率越高,意味着证券市场在国民经济中的地位越重要,因此它是衡量一国证券市场发展程度的重要指标。一国或地区的证券化率越高,意味着证券市场在该国或地区的经济体系中越重要。发达国家由于市场机制高度完善,证券市场历史较长、发展充分,证券化率整体上要高于发展中国家。

二、著名的金融发展理论

金融发展理论形成于二战后,随着各国金融与经济的快速发展,金融发展理论不断完善起来,尤其其中一些专门针对发展中国家的金融发展理论获得了极大关注,并被一些国家用于实践,取得了一定的效果。虽然我国近些年经济发展非常迅速,综合国力有了较大的提升,然而并没有改变我国是发展中国家的事实。纵观这些年发展中国家的金融变革,多数国家的金融政策经历了从金融抑制、金融深化到金融约束的转变。为此,我们选择一些著名的金融发展理论进行介绍。

(一) 发展中国家的金融抑制

根据金融抑制理论的提出者麦金农和肖的分析,发展中国家普遍存在金融抑制,也就是指政府通过对金融活动和金融体系的过多干预抑制了金融体系的发展,而金融体系的发展滞后又阻碍了经济的发展,从而造成了金融抑制和经济落后的恶性循环。造成金融抑制的主要原因是发展中国家金融资源的稀缺使政府对金融过多的不适当管制政策,主要包括对利率和汇率的限制、信贷配给制,以及对银行之外的其他金融中介的忽视,其中利率管制是金融管制的核心。

金融抑制政策主要体现在以下几方面:
(1) 对利率进行严格的管制。
(2) 常常采用信贷配给的方式来分配稀缺的信贷资金。
(3) 对金融机构实施严格的管制。对金融机构的设立、业务、法定准备金等实施严格的限制。
(4) 人为高估本币的汇率。

发展中国家的金融抑制带来的消极作用主要如下:

1. 资本市场效率降低

"金融抑制"的措施,使资本市场的价格不能真实反映供给与需求之间的关系,也不能起到刺激供给、限制需求的作用,降低已被限制的由银行导向的资本市场效率。

2. 经济增长达不到最佳水平

发展中国家的金融抑制,使储蓄很难达到最佳水平,金融动员起来的储蓄也不能有效地转化为投资,导致了经济也就达不到合意的增长水平。后来的实践也证明了通过提高储蓄倾向和资本形成的质量能够刺激实际产量增长。

3. 限制了银行体系适应经济增长的需要

发展中国家的金融抑制使银行体系的扩展受到了限制,使其成本高昂、效率低下,无法有效引导私人储蓄向高收益的领域进行投资。

4. 恶化了外汇资源困境

发展中国家的汇率抑制，即高估本币价值，一方面使本国商品出口缺乏国际竞争力，限制了本国商品的出口；另一方面大量的进口增加了外汇需求。这两方面的结果造成发展中国家陷入更为严重的外汇短缺困境，从而进一步加强外汇管制。

5. 降低了融资效率和融资效果

利率管制的金融抑制政策下对外源融资，尤其是对中小企业的外源融资极为不利，只有一些政府认为极为重要的大企业才更容易有外源融资。这样一方面造成数量众多的中小企业无法取得融资，不得不转向非正规、成本高昂的地下融资市场，加大了风险；另一方面低利率的融资使大企业极易产生利润，从而降低了资金的使用效率，并使大企业产生超额融资需求。

经济的增长与金融的发展之间是否具有一定的相关关系受到了许多学者的研究与质疑。在20世纪70年代前，许多学者认为经济增长与金融发展并不存在相关关系，金融体系的产生与发展只是经济增长带来的被动反应，并不存在实际的相关关系。在20世纪70年代后，人们逐渐对经济增长与金融发展的关系出现了新的认识。

第一，金融发展对经济增长起到了积极的推进作用。金融市场的发达程度与经济的发展与进行紧密相关，只有较为发达的金融市场才能为经济提供开拓的市场。金融市场对货币资金的集中与运用具有较为良好的条件，在资金的集中运用下，许多大规模的经济活动更容易开展，实现规模经济的效益。金融市场的持续稳定对经济活动所需要的资金提供了保障，加强了社会资源的利用率，提高了经济效益，实现了经济的稳定持续的发展。金融市场的发展帮助人们对金融工具有了更深刻的认识，人们的储蓄比例会下降，更多的资金流入市场，资金的流动性加强，更有利于刺激经济活动的产生，实现经济的增长。金融发展对经济增长起到了积极的作用，刺激了货币的流动与市场经济的开展，只有相对稳定发达的金融发展作为基础，经济才能持续稳定的实现增长的目标。

第二，经济的增长对金融发展也产生了影响。经济的增长实现了人民生活水平的提高，在较为良好的生活水平下，人们的投机心理逐渐加重，对金融市场开始产生关注，促进了我国金融市场的发展与完善。金融市场也在社会的进步中进步，为人民提供更多的金融服务与金融产品。面对金融市场的发展，越来越丰富的金融产品也为经济活动的开展带来了风险，只有合理地控制可能发生的风险才能保证经济发展为金融市场带来的积极影响。经济的增长为企业带来了较为良好的企业盈利效果，促进了企业的投资，间接地实现了金融市场的发展。

（二）金融自由化

发展中国家的金融抑制可以通过金融自由化来解决。

金融自由化理论的代表人物麦金农、E·肖等经济学家认为：发展中国家要发挥金融对经济发展的促进作用，必须放弃他们所奉行的"金融压制"政策，推行"金融自由化"或"金融深化"。也就是说，政府当局应放弃对金融市场和金融体系的过分干预，放松对利率和汇率的控制，并有效地抑制通货膨胀，使金融和经济形成相互促进的良性循环。金融自由化理论第一次系统地论述了货币金融因素是发展中国家经济落后的一个十分重要的,但又被长期忽略的因素,为发展中国家货币金融政策的制定提供了理论上的指导。

金融自由化就是针对金融抑制这种现象,减少政府干预,确立市场机制的基础作用。主要包括利率自由化、合业经营、业务范围自由化、金融机构准入自由、资本自由流动等。

在二战后各国金融与经济快速发展的背景下,再加上20世纪70年代初流行的凯恩斯的政府调控经济理论遇到困境,金融自由化理论成为许多国家解决问题的灵丹妙药。马来西亚、韩国、阿根廷等一大批发展中国家进行了金融自由化的实践,甚至这种浪潮也扩及包括美国在内的发达国家。然而从结果来看,发展中国家的金融自由化并不都是美好,甚至一些国家如墨西哥、泰国等还发生了金融危机。

相关知识:泰国的金融危机

20世纪80年代前半期,泰国出现了严重的金融系统危机,其后实行了一系列自由化政策以发展经济:1989年放开了1年期以上定期存款的利率上限,1990年3月放开了所有定期存款的利率上限,1992年1月取消了储蓄存款的利率上限,1992年6月取消了所有贷款利率上限。这些措施使得国内利率与国际市场利率的联系日益密切,同时也增大了国内金融系统的风险。1997年,泰国爆发了金融危机,并引发了"多米诺骨牌效应",是亚洲金融危机的起源。

发展中国家金融自由化的经验教训大致有以下几点:

(1) 控制通货膨胀,保持价格稳定和社会总供求的大体平衡。

(2) 对资本项目的开放和国内利率管制的放松应稳步进行。

(3) 在非银行金融机构和金融市场还不够发达时,以银行体系为中心实施金融自由化必须做到鼓励竞争和加强监管相结合。

(4) 金融自由化实际上是一种金融制度安排方面的改变,这种改变能否成功,仅靠制度因素不行,还必须有相应的组织保证。

(5) 在实施金融自由化的进程中不能只用 M2/GDP 或 M3/GDP 这样简单的金融统计指标来度量阶段工作成果,应当对这些指标进行具体分析。

(6) 实施金融自由化政策必须营造良好的金融运行基础,如完善的法规法制、会计制度、信息提供及严谨的监管框架等等。

上述情况表明,金融自由化绝非有利无害。金融自由化在增强金融市场效率的同时,往往在其他方面又具有降低金融市场效率的作用,在提供了提高安全性的金融工具的同时又是增加风险的因素。切不可把金融自由化理想化,把它假设成为有百利而无一弊的灵丹妙药。事实上,在任何时间,任何金融体系中,金融体系改革必然是利弊交织,决策者所能指望的只能是利大于弊,而不是一个有百利而无一弊的选择。十余年来与我国金融体制改革并行的全球性金融自由化进程也证明了这一论点。无论是在金融市场较发达的国家,还是在金融市场较不发达的国家,只有用积极的、审慎的态度客观地评估每一项具体措施的利弊,权衡利害,大胆推进金融体制改革才是根本出路。

(三) 金融约束理论

20世纪70年代后,我国及其他一些发展中国家经济取得了令人瞩目的巨大成就,而这些国家多多少少都存在着金融抑制现象,甚至像我国也没有进行完全地金融自由化改革,这就不符合金融抑制论的观点。在这一背景下,以托马斯·赫尔曼、凯文·穆尔多克和约瑟夫·斯蒂格利茨为代表的经济学家于20世纪90年代末针对这种国情提出了"金融约束论"。即政府通过实施限制存贷款利率、控制银行业进入等一整套的约束性金融政策,从而可以带来相对于自由放任政策和金融压抑政策下更有效率的信贷配置和金融业深化,对发展中国家维护金融机构的安全经营、保证金融体系的稳定、推动金融业发展的进程极为重要。

金融约束理论就是政府通过实施一系列金融约束政策,如利率控制和资产替代等,可以促进金融深化,从而推动经济快速增长,其隐含的前提是政府可以有效地管理金融业,或者说政府可以解决市场失灵问题。事实上,政府并不比民间部门拥有更多的信息和更强的经济管理能力。在管理经济过程中,政府失灵问题同样严重,历史已经一次次证明政府过多参与经济管理的最终结果往往是阻碍而不是促进经济的发展。市场运行有其内在的规律,不是任何主观力量都可以替代和改变的。因此,金融约束论所提出政策的现实意义就很有限。

但是,我们也不能因此就完全否定金融约束论,特定条件下金融约束政策对金融业发展和经济增长的确能够起到积极推动作用。虽然政府不能代替市场,并不是说政府的力量在市场运行中就丝毫不能发挥作用,主要是把握好一个度。可有一点是明确的,金融约束政策仅仅是市场的补充而不能取代市场,这一政策的实施也不是长期的,只是一个过渡,是特定时期的特殊政策,最终还是要由市场来解决问题。有步骤地实行利率市场化,构建多方位、多层次的金融体系,完善金融功能,健全金融体制才是金融深化的可行路径。

(四) 普惠金融

普惠金融也是我国这些年经常看到的名词。最早提出普惠金融的是2003年的联合国,其含义是一个能有效地、全方位地为社会所有阶层和群体,尤其是贫困、低收入人口提供服务的金融体系。此时的普惠金融,重点关注的是小额信贷等微型金融产品和机构层面的活动。普惠金融的概念从提出到至今已有很大的发展。到目前为止,普惠金融已经演变成为一个更为复杂的金融生态体系,不仅包括不同类型的金融产品,也包括了金融消费者、金融服务者等不同的参与主体;不仅包括商业性金融机构,也包括政策性金融和政府机构;不仅包括提供基本金融服务的机构(如银行、保险公司等),也包括了为这些机构提供服务、降低金融服务成本、提升金融服务效率的第三方机构等。世界银行于2014年发布的《全球金融发展报告:普惠金融》将普惠金融非常简单明了地定义为"使用金融服务的个人和企业占全部个人和企业的比例"。普惠金融全球合作伙伴组织(GPFI)将普惠金融定义为"所有处于工作年龄的成年人(包括目前被金融体系所排斥的人),都能够以可以负担成本获得正规金融机构提供能够持续供给的便捷、负责任的贷款、储蓄、支付和保险等金融服务。"

我国对普惠金融也有着不同的理解。周小川(2013)将普惠金融定义为"通过完善金融基础设施,以可负担的成本将金融服务扩展到欠发达地区和低收入群体,向他们提供价格合理、方便快捷的金融服务,不断提高服务的可获得性"。2016年,国务院印发《推进普惠金融发展规划(2016—2020年)》,开宗明义地指出,"普惠金融是指立足机会平等要求和商业银行可持续原则,以可以负担的成本为有金融需求的社会各阶层和群体提供适当、有效的金融服务。小微企业、农民、城镇低收入人群、贫困人群和残疾人、老年人等特殊群体是当前我国普惠金融重点服务对象。"

不管对普惠金融的概念理解如何多样,我国在实践上早已多年在践行普惠金融理念。我国普惠金融的发展经历了扶贫贴息贷款到商业化运作的转变。按照发展理念、服务对象、金融产品和服务种类以及所依托的平台的广度和深度等方面的差异,我国普惠金融的发展可以划分为公益性小额信贷、发展性微型金融、综合性普惠金融、创新性互联网金融四个阶段。这四个阶段并不是交替演进的,而是包含演进的关系,即发展演变的实质是普惠金融体系的服务边界不断扩大、服务对象不断增加、服务功能不断完善的过程。需要特别指出的是,2010年之后,随着互联网和IT技术的革命性突破与大规模普及,普惠金融在中国获得了爆发式发展,人们对金融服务产生了大量新需求。新兴金融业态的蓬勃发展倒逼着传统金融机构将更多的资源投入互联网金融创新。它通过利用互联网平台,使更多的人享受到互联网支付、互联网借贷以及互联网财富管理的便利。互联网模式下的普惠金融产品与服务,逐渐成为综合性普惠金融的重要组成部分,它改变了我国消费者的支付、借贷、储蓄、保险以及投资行为。我国的账户拥有率(普惠金融的基本衡量指标)显著增长,已经与其他G20国家大致相当,移动数字金融服务已走在世界前列。

当然我们还必须十分清醒地认识到,我国普惠金融与发达经济体还存在不小的差距,其发展仍面临诸多问题与挑战,如困扰我国多年的中小企业融资难的问题仍然存在。这还需要我们通过不断创新产品和商业模式、普及金融知识和金融能力等继续推动普惠金融来解决这些难题。

相关知识:我国普惠金融建设的重要节点

国内最早引进普惠金融概念的是中国小额信贷联盟(原名中国小额信贷发展促进网络)。为开展2005年国际小额信贷年的推广活动,中国小额信贷联盟秘书长白澄宇提出用"普惠金融体系"作为"Inclusive Financial System"的中文翻译。

从2005年开始,联合国开发计划署与中国人民银行、商务部国际经济技术交流中心、国家开发银行等合作,开展"建设中国普惠金融体系"项目。

2006年3月,中国人民银行研究局原副局长焦瑾璞在北京召开的亚洲小额信贷论坛上,正式使用了这个概念。

2012年6月19日,胡锦涛在墨西哥举办的二十国集团峰会上指出:"普惠金融问题本质上是发展问题,希望各国加强沟通和合作,提高各国消费者保护水平,共同建立一个惠及所有国家和民众的金融体系,确保各国特别是发展中国家民众享有现代、安全、便捷的金融服务。"这是中国国家领导人第一次在公开场合正式使用普惠金融概念。

2013年11月12日,中国共产党第十八届中央委员会第三次全体会议通过《中共中央关于全面深化改革若干重大问题的决定》,正式提出"发展普惠金融,鼓励金融创新,丰富金融市场层次和产品"。这是普惠金融第一次正式写入党的决议。

2015年,银监会、人民银行牵头财政部、证监会、保监会等部委制定了《推进普惠金融发展规划(2016—2020年)》(以下简称《规划》)。《规划》已经中央全面深化改革领导小组第十八次会议审议通过,于2015年12月31日正式发布。《规划》是"十三五"期间我国普惠金融发展的纲领性文件,为我国进一步推动普惠金融发展提供了指引。

2016年,国务院印发《推进普惠金融发展规划(2016—2020年)》

(五) 数字金融

数字金融,即通过互联网及信息技术手段与传统金融服务业态相结合的新一代金融服务。一般来说,数字金融主要包括互联网支付、移动支付、网上银行、金融服务外包及网上贷款、网上保险、网上基金等金融服务。上述这些种类相信我国多数人已经非常熟悉。

数字金融在中国乃至全世界都可以算是新生事物。从最早的在线支付工具 PayPal 在美国1998年诞生,到如今已经超过二十年。我国的数字金融可追溯到2004年底的支付宝上线,但很多人更愿意把2013年6月余额宝上线看作中国数字金融发展的元年。同年微信支付的出现改变了移动支付的市场格局。这两个最重要的电子支付通道的形成方式并不一样,支付宝是通过信用中介建立支付渠道,而微信是通过社交建立支付渠道。但正是这两个不同的形成方式共同促进了移动支付的快速发展。伴随着互联网公司进入金融支付领域,互联网小贷、P2P互联网金融和互联网众筹等新兴的金融模式也发展起来,数字金融开始在中国金融系统内生根发芽,并迅速向金融业的各个领域蔓延,极大地改变了中国金融系统。现在公认中国影响力最大、业务相对成熟的是移动支付。其次是互联网银行,以及大科技平台提供的全方位金融服务,即以支付为核心的生态系统,在国际上都拥有相当的影响力。在2019年毕马威等评出的金融科技100强公司中,排名前12的公司有三分之一来自中国。英国的 Z/Yen 和中国深圳综合开发研究院(CDI)编制的金融科技中心的指数显示,前十位城市中,中国占到半壁江山。

数字金融本质是信息化、网络化、智能化。它既是新的金融业态、新的金融发展阶段,也是金融业持续发展的延续。当今世界,信息化建设进入以数据挖掘和融合应用的新阶段,数据资源蕴含的巨大潜能不断释放。数据和信息技术从过去的工具日益成为重要的资源、平台、生产资料和生产方式,并改变着经济金融结构和金融方式,给经济金融注入动力和活力。可以说,数字金融是在互联网金融的基础上延伸而来的新一代金融服务,所触及的分类整体上与互联网金融没有太大的差别。但作为一个新兴的领域,数字金融成为金融和科技深度融合的新业态和新阶段。

数字金融具体业务分为五大类:

基础设施:智能合约、大数据、云计算、数字身份识别。

支付清算:移动支付、数字货币。

融资筹资:众筹、网络贷款。

投资管理:余额宝、智能投顾。

保险:数字化的保险产品。

数字金融最大的优点是普惠性,互联网行业本身的规模效应也推动了普惠金融的发展。数字金融摆脱了对原来金融实体网点的依赖,通过手机通讯、基础设施的铺设,能够快速地从东南沿海发达地区向欠发达的西部地区推进,让金融服务到达乡村偏远地区,为中小微企业和低收入人群提供服务。数字金融还能用大数据替代抵押资产做风险评估。当然,数字金融不会改变金融的本质,但有可能改变传统金融的运行方式和风险特征。比如,数字金融的风险一旦爆发,传播速度非常快、波及范围极广,应对起来也会非常困难。

第二节 金融创新

一、金融创新的含义

金融创新是指金融领域内部通过各种要素的重新组合和创造性变革所创造或引进的新事物。具体来讲,就是指金融机构和金融管理当局在金融制度、金融业务、金融工具等方面进行的创新性变革和开发活动。也有人将金融创新分为狭义的金融创新和广义的金融创新,狭义的金融创新指的是金融业务创新,广义的金融创新则是指包含金融业务创新在内所有的创新。

金融创新与特定的历史时期的经济发展背景密切相关,同其他行业一样,金融创新是推动金融发展最为直接的动力。20世纪70年代以来,在金融自由化浪潮及其他因素的影响下,金融创新风起云涌,给金融业的发展,乃至世界经济的发展带来了深远的影响。我国也不例外,随着我国社会主义市场经济的高速发展和改革开放的不断深入,我国的金融创新也迎来了快速发展,并得到了越来越多的关注与重视。尤其近年来在互联网金融领域内的创新,更是引来了世界的关注。

二、金融创新的动因

关于金融创新的动因,理论界有很多研究。比较著名的理论有制度改革论、规避管制论、约束诱导论、技术创新论、交易成本论、货币促成论、财富增长论等,所有这些理论都从某个角度论证了金融创新的动因。比较常见的动因有:

(1) 金融业竞争加剧。金融业的迅速发展和市场边界的不断扩大,使进入竞争性市场的经营主体迅猛增加。竞争个体的数目扩大,竞争必然加剧,其结果是金融机构的成本增加,收益普遍下降。在这种竞争局面下,金融机构只维持传统的经营和服务项目已经不能保证正常的发展,甚至还会涉及生存,于是,开发业务新品种,开辟新领域,成为金融机构首选的谋生之道。如我国民生银行于2012年5月启动创新型贷款产品——小微企业互助担保贷款,即小微商户以"自愿互助、风险共担、利益共享"原则,缴纳一定数额的资金,作为小微企业互助合作基金的保证担保贷款方式。这种方式大大促进了民生银行小微企业贷款业务的增长。

(2) 风险管理的需要。20世纪70年代后,在金融自由化浪潮的推动下,多数国家纷纷推动利率、汇率市场化,并开放金融市场。企业及个人面临了巨大的利率风险和汇率风险,由此引发了金融机构积极创造旨在应付价格和利率波动,规避市场风险的金融工具的活动热情。金融期货、期权及互换业务等新型的金融衍生工具的产生都是为了满足客户减少利率与汇率风险,以达到保值或盈利的要求。在各种创新的金融工具中,为减少利率与汇率风险而创新的工具占有相当大的比重。

(3) 科学技术的迅猛发展。20世纪70年代以后,以计算机技术为核心的信息通信技术在金融业得到广泛应用,它为金融创新提供了强大的技术支持。如:利用电子通信技术的辐射功能和电脑的自动化信息处理功能,银行业务实现了跨越时空的延伸,一家银行可以同时处理与远在另一半球的分支机构或客户之间的业务,ATM机(自动提款机)、POS机(销售终端机)、电话银行、自助银行、网络银行等可以连续24小时准确及时地为所有通过电讯联系的机构和客户服务,银行业务的创新随着金融市场全球化一体化的进程而不断向纵深发展,新工具的设计、定价、运行和管理等,统统都在最先进的电子信息技术支持下进行,创新更具有紧迫性和挑战性。如我国支付宝、微信支付等的快速发展等。

(4) 规避金融管制。二战后西方国家为维持金融稳定而对金融业实行长时间的严格管制,使金融机构的业务范围、利率、信贷规模、分支机构的设立等诸多方面受到限制,这些限制实际上构成了对金融机构的成本追加或隐含税收,因而成为诱发旨在逃避管制、摆脱不利于利润最大化的约束条件的金融创新活动的重要因素。如在美国,商业银行通过开设可转让支付命令账户(NOW)和自动转账服务账户(ATS)等来规避金融当局的利率管制。再如我们国家目前金融业仍然不能进行混业经营,于是平安集团通过下设子公司如平安保险,平安证券,平安银行,平安信托等,基本也形成了混业经营的局面。

(5) 追求利润的最大化。金融企业利润的高低是衡量金融企业实力的重要指标之一,也是金融企业不断扩大业务、进一步开辟市场和打败竞争对手的重要物质基础。在市场经济的大环境下,通过金融创新来吸引客户、扩大业务范围、增加资金来源等都是获取利润的重要手段。如离岸业务的开展、资产证券化等新型业务的创新都可以增加金融机构的收入。

当然,金融创新还有其他的动因,这里不再赘述了。需要强调的是,这些动因也并不是泾渭分明的,它们之间也是交织在一起的。如为规避管制的创新也是为了增加利润。

三、金融创新的利弊

(一) 金融创新的积极作用

1. 提高了金融市场的运作效率

首先提高了市场价格对信息反应的灵敏度。金融创新通过提高市场组织与设备的现代化程度,使国际金融市场的价格能够对所有可得到的信息作出迅速灵敏的反应,提高了金融市场价格变动的灵敏度,使价格快速及时对所获信息作出反应,从而提高价格的合理性和价格机制的作用力。其次,增加了可供选择的金融商品种类。现代创新中大量新型金融工具的出现,使金融市场所能提供的金融商品种类繁多,投资者选择性增大。面对各具特色的众多金融商品,各类投资者很容易实现他们自己满意的效率组合。第三,增强了剔除个别风险的能力。金融创新通过提供大量的新型金融工具的融资方式、交易技术,增强了剔除个别风险的能力。投资者能进行多元化的资产组合,还能够及时调整其组合,在保持效率组合的过程中,投资者可以通过分散或转移法,把个别风险减到较小程度。第四,降低交易成本,使投资收益相对上升,吸引了更多的投资者和筹资者进入市场,提高交易的活跃程度。

2. 提高了金融机构的运作效率

首先,金融创新通过大量提供具有特定内涵与特性的金融工具、金融服务、交易方式或融资技术等成果,从数量和质量两方面同时提高需求者的满足程度,增加了金融商品和服务的效用,从而增强了金融机构的基本功能,提高了金融机构的运作效率。其次,提高了支付清算能力和速度。把计算机引入支付清算系统后,使金融机构的支付清算能力和效率上了一个新台阶,提高了资金周转速度和使用效率,节约大量流通费用。第三,大幅度增加金融机构的资产和盈利率。现代金融创新涌现出来的大量新工具、新技术、新交易、新服务,使金融机构积聚资金的能力大大增强,信用创造的功能得到发挥,使金融机构拥有的资金流量的资产存量急速增长,提高了金融机构经营活动的规模报酬,降低成本,加之经营管理上的创新,金融机构的盈利能力增强。

3. 金融作用力大为加强

金融作用力主要是指金融对于整体经济运作的经济发展的作用能力,一般是通过对总体经济活动和经济总量的影响及其作用程度体现出来的。第一,提高了金融资源的开发利用与再配置效率。现代金融创新使发达国家从经济货币化推进到金融化的高级阶段和大幅度提高发展中国家的经济货币化程度,导致金融总量的快速增长,扩大了金融资源的可利用程度并优化了配置资源效果。第二,社会融资和投资的满足度及便利度上升。主要表现为:一是融资成本降低,有力地促进了储蓄向投资的转化;二是金融机构和金融市场能够提供更多更灵活的投资和融资安排,从总体上满足不同的投资者和筹资者的各种需求,使全社会的资金融通更为便利;三是各种投资与融资的限制逐渐被消除,金融创新后各类投资融资者实际上都进入市场参与活动,金融业对社会投资和融资需求的满足力大为增强。第三,金融业产值的迅速增长,直接增加了经济总量,加大了金融对经济发展的贡献度。第四,增加了货币作用效率。创新后用较少的货币就可以实现较多的经济总量,意味着货币作用对经济的推动力增大。

(二) 金融创新的负面影响

金融创新推动经济发展和金融发展的同时,也带来了许多新的矛盾和问题,对金融和经济的发展产生诸多不良影响。

(1) 金融创新使货币供求机制、总量和结构发生了深刻变化,影响了金融运作和宏观调控。

在货币需求方面引起的一个明显变化是货币需求的减弱,并由此引起货币结构改变,降低了货币需求的稳定性。在货币供给方面,金融机构创造存款货币的功能增强,增加了货币供给的主体。同时由于通货-存款比率、法定存款准备金率、超额存款准备金率下降,增强了货币供应的内生性,削弱了中央银行对货币供给的控制能力与效果,易导致货币政策失效和金融监管困难。

(2) 金融风险有增无减,金融业的稳定性下降。

现代金融创新在提高金融微观和宏观效率的同时,增加了金融业的系统风险。一是创新加大了原有的系统风险(利率风险、市场风险、购买力风险等),如授信范围的扩大与条件的降低无疑会增加金融风险;二是创新中产生了新的金融风险,如大规模的金融电子化创新所产生的电子风险,金融业务管理创新中出现的伙伴风险与金融国际化相随的国际风险等。各种金融机构的业务创新和管理创新在带来高收益和高效率的同时也产生了高风险,导致了金融业的稳定性下降。20世纪80年代以来,金融机构的亏损、破产、兼并、重组等事件频繁发生。

(3) 金融市场出现过度投机和泡沫膨胀的不良倾向。

现代金融创新中,金融市场上出现了许多高收益和高风险并存的新型金融工具和金融交易,尤其是从虚拟资本中衍生出的新奇的种类,如股票指数期货交易、股票指数期权交易等。一些避险性金融创新本身又成了高风险的载体,如外汇掉期、利率或货币掉期等,这些金融工具和金融交易以其高利率诱导和冒险刺激,吸引了大批的投资者和大量的资金。在交易量放大的过程中,价格被推到不切实际的程度,拉大了与其真实价值的差距,表现为其市场价大大超过其净值,虚拟资本急剧膨胀,由此吹出了大量的泡沫,产生过度投机,极易发生金融危机。

第三节 金融风险与金融危机

一、金融风险概述

金融风险也是金融发展中需要重视的一个问题,且金融风险是客观存在的,如若管理不好,便会对金融和经济造成极大地危害。那么,怎么理解金融风险呢?

(一) 金融风险的概念和特征

金融风险的概念有多个说法,在金融行业里我们习惯采用下种说法,即金融风险是指经济主体(金融机构、参与金融活动的政府、企业和个人)在进行金融活动时,由于各种不确定性因素的影响,使其实际收益与预期收益之间产生偏差,从而蒙受一定损失或取得一定额外收益的可能性。需要说明的是,虽然在金融风险的定义中我们界定收益的不确定性包括盈利的不确定性和损失的不确定性两种情形,但现实中人们显然更关注的是损失的可能性。

金融风险具有如下特征:

(1) 金融风险的不确定性。不确定性是金融风险的本质特征,但是其并不表示金融风险是不可测量的。在掌握一定的信息后,可以利用概率论、统计学的策略来预测风险结果发生的可能性,进一步对金融风险进行度量和管理。

(2) 金融风险的客观性和普遍性。客观存在性是指金融风险的产生是一种不以人的主观意志为转移而客观存在的现象。普遍性是指金融风险无处不在、无时不有,在于每一个行业、金融工具、经营机构和每一次的交易行为中,都有可能潜伏着金融危险。

(3) 金融风险的潜在性、叠加性和累积性。金融和资金需求者之间存在着极大的信息不对称,而金融主体获取金融资产价格变化的信息又是不完全的,因此金融风险具有很大的潜在性,而且同一时点的风险因素会交织在一起,相互作用、相互影响,并在各金融机构中不断叠加和累积。

(4) 金融风险的扩张性和传染性。在某一区域的金融市场上,各种金融资产、各类金融机构相互交织、密切联系,形成一个复杂的体系,价格波动会在不同金融资产间传递,不同金融机构也会呈现出共荣共损的特性。另外,国际金融联系日益密切,金融风险会通过各种方式从一国传导至另一国,呈现出跨国传染的特性。

(二) 金融风险的分类

按照不同的标准,金融风险的分类有很多种。例如按照金融机构的类别划分,分为银行风险、证券风险、保险风险、信托风险等。下面我们将介绍的是最常见的按照风险波及范围进行的分类,这种分类经常在投资领域使用。

金融风险按照风险的性质分为系统性风险和非系统性风险。系统性风险又包括政策风险、经济周期性波动风险、利率风险、购买力风险、汇率风险等。非系统性风险包括财务风险、经营风险、信用风险、偶然事件风险等。

(1) 系统性风险。即是指由整体政治、经济、社会等环境因素所造成对全部参与者的影响。对系统性风险的识别就是对一个国家一定时期内宏观的经济状况作出判断,一般包括经济等方面的关系全局的因素。如世界经济或某国经济发生严重危机、持续高涨的通货膨胀、特大自然灾害等。

整体风险造成的后果带有普遍性,区域内每个参与者都要承担风险。例如,我国 1988~1989 年发生的通货膨胀,那么我们在国内的所有使用人民币交易的中国人都会受到人民币购买力下降的影响。

(2) 非系统风险。即是指由局部因素发生只对部分参与者造成的影响。例如,我国股票市场某个上市公司的工人罢工,或者新产品开发失败,或宣告发现新矿藏等。这类事件只影响一个或少数与这家公司往来密切的公司的投资者,不会对整个市场其他投资者产生太大的影响。非系统性风险可以通过多样化投资来分散,即发生于一家公司的不利事件可以被其他公司的有利事件所抵消,因而也被称作"可分散风险"。不难看出,相对于系统性风险,非系统风险造成的后果就不会那么普遍和严重。

(三) 金融风险管理

由于金融风险具备的一些特征,因此,我们就须要对金融风险进行管理。金融风险的管理过程大致分为确立管理目标、进行风险评价和风险控制及处置等三个步骤,其中风险评价在整个金融风险管理活动中居于核心地位。

1. 确立管理目标

金融风险管理的最终目标是在识别和衡量风险的基础上,对可能发生的金融风险进行控制和准备处置方案,以防止和减少损失,保证货币资金筹集和经营活动的稳健进行。

2. 进行风险评价

金融风险评价是指包括对金融风险识别、金融风险衡量、选择各种处置风险的工具以及金融风险管理对策等各个方面进行评估。(1)风险识别。金融风险识别是指在进行了实地调查研究的基础上,运用各种方法对潜在的、显在的各种风险进行系统的归类和实施全面的分析研究。(2)风险衡量。是指对金融风险发生的可能性或损失范围、程度进行估计和衡量,并对不同程度的损失发生的可能性和损失后果进行定量分析。(3)金融风险管理对策的选择。是指在前面两个阶段的基础上,根据金融风险管理的目标,选择金融风险管理的各种工具并进行最优组合,并提出金融风险管理的建议。这是作为金融风险评价的最重要阶段。

3. 风险控制和处置

金融风险的控制和处置是金融风险管理的对策范畴,是解决金融风险的途径和方法。一般分为控制法和财务法。(1)控制法。是指在损失发生之前,实施各种控制工具,力求消除各种隐患,减少金融风险发生的因素,将损失的严重后果减少到最低程度的一种方法。主要方式有风险对冲、风险转移、风险规避和风险分散等。(2)财务法。是指在金融风险事件发生后已造成损失时,运用财务工具,对已发生的损失给予及时的补偿,以促使尽快恢复的一种方法,如风险自留等。

二、金融危机

金融危机对于大家来说想必都不陌生,历史上发生过多次,各种资料上也都有着详细的记载。距离目前最近的且对我国影响比较大的应该是美国2008年爆发的金融危机,我们自己经历的最近的应该就是1997年的亚洲金融危机。

(一) 金融危机的概念

金融危机是什么概念呢? 金融危机又称金融风暴,是指一个国家或几个国家与地区的全部或大部分金融指标(如:短期利率、货币资产、汇率、证券价格、企业偿债能力和金融机构倒闭数)的急剧、短暂和超周期的恶化。实际上这个定义严格说并不是定义,它只是对金融危机一些现象的描述,理论上对金融危机的定义很难。

金融危机有着较多的分类。常见的按照危机发生的区域可以分为货币危机、债务危机、股市危机、银行危机和系统性金融危机等类型。简单来说,货币危机指本国货币对外的大幅贬值;银行危机就是指银行破产倒闭数量的大量增加;股市危机指的是股市的崩盘;债务危机指的是一国或地区无力支付对外债务;系统性危机指的是在主要金融领域里均出现了严重的混乱状态,以及上述危机同时发生或相继发生的情况。但是,从最近的金融危机来看,金融危机越来越呈现出上述类型某种混合形式,且在当今世界经济一体化和金融市场全球化的背景下,金融危机的传染性非常快,危害性非常大。像在美国发生的次贷危机,短时间内迅速波及了全世界。

从某种角度讲,金融危机是金融风险累积的结果。但是金融风险和金融危机是有区别的,金融风险是客观存在的,不是任何的金融风险都会导致金融危机,只有众多金融风险共同叠加的结果才会导致金融危机。

另外,金融危机发生后,一般会极大地影响实体经济,甚至会演变为经济危机,有时候还会伴随着社会动荡或国家政治层面的动荡。例如1929年的大萧条就是这样。似乎金融危机总是与经济危机相伴随,并总是先于经济危机而发生。但是在某些情况下,也不能排除金融危机独立于经济危机发生的可能性,尤其是当政府在金融危机之初便采取强有力的应对政策措施,比如,通过大规模的"输血"政策,有效阻断货币信用危机与生产过程的联系,此时就有可能避免经济危机的发生或深入。

相关知识:香港金融保卫战

1997年香港回归伊始,亚洲金融危机爆发。7月中旬至1998年8月,国际金融炒家三度狙击港元,在汇市、股市和期指市场同时采取行动。他们利用金融期货手段,用3个月或6个月的港元期货合约买入港元,然后迅速抛空,致使港币利率急升,恒生指数暴跌,从中获取暴利。

面对国际金融炒家的猖狂进攻,香港特区政府决定予以反击。1998年8月,香港金融管理局动用外汇基金,在股票和期货市场投入庞大资金,准备与之一决雌雄。28日是香港股市8月份恒生期货指数的结算日,特区政府与炒家爆发了大决战。特区政府顶住了国际金融炒家空前的抛售压力,毅然全数买进,独立支撑托盘,最终挽救了股市,有力地捍卫了港元与美元挂钩的联系汇率制度,保障了香港经济安全与稳定。

(二) 金融危机的危害

自20世纪70年代以来,金融危机爆发的频率越来越高,危害性也越来越大,波及面也越来越广。金融危机对经济的影响及其深远,社会为之付出高昂的代价。1982年拉美债务危机使拉美经济陷入"失去的十年"和"中等收入陷阱";1990年日本资产价格泡沫破灭后,经济陷入了失去的二十年和长期通缩,经济复苏之路遥遥无期;1997年亚洲金融风暴使东南亚一些国家经济倒退10年以上,"东亚奇迹"风光不再;2008年美国次贷危机爆发,破坏程度"百年一遇",股市、房市、居民财富等指标的降幅均超过1930年"大萧条"时期,并迅速升级为国际金融和经济危机,如此等等。

具体来讲,金融危机一般会造成金融市场混乱、股市大跌、物价上涨、货币贬值、银行等金融业受损,居民、企业资产严重缩水,经济增速放缓,甚至持续低迷,失业增多、人民收入减少、生活质量下降、社会不稳定等。

比较幸运的是,新中国成立后我国还没有发生过严格意义上的金融危机,但是我们也并不是没有感受到金融危机的后果。以2007年美国爆发的次贷危机为例,首先,我国一些商业银行投资美国的债券直接损失数十亿美元,其次,我国金融市场由于没有开放,受到的直接冲击较小,但是由于国家热钱涌入和实体经济受损,金融市场依然受到了影响,股票市场2007年10月至2008年10月从6124点跌至1664,最大跌幅达73%。最后,就是我们的实体经济受到的冲击,由于出口下滑的影响,我国经济增长速度在2008年第四季度仅同比增长6.8%,增速创近七年新低。出口乏力尤其使长三角和珠三角地区经济大受影响。如浙江2008年一季度出口增幅下降3.4%,对美国的出口更是出现了11年来的首次下滑。

(三) 金融危机的原因和预防

既然金融危机的危害巨大,那么我们怎么去预防呢? 如果要预防,首先须要找到金融危机发生的原因。然而,金融危机的原因众说纷纭,莫衷一是。从发生过的金融危机来看,直接原因主要有债务太多、资产泡沫严重、金融创新产品多、流动性过剩、监管不力等等。似乎每次金融危机爆发的原因都是不同的,而且还不断会有新的原因出现。实际上,所有这些原因都跟金融业自身的脆弱性有些关系。金融的脆弱性有狭义和广义的两种理解。狭义的金融脆弱性是指金融业高负债经营的行业特点决定的更易失败的本性,有时也称之为"金融内在脆弱性"。广义的金融脆弱性简称为"金融脆弱",是指一种趋于高风险的金融状态,泛指一切融资领域中的风险积聚,包括信贷融资和金融市场融资。金融的脆弱本身不等于金融危机,两者之间还有一个演化过程。当金融的脆弱引发的各种风险因素累积到一定程度,再加上一些出发点,往往就会爆发金融危机。

总的来看,金融危机的爆发是一个多种因素共同作用的结果。从发展的趋向来看,金融体系内部越来越成为金融危机爆发的直接原因。然而宏观经济结构失调,僵硬的汇率制度,脆弱的金融体系,不合理的外债结构往往成为酝酿金融危机的土壤,也是导致金融危机的共同原因。

事实上,我国没有爆发过金融危机,主要可归功于稳定的宏观经济环境、良好的国际收支状况、谨慎的金融自由化以及资本账户下的不可自由兑换。然而,虽然没有遭受到金融危机的直接冲击,却并不意味着我国目前的金融系统有多么安全。毕竟,金融的脆弱性在我国依然存在,且伴随我国的经济转轨和改革的不断深入,一些累积的风险业已显现。如实体经济回报的持续下滑引发金融资金"脱实向虚",地方债务规模大,非金融企业负债比重大,银行等金融机构资产质量差,新兴金融业态混乱等。

那么,我们该如何预防金融危机呢? 即使有时候金融危机看起来防不胜防,但是众多的国家和学者一直都在寻求防范治理之策。由于金融危机因素复杂,因此防范治理措施也涉及方方面面,主要有:

(1) 建设更加合理、有效的新型综合金融监管体制。
(2) 完善和稳定金融体系。
(3) 调整和优化经济结构。
(4) 管理好国际资本流动。
(5) 实施有效的宏观调控,稳定宏观经济环境。
(6) 建立危机预警系统和特别风险防范基金等。

第四节 金融监管

一、金融监管的概述

(一)金融监管的含义

金融监管可以分成金融监督与金融管理。金融监督指金融主管当局对金融机构实施的全面性、经常性的检查和督促,并以此促进金融机构依法稳健地经营和发展。金融管理指金融主管当局依法对金融机构及其经营活动实施的领导、组织、协调和控制等一系列的活动。金融监管有狭义和广义之分。狭义的金融监管是指中央银行或其他金融监管当局依据国家法律法规的授权对整个金融业(包括金融机构以及金融机构在金融市场上所有的业务活动)实施的监督管理。广义的金融监管是在上述监管之外,还包括了金融机构的内部控制与稽核、同业自律性组织的监管、社会中介组织的监管等。

金融监管是伴随着近代银行的产生而开始的。央行制度建立之前,金融监管主要体现在商业银行的内部管理上。央行制度建立后,金融监管成为其重要职责之一,在一定意义上说,正是金融监管的必要性促进了央行制度的诞生。随着各国经济和金融的发展,尤其是在实行不兑现的信用货币制度后,金融的作用和风险日益突出,金融监管的职能也逐步强化,其内容和范围大大扩展。

(二)监管的必要性

世界各国金融领域广泛存在着金融监管,那么,为什么要进行金融监管呢?

有关金融监管的理论依据比较多,如社会利益论、金融风险论、投资者利益保护论、安全原则论等。实际上,所有金融监管理论的基础在于金融市场失灵和缺陷。金融市场失灵和缺陷主要是指金融市场对资源配置的无效率,以及金融市场配置资源所导致的垄断或者寡头垄断,规模不经济及外部性等问题。金融监管试图以一种有效方式来纠正金融市场失灵,但实际上关于金融监管的讨论一直存在,比如金融监管的失灵问题、金融监管的成本问题等。

(三)监管的目的

1. 保护金融秩序的安全

金融业的安全稳定对整个国民经济有重要影响而且一家银行或金融机构出现问题会引起连锁反应,导致一系列银行和金融机构经营困难,所以中央银行金融监管的首要目标就是要维护国内金融体系的安全和稳定。

2. 保护存款人和公众利益

银行是一种信用中介,它们一方面是借者的集中,另一方面是贷者的集合。集中了社会各阶层、各部门暂时闲置的货币和资本,与社会各方面联系十分广泛和密切。银行在经营中如果出现问题,会直接涉及千千万万存款人和社会各方面的利益。因此,中央银行要把保护他们的利益不受损害作为金融监管的一个重要目标。

3. 维护银行业公平有效竞争

竞争是市场经济条件下的一条基本规律,也是保护先进、淘汰落后的一种有效机制。各国金融监管当局无不追求一个适度的竞争环境,这种适度的竞争环境既可以经常保持银行经营活力,从而使企业公众获取廉价货币和优质服务,同时又不至于引起银行业经常失败破产倒闭,导致经济震动。为此中央银行应创造一个公平、高效、有序竞争的环境。

4. 保证中央银行货币政策的顺利实施

货币政策是当今各国调控的主要手段,而中央银行是利用货币政策实施的主体。货币政策的有效实施必须以银行金融业为中介。因此中央银行金融监管要有利于保证货币政策的顺利执行,有利于银行业对中央银行调节手段的及时准确传导和执行。

(四) 监管的原则

由于各国的经济、法律、文化、经济体制和历史等的不同,各国在金融监管的许多方面存在着差异,但是有一些一般性的基本原则却是相同的。这些基本原则主要包括:

1. 依法原则

依法监管原则又称合法性原则,是指金融监管必须依据法律、法规进行。监管的主体、监管的职责权限、监管措施等均由金融监管法规和相关行政法律、法规规定,监管活动均应依法进行。

2. 公开、公正原则

监管活动应最大限度地提高透明度。同时,监管当局应公正执法、平等对待所有金融市场参与者,做到实体公正和程序公正。

3. 合理适度竞争原则

竞争和优胜劣汰是一种有效机制。但是金融管理的重心应该在创造适度竞争上,既要避免金融高度垄断,排斥竞争从而丧失效率和活力,又要防止过度竞争、恶性竞争从而波及金融业的安全稳定,引起经常性的银行破产以及剧烈的社会动荡。

4. 自我约束和外部强制相结合原则

既不能完全依靠外部强制管理,如果金融机构不配合,难以收到预期效果。也不能寄希望于金融机构自身自觉的自我约束来避免冒险经营和大的风险,必须两个方面结合。

5. 安全稳健与经济效益结合的原则

这历来是金融监管的中心目的,为此所设的一系列金融法规和指标体系都是着眼于金融业的安全稳健和风险防范。但是金融业的发展毕竟在于满足社会经济的需要,要讲求效益,所以金融监管要切实把风险防范和促进效益协调起来。

二、金融监管体系的一般构成

纵观世界各国的金融监管体制,主要有3种类型:

(1) 高度集中的金融监管体制,即由单一的管理机构负责监督管理。目前世界上大多数国家采用这种体制,英国为这一体制的典型。1996年英国借鉴德国的统一监管模式,建立了金融业监督管理局进行统一的监管。英国素以非正式监管著称,但强调监管的法制化、规范化亦是其近年来的主要举措。

(2) 双层多头的监管体制,即在中央和地方两级设立多家管理机构共同负责金融监管工作。这种体制多存在于联邦制国家,以美国为代表。在联邦一级,有货币监理署、联邦储备系统、联邦存款保险公司对银行进行监管,而证券交易委员会、联邦住房放款银行委员会、联邦储备贷款保险公司、国民信贷公会管理局和国民信贷工会保险基金负责对非银行金融机构的监管。在州一级,各州都有各自的金融法规和银行监管机构。美国是典型的分业监管,但1999年通过的《1999年金融服务法》标志着美国金融监管制度的重大变革,它允许银行、证券公司和保险公司以金融控股公司的方式相互渗透,实现混业经营,彻底结束了银行、证券、保险分业经营与分业监管的局面。

(3) 单层多头的金融监管体制,即只在中央一级设立几家管理机构共同进行金融监管。如法国设有国家信贷委员会、银行委员会、银行规章委员会、法兰西银行等机构共同负责监管工作。

以上简单的分类并不能准确地描述一个国家的具体监管体制。当前各个国家都会随着金融业的发展变化不断改革完善自己的监管体制。如英国金融监管体制从分业监管、混业监管到"双峰"监管的变革。

三、我国的金融监管体制

(一) 我国金融监管体制的发展历程

总体上来说,中国金融监管的改革与发展主要可以分为以下五个阶段:

1. 起步阶段

金融监管的缺失(1949年~1978年)。1949年新中国成立前后,中国人民银行、中国农业银行和中国建设银行相继成立。此后,在计划经济体制下,随着职能的调整,几家银行经历了多次的合并与分立。这样的经济体制背景与金融组织结构,构成了中国金融业与金融监管发展的基础,也逐步形成了计划经济体制下的特有的监管体系。当时的中国金融市场完全以银行为主,主要经营活动是计划拨款、贷款和存款,基本不涉及证券、保险和外汇等业务。当时的中国人民银行是集货币政策、金融经营和组织管理等多项职能于一身,它对于金融体系的监管也是计划和行政性质的。可以说,在当时的计划经济体制下,事实上并不存在现代通行的"金融监管"概念,金融体系的运作与管理机制也与市场经济截然不同。因此,准确地说,当时的中国金融市场并不存在金融监管制度,只有金融管理体制。当然,在当时的经济体制与金融发展水平条件下,这样一种以中国人民银行为单一主体的金融集中管理体制,保证了当时一个崭新国家的金融体系的统一与高效,也为其日后以央行监管为主导的金融监管提供了一定的经验、组织机构和人员方面的储备。

2. 过渡阶段

金融监管的确立(1979年~1991年)。中国自1978年底开始实行改革开放政策,逐步确立社会主义市场经济体制。这大大促进了中国金融业的发展,并对金融市场体制和机制提出了更高的要求。当时最突出的变化是政府相继恢复或新设了几大专业银行以及保险、信托、证券等行业的金融机构,并为规范其经营行为出台了一些行政性规章制度。这一阶段,随着专业性金融机构从中国人民银行中独立出来,对于它们经营行为的规范也由内部管理变为外部监管。中国人民银行被正式确立为中央银行,并且成为相对独立、全面、统一的监管机构,中国的金融监管体制和机制正式确立。但是这种监管仍然主要依赖于行政性规章和直接指令式管理。这种监管体系中各主体的地位和权力依托于行政体系,而不是由明确的法律授权形成的。

3. 发展阶段

分业监管的确立(1992年~2003年)。1992年召开的中国共产党十四大明确提出,中国经济体制改革的目标是建立社会主义市场经济体制,从而为中国的金融体制改革奠定了基础,也催生了证监会、原保监会及原银监会等专业监管机构。证券法、保险法、银行法等基本法律相继诞生,分业监管体制也逐步确立。在这一阶段,以证监会、原保监会、原银监会的分业监管的体系逐步形成。中国人民银行完全分离出日常、具体的金融监管权后,主要承担货币政策,也担负支付清算、外汇管理、征信和反洗钱等基本制度和金融基础设施建设,对维持金融市场秩序和市场稳定起主导作用。金融监管步入法治化阶段,基本金融法律体系得以确立和完善。

4. 完善阶段

机构监管的完善(2004年~2017年)。2004年以来,中国金融分业监管的体制得到进一步巩固与完善,监管协调与国际合作也有了新的发展。在全球金融危机之后,加强宏观审慎监管的尝试和其他改革探索也在逐步推进。这一阶段的中国金融监管改革与发展与迎接金融全球化、金融创新、综合化经营以及金融危机的挑战密切相关。在此阶段内,"一行三会"分业监管体制在以下几方面得到进一步的发展和完善:一是法律体系进一步完善,对《证券法》《公司法》等多部法律进行了修订;二是加强监管执法和丰富监管内容,对现场检查、行政许可、行政处罚、行政复议等行为进行了规范,并加强了对金融创新和部分跨金融领域经营的监管;三是金融监管机构之间加强了协调配合,监管机构之间建立起联席会议制度;四是审慎性监管和功能性监管已被提到监管当局的监管改革议事日程上。

5. 变革阶段

功能监管的尝试(2018年至今)。为有效防范系统性金融风险,进一步加强金融监管协调,2017年召开的第五次全国金融工作会议提出成立"国务院金融稳定发展委员会",作为维护国家金融安全的常设执行机构,统筹协调金融监管政策间、部门间及其与其他相关政策的配合。同时,按照国务院机构改革方案的要求,将原银监会与原保监会进行合并,这是统筹协调银行和保险领域监管的最有效和直接的方法,也在一定程度上适应了金融业发展的新需要。除此之外,保留证监会的相对独立也有进一步鼓励和支持直接融资市场发展之义。在新的"一行两会"框架下,中国人民银行的"货币政策和宏观审慎政策双支柱调控框架"将更加清晰,更多地担负起宏观审慎管理、金融控股公司和系统重要性金融机构、金融基础设施建设、基础法律法规体系及全口径统计分析等工作。

(二) 我国当前的金融监管体制

当前我国金融业已进入事实上的混业经营发展阶段,而我国之前实行的是分业金融监管模式,这不仅滞后于金融业创新与发展的现实需要,也滋生了大量金融监管套利行为,引发了资金脱实向虚、加速了金融资产泡沫化、诱发了大量违法违规经营等市场乱象。因而,我国的金融监管体制也必须不断进行完善,以满足当前我国金融业监管的需要。

目前的"一委一行两会"金融监管模式正是基于中国金融业发展实际考量的结果。这是一种全新的金融监管体制,尤其中国银保会主席任央行党委书记和副行长,更凸显了中国特色的金融监管体制。这种金融监管体系,既不同于成熟市场经济国家"双峰金融监管模式",也不同于"大一统金融监管模式",是我国金融监管体制改革积极探索和努力实践的结果。"世界没有最好的金融监管模式,只有最适合自身监管实际的金融模式",我们没有必要也不能照搬国外金融监管模式,推出适合中国金融业监管需要的特色金融监管模式才是唯一正确的金融监管模式。在未来金融监管进一步改革的过程中,最重要的就是厘清市场机制与政府管制之间的界限,在防范发生系统性金融风险的前提下,扩大金融业的对外开放度,提升中国金融业的全球竞争能力,并逐步提高参与国际金融治理能力。

四、金融监管的手段

(一) 公告监管

公告监管是指政府对金融业的经营不作直接监督,只规定各金融企业必须依照政府规定的格式及内容定期将营业结果呈报政府的主管机关并予以公告,至于金融业的组织形式、金融企业的规范、金融资金的运用,都由金融企业自我管理,政府不对其多加干预。

公告监管的内容包括:公告财务报表、最低资本金与保证金规定、偿付能力标准规定。在公告监管下金融企业经营的好坏由其自身及一般大众自行判断,这种将政府和大众结合起来的监管方式,有利于金融机构在较为宽松的市场环境中自由发展。但是由于信息不对称,作为金融企业和公众很难评判金融企业经营的优劣,对金融企业的不正当经营也无能为力。因此公告监管是金融监管中最宽松的监管方式。

(二) 规范监管

规范监管又称准则监管,是指国家对金融业的经营制定一定的准则,要求其遵守的一种监管方式。在规范监管下,政府对金融企业经营的若干重大事项,如金融企业最低资本金、资产负债表的审核、资本金的运用、违反法律的处罚等,都有明确的规范,但对金融企业的业务经营、财务管理、人事等方面不加干预。这种监管方式强调金融企业经营形式上的合法性，比公告监管方式具有较大的可操作性，但由于未触及金融企业经营的实体，仅是一些基本准则，故难以起到严格有效的监管作用。

（三）实体监管

实体监管是指国家订立有完善的金融监督管理规则，金融监管机构根据法律赋予的权力，对金融市场，尤其是金融企业进行全方位、全过程有效的监督和管理。

实体监管过程分为三个阶段：

第一阶段是金融业设立时的监管，即金融许可证监管。

第二阶段是金融业经营期间的监管，这是实体监管的核心。

第三阶段是金融企业破产和清算的监管。

实体监管是国家在立法的基础上通过行政手段对金融企业进行强有力的管理，比公告监管和规范监管更为严格、具体和有效。

四、金融监管的内容

金融监管的主要内容包括：对金融机构设立的监管；对金融机构资产负债业务的监管；对金融市场的监管，如市场准入、市场融资、市场利率、市场规则等；对会计结算的监管；对外汇外债的监管；对黄金生产、进口、加工、销售活动的监管；对证券业的监管；对保险业的监管；对信托业的监管；对投资黄金、典当、融资租赁等活动的监管。

其中，对商业银行的监管是监管的重点，具体内容包括市场准入与机构合并、银行业务范围、风险控制、流动性管理、资本充足率、存款保护以及危机处理等方面。上述具体内容可以归为三个方面：一是为防止银行遭遇风险而设计的预防性监管；二是为保护存款者的利益而设置的存款保险；三是为避免银行遭遇流动性困难由货币当局在非常状态下提供的紧急救助。这三方面在业内被称为"银行的三道防线"。

相关知识：商业银行的三道防线

商业银行三道防线是指预防性风险管理、存款保险制度、紧急救援制度，是商业银行为防范内部风险设置的内部制衡与监督机制。

（1）预防性风险管理：预防性风险管理主要目的在防止或者缩小由银行内控不严而引起的各种风险。主要措施包括：市场准入、资本充足性、流动性管制、业务范围限制、贷款风险的控制、准备金管理等。

（2）存款保险制度：是指国家货币主管部门为了维护存款者的利益和金融业的稳健经营与安全，规定本国金融机构必须或者自愿按照吸收存款的一定比例向保险机构缴纳保险金进行投保的制度。当金融机构出现危机时，保险存款机构可以向金融机构提供财务支援或者直接向存款者支付部分或者全部存款，以维持正常的金融秩序。目前，多数国家包括我国都建立了存款保险制度。

（3）紧急救援：是指金融管理当局对发生清偿能力困难的银行提供紧急援助的行为，这被视为金融体系的最后一道防线。紧急救援的方法包括：提供低利息贷款、联合大的金融机构救助、政府接管等。

本 章 小 结

发展中国家的金融发展理论不断演进,从金融结构到金融压抑,到金融自由化,到金融约束论,再到普惠金融和数字金融等。每一个理论都试图解决发展中国家的金融问题。

自20世纪70年代以来,金融创新风起云涌,给金融发展和经济发展注入了强大的活力。

金融业是一个高风险的行业,金融危机近些年更是越来越频繁的发生。然而金融风险并不一定带来金融危机,在金融危机面前我们也不是无能为力。

金融市场的不完善带来了金融监管,多数国家都建立了适合自己的金融监管体制。通过监管我们控制金融风险,保持良好的金融发展秩序。

复习思考题

1. 发展中国家的金融发展理论的演进说明了什么?
2. 金融创新的积极和消极方面各是什么?
3. 怎么理解金融风险?怎么看待金融危机的发生?
4. 金融监管的含义是什么?
5. 怎么理解我国的金融监管体制?

实 训 安 排

案例讨论:巴林银行倒闭带来的启示?

1995年2月27日,英国中央银行宣布,英国商业投资银行——巴林银行因经营失误而倒闭。消息传出,立即在亚洲、欧洲和美洲地区的金融界引起一连串强烈的波动。东京股市英镑对马克的汇率跌至近两年最低点,伦敦股市也出现暴跌,纽约道·琼斯指数下降了29个百分点。

巴林银行破产的直接原因是尼克·里森的违规衍生品交易。里森是巴林银行新加坡分行负责人,年仅28岁,曾被誉为"天才交易员"。他以银行的名义违规使用错误账户认购了总价70亿美元的日本股票指数期货,并以买空的做法在日本期货市场买进了价值200亿美元的短期利率债券。但阪神地震后,日本债券市场一直下跌。据不完全统计,巴林银行因此而损失10多亿美元,这一数字已经超过了该行现有的8.6亿美元的总价值,因此这家有着233年历史,在英国曾发挥过重要作用的银行不得不宣布倒闭。

参 考 文 献

[1] 黄达. 金融学[M]. 北京:中国人民大学出版社,2017.

［2］李小丽.金融理论与实务［M］.北京:北京理工大学出版社,2010.
［3］何海霞等.金融学理论与实训［M］.北京:中国财经出版传媒集团,2016.
［4］胡庆康.货币银行学［M］.上海:复旦大学出版社,2017.

第十二章 互联网金融

学习目标
1. 掌握互联网金融的含义与特点,理解互联网金融的风险。
2. 了解互联网金融在我国的发展背景和发展历程。
3. 掌握第三方支付、P2P网贷、众筹等互联网金融业态的概念、分类。
4. 了解第三方支付、P2P网贷、众筹等在我国的发展状况。

案例导入

互联网金融的出现改变了基金业格局,天弘基金凭着余额宝"一枝独秀"开创了新的时代。余额宝对接的是天弘基金旗下的余额宝货币基金,特点是操作简便、低门槛、零手续费、可随取随用。除理财功能外,余额宝还可直接用于购物、转账、缴费还款等消费支付,是移动互联网时代的现金管理工具。自2013年6月13日上线以来,凭借其较高的收益率和其他优点,余额宝在短短半年时间内以日均增长13.7亿元的速度,超过了华夏基金历经15年时间才达到的规模。2013年11月14日,余额宝最新规模已突破1000亿元,成为中国基金史上首只规模突破千亿的基金。之后的2014~2017年4年间,余额宝每年的规模增速为212%、7%、30%和95%,而后由于限额、限购,2018年规模萎缩。截至2018年12月31日,余额宝在线货币基金规模达1.92万亿元,接近四大国有行,它超越了招商、浦发、中信等四家存款余额之和,稳居国内最大、全球最大货币基金。

第一节 互联网金融概述

近些年,我国不少居民已经从尝试到开始习惯使用第三方支付、网络银行等新型金融模式,第三方支付、网络借贷、网络银行等的交易额快速增长。以第三方移动支付为例,我国第三方支付移动支付交易规模从2013年的1.3万亿快速增长到2019年的超过227万亿,年均增速连续6年超过100%。增长如此快速的这些新型金融模式我们都称为互联网金融。那么,怎么理解互联网金融呢?

一、互联网金融的含义

按照我国《关于促进互联网金融健康发展的指导意见》中对互联网金融的界定,互网金融是传统金融机构与互联网企业（以下统称从业机构）利用互联网技术和信息通信技术实现资金融通、支付、投资和信息中介服务的新型金融业务模式。当前大家使用的电子银行、网上银行、手机银行等都属于此类领域，也可以说互联网金融是传统金融行业与互联网精神相结合的新兴领域。但是互联网金融并不是简单的"互联网技术的金融"，而是"基于互联网思想的金融"。互联网金融并不改变金融的功能和本质，互联网金融是一种新的参与形式，而不只是传统金融技术的升级。

互联网金融从大类上可以分成四个方面，第一个是传统金融业务的互联网化，如互联网银行、互联网保险等；第二是基于互联网平台开展金融业务，如天天基金网、互联网消费贷款等；第三是全新的互联网金融模式，如 P2P 网贷，人人贷、拍拍贷、众筹等；第四种是互联网金融信息服务，它本身不是金融业务，但它是围绕互联网金融提供信息的模式，如挖财网等。

互联网金融的发展都有哪些特征呢？下面就来详细地分析一下。

1. 去中介化

传统的金融很多资金是通过中介来实现，比如商业银行、保险公司、证券公司等。金融中介的意义在于减少由交易成本和信息成本所带来的市场摩擦。而互联网金融通过平台让资金使用方和提供方直接对接，交易双方可以极大程度的降低信息收集成本，增加交易机会和降低交易成本。就如同找工作，供需双方直接在网上交易，不需要再通过中介机构了。

2. 成本低

互联网金融模式下，资金供求双方可以通过网络平台自行完成信息甄别、匹配、定价和交易，无传统中介、无交易成本、无垄断利润。一方面，金融机构可以避免开设营业网点的资金投入和运营成本；另一方面，消费者可以在开放透明的平台上快速找到适合自己的金融产品，削弱了信息不对称程度，更省时省力。

3. 效率高

互联网金融业务主要由计算机处理，操作流程完全标准化，客户不须要排队等候，业务处理速度更快、用户体验更好。如阿里小贷依托电商积累的信用数据库，经过数据挖掘和分析，引入风险分析和资信调查模型，商户从申请贷款到发放只需要几秒钟，日均可以完成贷款 1 万笔，成为真正的"信贷工厂"。

4. 覆盖广

互联网金融模式下，客户能够突破时间和地域的约束，在互联网上寻找需要的金融资源，金融服务更直接，客户基础更广泛。此外，互联网金融的客户以小微企业为主，覆盖了部分传统金融业的金融服务盲区，有利于提升资源配置效率，促进实体经济发展。

5. 发展快

依托于大数据和电子商务的发展，互联网金融得到了快速增长。以余额宝为例，余额宝上线 18 天，累计用户数达到 250 多万，累计转入资金达到 66 亿元。据报道，余额宝规模 500 亿元，成为规模最大的公募基金。

6. 管理弱

一是风控弱。互联网金融还没有接入人民银行征信系统，也不存在信用信息共享机制,不具备类似银行的风控、合规和清收机制,容易发生各类风险问题,已有众贷网、网赢天下等 P2P 网贷平台宣布破产或停止服务。二是监管弱。互联网金融在我国处于起步阶段,监管和法律约束并不完善,整个行业面临诸多政策和法律风险。

7. 风险大

一是信用风险大。目前我国信用体系尚不完善,互联网金融的相关法律还有待配套,互联网金融违约成本较低,容易诱发恶意骗贷、卷款跑路等风险问题。特别是 P2P 网贷平台由于准入门槛低和缺乏监管,成为不法分子从事非法集资和诈骗等犯罪活动的温床。二是网络安全风险大。互联网安全问题突出,网络金融犯罪问题不容忽视。一旦遭遇黑客攻击,互联网金融的正常运作会受到影响,危及消费者的资金安全和个人信息安全。

相关知识:最短命的网贷公司

2013 年 4 月 2 日,上线仅一个月的众贷网宣布破产,成为史上最短命的 P2P 网贷公司。众贷网注册资金一千万,定位为中小微企业融资平台,同时也自称是 P2P 网络金融服务平台,提供多种贷款中介服务。据第三方网贷平台统计,众贷网运营期间共计融资交易近四百万。该公司法人代表卢儒化曾对媒体表示,众贷网破产是栽在一个项目上,由于缺乏行业经验,审核工作没有做到位,众贷网未能及时发现一个 300 万左右的融资项目的抵押房产已经同时抵押给多个人,到众贷网这里已经是第三次抵押了。

二、互联网金融的发展背景和发展阶段

(一) 互联网金融的发展背景

我国互联网金融风生水起,发展非常快,毫无疑问它是很多因素的叠加。下面我们介绍几个主要的背景:

(1) 互联网、大数据等技术的发展。互联网、大数据等技术的不断发展对通信、新闻、图书、音乐、商品销售等许多行业均产生了颠覆性的影响,金融业也不例外。从某种角度来讲,金融与互联网、大数据等有相同的数字基因。金融行业的数据资产是最多的,银行、证券、保险数据资产最多,所有金融产品都可以看作数据组合,所有金融活动都可以看作数据在互联网上的移动。因此,金融行业更容易受到互联网、大数据等技术的影响,它们之间不断地融合就有了互联网金融。

(2) 我国金融体系中的一些低效率或扭曲因素为互联网金融发展创造了空间。由于我国经济体制的转轨和渐进式的金融体制改革造成我国金融发展相对比较滞后,一方面在金融资源稀缺的情况下,商业银行等金融机构利润高,各类资本都有进入银行业的积极性。另一方面许多中小企业和"三农"的金融需求无法从正规金融企业得到有效地满足,大量消费信贷需求也不能从正规金融企业那里得到满足,商业银行等低收益的回报也不能有效满足老百姓的投资理财需求等。上述种种因素给互联网金融的产生和发展提供了动力和空间。

(3) 国家政策的支持和互联网金融监管的相对滞后。近些年,由于金融业的发展相对滞后,中央和地方政府都在出台一些措施鼓励金融创新和金融发展,在其他因素的共同

影响下,P2P 等一些新型的互联网金融业态不断出现,即使在出现跑路、非法集资等乱象后,国家也没有一棍打死,而是陆续出台文件进行规范发展。由于互联网金融的快速发展和不断创新,与此相对应金融监管却相对滞后,甚至部分存在大量的空白,尤其对于互联网金融涉及跨行业的金融经营,几乎所有的金融领域,金融架构对互联网金融基本上没什么监管。这些也给互联网金融的发展提供了宽松的监管环境。

(二) 互联网金融在我国的发展阶段

从我国之前的互联网金融发展历程来看,我国互联网金融发展可以分为四个阶段:

第一个阶段是 2005 年以前,互联网与金融的结合主要体现为互联网为金融机构提供技术支持,帮助银行"把业务搬到网上",还没有出现真正意义的互联网金融业态。

1993 年,电子商务作为一种全新的商务运作模式应运而生,人类的商务活动被互联网带入全面的电子化时代。银行等传统金融机构为了在未来的竞争中胜出,开始探索金融创新,转变传统的经营观念、支付方式和运营模式以迎合金融业网络化的发展趋势。自此,网上转账、网上证券开户、网上买保险等互联网金融业务相继出现,种种变革给传统金融模式带来了巨大冲击。

第二个阶段是 2005 年到 2012 年,这是我国互联网金融发展的起步阶段,金融和互联网的结合从早期的技术层面逐步深入到业务领域,第三方支付、P2P 网贷、众筹等真正的互联网金融业务形态相继出现。互联网与金融的结合开始从技术领域深入到金融业务领域。这一阶段的标志性事件是 2011 年人民银行开始发放第三方支付牌照,第三方支付机构进入了规范发展的轨道。随着移动通讯的快速普及,第三方支付的应用范围逐步拓展到了生活服务领域。

另外,互联网金融另一个标志性的业务形态——P2P 网贷在这一时期也得到了发展,网贷于 2007 年在我国开始出现。由于利率市场化及金融脱媒的趋势加速,进入 2010 年以后,P2P 网贷呈现快速增长态势。

第三个阶段从 2013 年到 2015 年,以"余额宝"上线为代表,我国互联网金融开启了高速发展模式。2013 年被称为"互联网金融元年",是互联网金融得到迅猛发展的一年。自此,P2P 网络借贷平台快速发展,众筹融资平台开始起步,第一家专业网络保险公司获批,一些银行、券商也以互联网为依托,对业务模式进行重组改造,加速建设线上创新型平台,网络金融超市和金融搜索等应运而生,为客户提供整合式服务,我国互联网金融进入高速发展期。到 2015 年,互联网进入爆发式增长的一年,同时也是行业最不平静的一年。P2P 平台风险累计爆发,其中总成交量超过 740 亿元的"e 租宝"平台疑涉嫌非吸自融等问题被警方调查,引发行业内震。随后的 P2P 跑路、裸贷等恶性事件频发,互联网金融引起多方关注。

第四个阶段从 2016 年开始至今,互联网金融步入规范发展时期。实际上从 2015 年 7 月 18 日央行等十个有关部委联合印发《关于促进互联网金融健康发展的指导意见》开始,互联网金融开始逐渐进入了规范期。2016 年至 2017 年,国家有关互联网金融的监管文件密集出台,对网贷、股权众筹、互联网保险、第三方支付、互联网资产管理及跨界从事金融业务等领域出重拳进行了专项治理,对资质、牌照、经营和风控进行了严格要求。在一系列规范下,互联网金融各种业态进行了大洗牌,我国的互联网金融进入了规范发展时期。

三、互联网金融的意义

(一)有助于发展普惠金融,弥补传统金融服务的不足

互联网金融的市场定位主要在"小微"层面,具有"海量交易笔数,小微单笔金额"的特征,这种小额、快捷、便利的特征,具有普惠金融的特点和促进包容性增长的功能,在小微金融领域具有突出的优势,一定程度上填补了传统金融覆盖面的空白。因此,互联网金融和传统金融相互促进、共同发展,既有竞争又有合作,两者都是我国多层次金融体系的有机组成部分。

(二)有利于发挥民间资本作用,引导民间金融走向规范化

我国民间借贷资本数额庞大,长期以来缺乏高效、合理的投资方式和渠道,游离于正规金融监管体系之外,客观上需要阳光化、规范化运作。通过规范发展 P2P 网贷、众筹融资等,引导民间资本投资于国家鼓励的领域和项目,遏制高利贷,盘活民间资金存量,使民间资本更好地服务实体经济。众筹股权融资也体现了多层次资本市场的客观要求。

(三)满足电子商务需求,扩大社会消费

电子商务对支付方便、快捷、安全性的要求,推动了互联网支付特别是移动支付的发展,电子商务所需的创业融资、周转融资需求和客户的消费融资需求,促进了网络小贷、众筹融资、P2P 网贷等互联网金融业态的发展。电子商务的发展催生了金融服务方式的变革,与此同时,互联网金融也推动了电子商务的发展。

(四)有助于降低成本,提升资金配置效率和金融服务质量

互联网金融利用电子商务、第三方支付、社交网络形成的庞大的数据库和数据挖掘技术,显著降低了交易成本。互联网金融企业不需要设立众多分支机构、雇佣大量人员,大幅降低了经营成本。互联网金融提供了有别于传统银行和证券市场的新融资渠道,以及全天候、全方位、一站式的金融服务,提升了资金配置效率和服务质量。

(五)有助于促进金融产品创新,满足客户的多样化需求

互联网金融的快速发展和理念创新,不断推动传统金融机构改变业务模式和服务方式,也密切了与传统金融之间的合作。互联网金融企业依靠大数据和云计算技术,能够动态了解客户的多样化需求,计量客户的资信状况,有助于改善传统金融的信息不对称问题,提升风险控制能力,推出个性化金融产品。

四、互联网金融的风险

互联网金融的出现使我国的金融业发展出现了很多可喜的变化,如便捷、透明、成本低等,很多人可能长时间都不用再去实体门店办业务了。然而互联网金融没有改变金融的本质,很多金融行业的传统风险没有消失,一些风险甚至有加剧的趋势。不仅如此,互联网也给金融行业带来了新的风险,尤其是我国有关的法律法规不完备带来的诸如"捐款跑路""自设资金池""自融"等带来的风险。互联网金融使得金融风险的涉众性、突发性、隐蔽性等特点更加突出,从而使金融风险变得更为复杂,影响范围更大,影响程度更深。

(一) 信用风险

信用风险指交易对象没有能力继续履约而给其他交易方带来的风险。互联网金融的本质是依托网络平台和大数据技术降低信息形成、传递和利用成本,理论上能够有效提高信用风险跨主体、跨时空配置、转移和定价的成本。但实践中由于网络信息甄别能力差、征信体系不健全、投资者教育不足等问题,不仅没有很好地起到减少信息不对称的作用,反而使得交易双方的地域分布更为分散,信息不对称问题愈加严重。另外,互联网金融机构经常在高杠杆比率下经营,有些机构还会引入不具充足担保实力的第三方金融机构,贷款利率较高,甚至在无抵押无担保状态下进行贷款,这些加剧了信用风险。

(二) 流动性风险

流动性风险是指无法及时获得或者无法以合理成本获得充足资金,以偿付到期债务或其他支付义务,满足资产增长或其他业务发展需要的风险。流动性风险也是商业银行等金融机构固有的风险,现实中通过遵循存款准备金、风险拨备、资本充足率、存款保险等审慎监管规定,流动性风险不可控的几率很小。互联网金融还没有如此多的监管规定,很多企业缺少对短期负债和未预期到的资金外流的应对经验和举措,而且为了吸引更多的投资者,互联网金融机构纷纷推出高收益、高流动性的产品,流动性管理压力特别是当日流动性风险管理压力进一步加大。以互联网货币基金为例,互联网货币基金一般承诺T+0实时到账,然而基金公司与银行签订的协议存款却是有期限的。一旦消费者发生大规模的赎回行为,互联网基金平台很难应对。此外,大量同质化互联网金融产品基于同样运作原理,也会在一定程度上增加市场变动的趋同性,一旦发生"小概率"流动性风险事件,市场恐慌情绪传染蔓延的速度也会更快,从而加大流动性风险。

(三) 法律合规风险

互联网金融的优势之一是普惠金融,但绝不意味着互联网金融从业门槛低。恰好相反,互联网金融的从业者特别是管理者,不但需要有坚实的传统金融知识经验积淀,也要兼具前瞻性的互联网创新思维模式。但是由于互联网金融的数量和业态增长速度过快,相关法律和监管还没有完全跟上,对互联网金融的准入门槛和经营准则的规定还不完善。

因此造成大部分机构并不具有规范的治理架构和运营机制,大部分不具备金融从业能力的工作人员违规招揽业务,严重背离金融业审慎经营的理念和文化,导致合规风险居高不下。

(四) 操作风险

从业人员或者交易双方的误操作可能会导致严重的后果。这些错误行为可能会导致错误的交易行为的产生,甚至导致整个交易系统的瘫痪,严重影响到正常交易和资金安全。操作风险的产生原因主要有系统设计缺陷,应用于互联网金融行业的一些新设备、新技术很多都不完善,存在设计缺陷,容易导致工作人员和消费者误操作的行为。工作人员操作知识的缺乏,不遵守相关操作规定导致的操作失误也是操作风险里的一大祸因。互联网的实时性特点减少了失误挽回的时间。

(五) 技术风险

金融与互联网技术结合后,一些带有互联网特色的技术风险也随之而来。比如终端安全风险、平台安全风险、网络安全风险。终端安全风险主要指进行互联网金融交易的一些电脑、移动设备等由于存在漏洞而带来的风险;平台安全风险则是指互联网金融机构存在的安全威胁;网络安全风险指互联网金融交易凭借的数据传输网络带来的隐患。终端、平台、传输网络之间进行着关键信息的传输,一旦任何一个环节存在漏洞,就会使得病毒植入、恶意代码植入、APT 攻击、DDOS 攻击、网络钓鱼等行为有机可乘,其后果不堪设想。其次,终端、平台、网络如果不稳定,设施陈旧,有可能会导致信息传输效率低下,甚至导致系统大面积瘫痪。另外,终端、平台和网络的设计缺陷还可能会增加操作风险。由于互联网金融的终端、平台、网络的工作原理比较复杂,对操作人员的技术要求较高,普通交易参与者对这些技术一般并不熟悉,这都可能导致工作人员发生误操作行为,或者致使交易双方产生不能真实反映其真实意愿的买卖行为。

技术风险带来的最大的问题是信息安全问题。技术的不成熟会导致信息泄露、丢失、被截取、被篡改,影响到信息的保密性、完整性、可用性。这些信息安全问题进而又会造成用户隐私泄露、威胁用户资金安全等问题。

除了以上风险,互联网金融的市场风险、利率风险、声誉风险也与传统金融一样存在。一旦以上微观风险积累到一定程度,必然会影响到更为宏观的经济环境。如果"平台跑路""自融""信息泄露"等问题长期没有得到有效遏制,必然会影响到民众对整个金融市场的信心,降低人们的投资意愿,从而波及实体经济,导致生产下降、失业率激增,甚至引发经济危机。

基于以上分析可知,互联网金融的风险防范工作势在必行。这就需要我们采取不断完善法律法规、加强有效监管、加大投资者教育等措施来规范互联网金融的发展。

第二节 互联网金融的主要业态

持续火爆的互联网金融正深刻改变着我国银行业乃至整个金融体系的格局。随着互联网金融领域的不断创新,互联网金融也在快速改变与发展当中。下面我们就简单介绍以下我国目前主要的互联网金融业态。

一、第三方支付

第三方支付应该算是我国互联网金融发展最为成功的业态了,尤其支付宝和微信支付更是垄断着目前我国的第三方移动支付。第三方支付是指非金融机构在收付款人之间运用通信、计算机和通信安全技术建立的货币资金的电子支付模式。

第三方支付起源于美国,之后持续涌现出一批第三方支付公司,其中 PayPal 是世界上使用范围最广的第三方支付公司。我国最早的第三方支付公司是在 1999 年成立的北京首信,其影响力一直不大。直到 2004 年 12 月阿里巴巴公司支付宝的推出,在淘宝购物平台的强大影响下,其业务取得了突飞猛进的发展,第三方支付的交易规模也呈飞速增长趋势,仅用 4 年时间便以超过 2 亿使用用户的绝对优势胜过美国的 PayPal,成为全球最大的第三方支付平台。后来 2013 年 8 月再加上微信支付的推出,交易额度更是飞快增加。从目前的运营模式来看第三方支付可分为两大类:一类是以快钱、易宝支付为代表的独立第三方支付模式,完全独立于电子商务网站,不负有担保功能,仅仅为用户提供支付产品和支付系统解决方案,服务企业客户间接覆盖客户的用户群。一类是以支付宝为代表的依托自有电子商务网站,并提供担保功能的第三方支付模式,拥有自有电子商务的巨大用户资源。

第三方支付集功能多样性、覆盖广泛性、支付方式的复合型与一体化,是目前对我国商业银行等金融机构带来最大挑战的互联网金融模式。目前第三方支付对信用卡、基金、保险等金融业务已经全部渗透,消费者的消费、投资等多方面支付需求都可以满足,极大地提高了交易效率,有力地促进了我国实体经济的发展。

知识链接:我国第三方移动支付份额

2019 年第 4 季度,中国第三方移动支付交易规模约为 59.8 万亿元,同比增速为 13.4%,其中支付宝、财付通分别占据了 55.1% 和 38.9% 的市场份额。

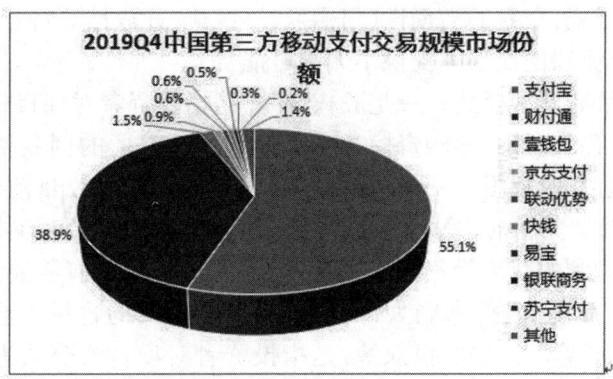

二、P2P 网络贷款平台

P2P 网贷可以说是我国问题最多的互联网金融业态,许多人直接称之为"诈骗平台"。所谓 P2P 网贷是个人、法人等通过独立的第三方网络平台直接相互借贷,我国典型的 P2P 网贷平台有拍拍贷、人人贷等。由于 P2P 网贷凭借自身的互联网特性实现了借贷双方的直接对接,不经过任何第三方机构,降低了市场信息的不对称性,且主要以个人与小微企业为主要服务对象,对于推动我国惠普金融的发展、民间金融的阳光化以及金融体制的变革等方面有着积极的意义。

P2P 网贷诞生于英国,发展在美国,兴起在中国。2005 年 3 月,英国人创立了全球第一家 P2P 网络平台——Zopa。2006 年 5 月,宜信公司将 P2P 网贷概念引入中国,2007 年 8 月,我国第一家基于互联网的纯信用无担保的 P2P 网贷平台拍拍贷成立。随后经过几年的缓慢发展,至 2012 年进入爆发期,网贷平台数量迅速增加,最高峰达到了 5000 多家。由于当时准入门槛、行业标准等一系列监管体制尚未健全,平台质量参差不齐,致使提不出钱、跑路、倒闭、非法集资等各种问题层出不穷,由此带来国家的严厉整治,网贷平台数量急剧缩减。截至 2019 年 12 月底,网贷行业正常运营平台数量下降至 343 家,同比下降七成。

P2P 网贷在国际上有很多种模式,我们国家主要有三种:一是无抵押无担保的"拍拍贷"模式:该模式的借贷利率由借款人和竞标人的供需市场决定,平台利润来自于服务费;二是无抵押有担保的"宜信"模式:当出借人决定借款,宜信就为他在借款申请人中挑选,借款利率由宜信根据其信用决定,宜信的利润也来自服务费;三是第三方担保的"陆金所"模式:网贷平台与第三方担保机构合作,其本金保障服务全部由外在的担保公司完成,网贷平台不吸储、不放贷,只提供金融信息服务。

三、众筹

众筹在我国发展相对比较缓慢,但同样争议不小。所谓众筹是利用互联网传播的特性,集中大家的资金,为小企业、个人进行某项活动或某个项目或创办企业向大众筹集必要资金的一种融资服务模式。我国比较有代表性的众筹公司有"点名时间""大家投"等。

相对于传统的融资方式,众筹的初创性、门槛低、平民化、开放性等特点对很多人有着特别的吸引力,为小微企业和创业者等提供了无限可能。

众筹在我国通常有五种模式。一是股权众筹,是指投资者对项目或公司进行投资,获得其一定比例的股权。这种众筹融资模式不仅仅适用于普通的创业型公司,还适合一些成熟的企业募集资金。股权投资一般风险较大,回报周期较长。目前国内比较大的平台有"众筹客""人人创""第五创"等。二是公益众筹,是指投资者对项目或公司进行无偿捐赠。它是一个非营利的众筹融资模式,通过捐助的形式帮助有需要的人提供一定的援助,例如帮助一些癌症病人、孤寡老人、山区孩子等。国内的这种平台主要有"水滴筹""腾讯乐捐""米公益"等。三是回报众筹,是指投资者对项目或公司进行投资,获得产品或服务。回报众筹一般用于仍处于研发设计或生产阶段的产品或服务的预售,筹集人一般会承诺给投资者产品或者其他福利。现在国内的这种主要有"淘宝众筹""点筹网"等。四是债权众筹,是指投资者对项目或公司进行投资,获得一定比例的债权,未来获取利息收益并收回本金,通俗地说,就是我给你钱,之后你再给我本金和利息。一些P2P借贷平台就是这种。五是综合众筹,众筹平台上项目种类比较丰富,实际是前四种的综合。典型的有"众筹网""多彩投"等。对于众筹平台,它的盈利主要来自于会费、服务费、咨询费、广告等。

众筹同样最早起源于西方,我国第一家众筹平台是2011年7月成立的"点名时间",之后各种类型众筹平台开始出现。由于国内严格的公开募资规定以及容易涉及非法集资,众筹相比热闹的第三方支付和P2P要冷清不少。2016年在运营中的众筹平台数量达到顶峰,共有532家,从2017年开始,各类平台数量开始下降,截至2019年6月底,在运营中的众筹平台仅有105家。虽然近年来众筹平台的数量骤减,但众筹成功项目及融资额成上升趋势。2018年上半年,共获取项目48935个,成功项目数为40274个,成功项目融资额达到137.11亿元,与2017年同期成功项目融资总额110.16亿元相比增长了24.46%,成功项目支持人次约为1618.06万人次。

四、互联网银行

互联网银行是指借助现代数字通信、互联网、移动通信及物联网技术,通过云计算、大数据等方式在线实现为客户提供存款、贷款、支付、结算、汇转、电子票证、电子信用、账户管理、货币互换、P2P金融、投资理财、金融信息等全方位无缝、快捷、安全和高效的互联网金融服务机构。我国目前成立最早以及最有影响力的互联网银行分别是腾讯的微众银行、阿里的网商银行、小米的新网银行以及苏宁的苏宁银行。

互联网银行概念由互联行创始人林立人率先提出,并付诸实施,互联网银行是对传统银行颠覆性的变革,互联网银行无须分行、服务全球,所有业务完全在网上开展,真正的24小时服务。另外,互联网银行以客户体验为中心,客户可以通过浏览了解各分行的产品信息,选择符合自身的产品进行申请购买,完成交易。再者,互联网银行能把服务范围有效覆盖到社会各阶层群体,实现普惠金融。

五、互联网金融门户

互联网金融门户是利用互联网提供金融产品、金融服务信息,汇聚、搜索、比较金融产品,并为金融产品销售提供第三方服务的平台。它的核心就是"搜索+比价"的模式,采用金融产品垂直比价的方式,将各家金融机构的产品放在平台上,用户通过对比挑选合适的金融产品。互联网金融门户当拥有了一定平台和积累了大量流量后,将掌握互联网金融时代的互联网入口,引领金融产品销售的风向标。

随着互联网金融的到来,加剧了各金融行业竞争,各类产品与信息十分繁多,在互联网金融门户的平台上,客户能通过网络查询、了解、比较,快速精确地找到适合自己的各种金融产品。与原来的线下购买相比,网络金融产品更加便捷、透明,门槛也相对降低,并能及时根据客户的个性化需求,提供不同的产品组合。互联网金融门户最大的价值就在于它的渠道价值。互联网金融分流了银行业、信托业、保险业的客户,加剧了上述行业的竞争。

互联网金融门户主要有三类,分别是第三方资讯平台、垂直搜索平台和线上金融超市。第三方资讯平台是提供全方位、权威的行业数据及行业资讯的门户网站。如"网贷之家""和讯网"等。垂直搜索平台是针对某一特定行业的专业化搜索,对某类专业信息进行提取整合以及处理,然后将结果反馈给客户。客户在该类门户上可以快速地搜索到相关的金融产品信息,从而有效地降低信息不对称的程度,大大提高客户的满意程度。聚焦于金融产品的垂直搜索门户,如"融360""安贷客"等。线上金融超市的业务形态是在线导购,提供直接的购买匹配。互联网金融超市在一定程度上充当了中介的角色,这个平台上汇聚了大量的金融产品,并提供了在线导购及购买匹配,在利用互联网金融产品销售的过程中,解决服务对称问题。典型代表如"大童网""格上理财""91金融超市"以及"软交所科技金融超市"等。

除了以上我们介绍的几种互联网金融业态之外,我国还有互联网证券、互联网保险、互联网征信等几种业态,这里我们不再一一展开叙述。而且随着我们互联网和大数据技术与金融的进一步融合,相信还会有新的互联网金融业态出现。

本 章 小 结

互联网金融是传统金融机构与互联网企业(以下统称从业机构)利用互联网技术和信息通信技术实现资金融通、支付、投资和信息中介服务的新型金融业务模式。其特点主要有去中介化、成本低、效率高、覆盖广等。

互联网金融的业态多数在国外先出现,后进入我国。由于我国金融发展的相对滞后、政策鼓励等原因,互联网金融在我国得到了飞速的发展。我国在享受互联网金融带来的好处的同时,也经历了部分业态快速发展带来的混乱。

第三方支付在我国获得了非常大的成功。消费者的消费、投资等多方面支付需求都可以满足,极大地提高了交易效率,有力地促进了我国实体经济的发展。P2P网贷、众筹在我国发展也比较迅速,尤其是 P2P 网贷,极大地满足了一部分小微企业和个人的投资、融资需求,但同时也面临着较大的非议。目前我国正在不断地进行规范。

复习思考题

1. 什么是互联网金融?互联网金融与传统金融有什么区别?
2. 怎么理解在我国开展互联网金融的意义?
3. 我国的互联网金融有哪些风险?
4. 怎么理解第三方支付能在我国取得成功?
5. 怎样理解 P2P 网贷在我国发展的历程?

实 训 安 排

案例讨论:校园贷乱象的原因有哪些?

近年来,我国大学生因参与校园贷引发的不良事件层出不穷。校园贷主要是以网络形式进入校园,方便快捷、不用抵押、无须担保。据媒体报道,2018 年底家住陕西西安的一名女研究生屈某因为生活开销较大,经人介绍认识了放贷人徐某。两人达成协议,徐某一次性借给屈某 15000 元,规定 7 天内还清,本金加利息一共 20 000 元。最后,因借款未如期偿还,徐某提出无理要求,受害人屈某选择报警,遏制了问题的继续发展。

参 考 文 献

[1] 黄达.金融学[M].北京:中国人民大学出版社,2017.
[2] 李小丽.金融理论与实务[M].北京:北京理工大学出版社,2010.
[3] 何海霞等.金融学理论与实训[M].北京:中国财经出版传媒集团,2016.
[4] 胡庆康.货币银行学[M].上海:复旦大学出版社,2017.
[5] 赵永新等.互联网金融概论[M].北京:人民邮电出版社,2016.